卓越法律人才培养
民商事法学系列教材

总主编 李少伟 张翔

仲裁法实训教程

Arbitration Law Training Course

李 政 徐秋菊 韩红俊 | 编著

法律出版社
LAW PRESS · CHINA

总　　序

2011年12月23日，教育部和中央政法委员会发布《关于实施卓越法律人才教育培养计划的若干意见》（教高〔2011〕10号，以下简称《意见》）。《意见》针对我国法律人才培养中所存在的突出问题，决定实施卓越法律人才教育培养计划，并明确了卓越法律人才教育培养的指导思想、总体目标，主要任务、工作措施等，其中也提出了教材建设的任务。

西北政法大学承担着全部三个类型的卓越法律人才教育培养的重要任务，民商法学院则担负着全校卓越法律人才培养的民商事实体法学和程序法学的教学任务。五年来，围绕卓越法律人才的教育培养，我们开展了一系列教学改革研究和实践，其中也包括教材改革和建设。“卓越法律人才培养民商事法学系列教材”就是在法律出版社的大力支持下，推出的我院教材改革和建设的成果。

该套系列教材是在我们认真研究、深入领会《意见》精神，总结多年课程教学经验、吸收教学改革成果的基础上，组织学术水平较高、教学经验丰富的教师编写完成的。为了实现《意见》的总体目标和要求，我们试图通过此套系列教材达到两个基本目的：一是深化、扩展和丰富民商事实体法学和程序法学的教学内容；二是体现理论与实践的结合，培养学生的法律专业技能或实务操作能力。

我们计划编写和出版的教材有：侵权法实训教程、担保法实训教程、公司法实训教程、证券法实训教程、票据法实训教程、破产法实训教程、保险法实训教程、非诉讼纠纷解决机制（ADR）实训教程、律师公证实训教程、民事案例研习、商事案例研习、家事案例研习、民事诉讼案例研习、民事执行学、仲裁法学、中国司法制度、法律职业道德等。

这套系列教材的出版，既是我院围绕卓越法律人才培养所进行的教学改革的阶段性成果的体现，更是一种新的尝试，其中难免有欠妥适之处，诚望同仁和读者不吝指正。

编　者

2016 年 6 月

作者简介

李　政　教授，法学博士，硕士生导师，西北政法大学民事诉讼法教研室副主任，西北政法大学民商事纠纷解决机制研究所副所长。主要社会兼职有：中国法学会民事诉讼法研究会理事、陕西省法学会民事诉讼法学会常务理事、陕西省法学会仲裁法学研究会常务理事、西安仲裁委员会仲裁员。著有《中国仲裁法概论》、《中国特色的调解制度研究》，主编或参编《民事诉讼法学》、《仲裁法学》、《民事证据法学》等多部教材，并在《比较法学》、《法律科学》、《法学杂志》、《华东政法大学学报》等杂志上公开发表论文三十余篇。主要研究方向：民事诉讼法学、仲裁法学、法律职业道德。

徐秋菊　副教授，硕士生导师，西北政法大学民事司法改革研究所研究员。主要社会兼职：中国法学会民事诉讼法研究会理事、陕西省法学会民事诉讼法研究会常务理事。主编或参编《民事诉讼法学》、《中国民事诉讼法学》、《仲裁法学》、《民事证据法学》等多部教材，并撰写学术论文二十余篇。主要研究方向：民事诉讼法学、仲裁法学、证据制度。

韩红俊　教授，法学博士，硕士生导师，西北政法大学民事司法改革研究所执行副所长。主要社会兼职有：中国法学会民事诉讼法研究会理事、陕西省法学会民事诉讼法学会秘书长。出版专著《民事诉讼理念和证据规则》，主编和参编《民事诉讼法学》、《中国民事诉讼法学》、《中国司法制度》、《仲裁法学》等多部教材，并在《法律科学》等杂志上发表论文三十余篇。主要研究方向：民事诉讼法学、中国司法制度。

编者说明

我国正处在全面建设社会主义法治国家的重要阶段。我国提出的"一带一路"建设有力地推动了经济全球化的发展;进入信息时代,信息产业化带动制造经济向信息经济转化,从而引起经济结构的转型;人类生存的各个领域以信息的获取、加工、传递和分配为基础。与此同时,新的社会矛盾和民商事争议增多。仲裁作为一种替代诉讼的纠纷解决方式,具有便捷高效保密自治等突出特点,在解决民商事争议方面发挥着越来越重要的作用。

仲裁法学是高等院校法学专业比较重要的一门课程,也是国家司法考试的必考科目之一,同时,对于从事法律职业的人员来讲,掌握仲裁法知识,能够有效地化解矛盾和解决争议,从而服务于法治社会的需要。因此,系统传授仲裁法知识是我们编写本书的目的。

全书共分 12 章,内容包括绪论、仲裁法概述、仲裁机构、仲裁规则、仲裁员、仲裁协议、仲裁证据、仲裁程序、申请撤销仲裁裁决、仲裁裁决的执行、涉外仲裁以及仲裁时效和仲裁费用。本书全面讲解和阐述了我国仲裁法律制度的基本概念和基本知识。在编写的体例和结构方面做了精心设计,各章均包括重点提示、案例简介、学习内容以及近年来国家统一司法考试的相关试题与解析。我们希望这样的编排设计,便于读者在学习过程中重点理解和掌握该章节的内容,借助对典型案例的思考和分析及司法考试题的练习,提高思考和解决问题的能力。

本书是西北政法大学民商法学院与法律出版社合作出版的卓越法律人才培养民商事法学系列教材之一,供高等院校法律专业学生学习本门课程使用,也可用于仲裁实务工作者和广大仲裁法爱好者学习参考。

本书由西北政法大学民商法学院民事诉讼法教研室李政教授、徐秋菊副教授、韩红俊教授编著，李政负责编排、统稿。

具体分工按章节撰写顺序排列如下：

徐秋菊　第一、二、五章

韩红俊　第三、四、九、十、十一章

李　政　第六、七、八、十二章

本书的编写完成，得到了西北政法大学民商法学院领导、同事和法律出版社的帮助与支持，谨表感谢。

编　者

2017 年 5 月

目　　录

第一章　绪　　论

重点提示

本章重点理解仲裁的含义、特点，仲裁法律关系，仲裁的分类、性质及其优势与局限性。初步了解仲裁制度的历史发展，以及仲裁与民事诉讼的关系等内容。

引导案例

2008 年，某银行和甲公司签订一份贷款合同，其中对贷款数额、期限、贷款用途、仲裁条款等均做了详细的规定。甲公司所在的县政府为该贷款合同作担保，并在合同中订立了保证条款。贷款合同期满后，甲公司无力偿还本金和利息，银行根据贷款合同中的仲裁条款委托律师张某申请仲裁，要求甲公司支付本金和利息并承担违约责任，如果甲公司不能偿还，则由该县政府承担偿还责任。

1. 本案中仲裁法律关系主体有哪些？

2. 各主体处于什么地位？

在现代社会，虽然诉讼一直被认为是社会矛盾冲突的最终救济手段，是公平和正义的象征。但是，随着社会和经济的发展，市场经济的形成，各种民商事主体的商事交往日益频繁，人们之间在民商事活动方面的矛盾即私权利纠纷越来越多，“司法所扮演的社会角色越来越复杂，所承担的社会任务也越来越繁重。传统的司法体制面对日益增长的诉讼负荷，开始显得力不从心，难以满足现实生活的需要，由此引发了所谓的司法危机”。[1] “当前，困扰各国家民事司法运行的问题，归结起来主要是诉讼迟延和诉讼成本过高两个方面。”[2] 为了

〔1〕 张斌生主编：《仲裁法新论》，厦门大学出版社 2002 年版，第 1 页。

〔2〕 齐树洁主编：《民事司法改革研究》，厦门大学出版社 2000 年版，第 8 页。

重塑司法形象,便利民众通往"正义之路",许多国家掀起了司法改革运动:一方面,改革并完善现有的诉讼程序制度;另一方面,重视并创设各种诉讼外纠纷解决的替代方式(简称 ADR)。仲裁是一种最重要的诉讼替代方式。二战以来,仲裁作为最重要的诉讼外纠纷解决机制逐渐得到各国政府和公众的认可,在国际商事领域和各国国内社会经济和民商事活动中起着愈来愈重要的作用。仲裁作为解决民事经济争议的"民间司法"方式,被世界各国普遍承认和采用。

目前我国解决民商事纠纷的方法有四种:第一种是人民调解制度,第二种是行政处理方法,第三种是仲裁的方法,第四种是诉讼的方法。

仲裁与其他三种方式是相辅相成、互为补充的。仲裁与诉讼相比,省时省利。如仲裁实行一裁终局制,而诉讼实行二审终审制;当事人申请仲裁所交纳的仲裁费用比提起诉讼交纳的诉讼费用要低,从而降低了解决纠纷的成本。因此,从经济原则出发,为达到公平、公正、合理快捷地解决纠纷,当事人在纠纷发生前或发生后,仲裁成为首选。仲裁与人民调解相比,更具有保障力。如仲裁裁决发生法律效力后,能引起强制执行的后果,即仲裁裁决是有国家强制力作保障的,而人民调解委员会调解后达成的协议,不具有国家强制执行力,虽然《民事诉讼法》第 194 条增加了确认调解协议的规定,但如果没有提出申请确认的,当事人反悔后,只能通过诉讼途径再次解决。仲裁与行政裁决相比,行政机关拥有国家授予的行政管理权,其作出的行政裁决权来自法律,而仲裁庭处理案件的权力来源于当事人的约定,体现当事人的意志。而且行政裁决在原则上不是终局的决定,当事人不服可以通过诉讼程序解决,而仲裁是终局的,当事人不得再提起诉讼。

第一节　仲裁的概念及特征

一、仲裁的概念

仲裁亦称"公断",是指在一个国家的法律许可或规定的范围内,双方当事人在纠纷发生前或纠纷发生后达成协议,自愿将纠纷交给第三者——仲裁机构,按照一定的程序对纠纷作出裁决的一种活动。从"仲裁"二字的字义上讲,"仲"字是指地位居中的意思,"裁"字是决定、判断的意思。由此可见,"仲裁"

二字的基本含义是“居中公断”。[3]

仲裁作为解决当事人之间纠纷的一种民间性方法，现已被世界大多数国家法律予以确认，并成为诉讼外解决民商事纠纷最重要的一种法律手段。

二、仲裁的特征

仲裁因其特殊本质而成为独立存在的解决私权利纠纷的制度，其作为一种诉讼外解决民商事纠纷的重要方式，有以下主要特征。

1. 自愿性。采用仲裁方式解决当事人之间纠纷，必须充分尊重双方当事人的意愿。即(1)提交仲裁以双方当事人自愿达成书面协议为前提；(2)由哪个仲裁机构对纠纷进行仲裁由当事人自愿选择；(3)仲裁员的选任及有关法律的适用等，可由当事人自愿选择等。

2. 中立性。根据各国立法通例，仲裁机构均属于民间组织，各仲裁机构之间不存在隶属关系，其对纠纷的仲裁权完全来自当事人双方的授权。双方当事人之所以同意把他们之间的纠纷提交共同选择的第三者居中进行公断，就是因为这种第三者能够公正裁决，不存在偏袒一方的行为，能够使纠纷的解决过程具有中立性。所以，许多重大国际经济贸易纠纷发生后，为防止不当的裁判行为，双方当事人往往要求把纠纷提交给与双方都没有任何联系的国家的仲裁机构进行仲裁。

3. 专业性。采用仲裁方式解决纠纷的范围涉及民事、商事纠纷，这些纠纷的内容不仅涉及法律的适用，而且还包括机械工程、医药卫生、电力通讯、国际贸易、交通运输等各个领域中专业技术问题。因此，要想查明与正确处理这些纠纷不仅需要精通法律知识，更需要借助各种专业知识，所以，由具有专业知识的人担任仲裁员来裁决当事人之间的纠纷，既可以及时、公正、合理地解决纠纷，又使纠纷的解决过程专业化，这也是仲裁制度与司法审判制度相比，在解决纠纷的过程中具有的显著特征。

4. 缓和性。仲裁的对象是民商事纠纷，属当事人可以处分的私权利，故纠纷属当事人可以和解解决的争议。当事人之间发生争议后，一般都想继续维持相互之间的经济、贸易合作关系。如果纠纷由双方当事人选任的仲裁员来解决，不仅能够为当事人保守商业秘密，而且在解决纠纷过程中容易缓和当事人

---

〔3〕 宋朝武：《中国仲裁制度：问题与对策》，经济日报出版社 2002 年版，第 1 页。

之间的对立情绪，避免矛盾进一步激化，这比通过诉讼对当事人间的感情激化来说能产生较小的影响，有利于保持当事人之间今后的友好往来关系。

5. 灵活性和便利性。当事人之间发生纠纷后，往往都希望能够通过较为简便的方法，使纠纷得到迅速解决。而仲裁与诉讼相比就具有这一特征。如仲裁可以由当事人选择仲裁机构、仲裁员、仲裁程序；仲裁不公开审理；仲裁实行一裁终局制度等，既给当事人节省了时间和费用，又为当事人提供了极大的便利。

6. 保密性。仲裁以不公开审理为原则。有关的仲裁法律和仲裁规则也同时规定了仲裁员及仲裁秘书人员的保密义务。因此当事人的商业秘密和贸易活动不会因仲裁活动而泄露。仲裁由此表现出极强的保密性。

7. 经济性。仲裁的经济性主要表现在：第一，仲裁实行一裁终局制，在时间上的快捷性使仲裁所需费用相对减少；第二，仲裁无须多审级收费，使仲裁费用往往低于诉讼费用；第三，仲裁的自愿性、保密性使当事人之间通常没有激烈的对抗，且商业秘密不必公之于众，对当事人之间今后的商业机会影响较小。

8. 独立性。仲裁机构独立于行政机构，仲裁机构之间也无隶属关系。在仲裁过程中，仲裁庭独立进行仲裁，不受任何机关、社会团体和个人的干涉，亦不受仲裁机构的干涉，显示出最大的独立性。

仲裁制度的上述特征使仲裁制度在解决民事、商事纠纷中具有十分特殊的地位和作用，故近年来发展非常迅猛。

三、仲裁与民事诉讼的关系

（一）仲裁与民事诉讼的区别

仲裁与民事诉讼均属于民事程序的范畴，有许多共同之处，但它们毕竟是两种不同的纠纷解决方式，具有不同的特征，因此，两者存在许多区别。它们之间的区别主要体现在以下几个方面：

1. 仲裁与民事诉讼的性质不同。民事诉讼靠的是国家权力，是一国司法制度的重要组成部分。诉讼是国家司法机关运用国家授予的审判权解决私权利纠纷的，有代表国家意志的性质，因此民事诉讼是具有司法性质的纠纷解决方式。而仲裁的特殊本质是当事人的“处分权授予”。仲裁机构是民间组织，其对私权利纠纷的管辖权、裁决权均来自当事人各方协议的授予。仲裁机构并不是代表国家行使纠纷解决的权力，而是以中立的第三者的身份对所发生的纠纷进行裁决。所以,仲裁机构只享有权利,不享有权力。

2. 仲裁机构与法院的性质不同。在我国,法院是国家的司法审判机构,其是通过行使国家宪法赋予的民事审判权、执行权来解决当事人之间的纠纷,实现当事人的合法权利。法院的组织原则、任务、机构设置由《人民法院组织法》确定,审判人员由国家权力机构任命。仲裁机构是仲裁委员会。根据《仲裁法》的规定,仲裁委员会是民间性质的组织,其设立在直辖市和省、自治区人民政府所在地的市,也可以根据需要在其他设区的市设立,不按行政区划层层设立。仲裁委员会与行政机构没有隶属关系。因此,仲裁机构不是行使国家权力的审判机构、行政机构,而是民间组织。

3. 受案范围不同。法院是享有国家审判权的司法机关,可以受理一切私权利纠纷案件;而仲裁的受案范围比诉讼的受案范围要窄。仲裁的受案范围是平等主体之间发生的合同纠纷和其他财产权益纠纷。对婚姻、收养、监护、扶养、继承等纠纷和由行政机关处理的行政争议不予仲裁。

4. 受理案件的前提不同。案件的受理上,法院是"不告不理"、"有告有理",诉讼只要具备起诉的条件,任何一方当事人都可以向法院起诉,无须征得另一方当事人的同意。而申请仲裁必须是双方当事人达成仲裁协议,即仲裁活动的发生要以纠纷双方当事人自愿选择和协商一致为前提条件。

5. 案件管辖权的基础不同。诉讼实行强制管辖,诉讼是通过民事诉讼法在各级法院和同级法院之间的分工,来确定一审民事案件的管辖法院的。而仲裁则尊重当事人的选择权,仲裁是由当事人将处分权授予某个仲裁机构,不受地域限制,体现的是当事人意愿。

6. 具体程序不同。民事诉讼程序只能依据民事诉讼法的规定严格进行,不能由当事人选择;而在仲裁程序中,当事人可以选择所适用的程序规则和对具体程序进行约定。民事诉讼实行"两审终审"制,当事人对一审裁判不服的,可以在法定期限内提出上诉,对生效裁判不服的,还可以申请再审;仲裁实行"一裁终局"制,当事人不服仲裁裁决时不能上诉,也不能请求其他仲裁机构重新仲裁,只能向法院申请撤销仲裁裁决或不予执行仲裁裁决。审判庭是由法院指定的审判人员组成的;而仲裁庭的组成人员是由当事人选定的。审判权由法院行使;而裁决权属于仲裁庭。诉讼以公开审判为原则;而仲裁以不公开为原则。诉讼一审程序必须开庭进行,二审程序可以采用开庭审理和迳行判决的方式,但不能进行书面审理;而仲裁可以开庭审理,也可以经当事人授权后书面进行审理。

（二）民事诉讼对仲裁的监督和保障

仲裁与诉讼不仅表现为它们二者之间的区别，还表现为诉讼对仲裁的监督与保障。其主要表现在以下几方面：

1. 民事诉讼保证了仲裁的公正和合理。一般情况下，仲裁程序可以最大限度地保证仲裁的公正性，但由于仲裁实行一裁终审制。仲裁程序的简便及不公开审理，使仲裁出现错误在所难免。这样就有可能损害一方当事人的权益，为了保证仲裁裁决的公正、合理，最大限度地使纠纷能够公正解决，我国《仲裁法》和《民事诉讼法》都规定了当事人可以向法院申请撤销仲裁裁决，以此来保证仲裁的严肃性、权威性。人民法院对违背社会公共利益的仲裁裁决，可以直接裁定撤销。人民法院裁定撤销仲裁裁决后，当事人可以重新达成仲裁协议申请仲裁，也可以向法院提起民事诉讼，通过诉讼程序使纠纷得以最终解决。

2. 申请仲裁前和仲裁程序中的财产保全和证据保全措施由法院采取。财产保全和证据保全属于一种临时性的强制措施。仲裁机构是民间组织，其对民商事纠纷虽有仲裁权，但不能采取财产保全措施和证据保全措施。人民法院是国家的审判机关，对民商事纠纷案件有审判权，也有权采取财产保全措施和证据保全措施。由于仲裁机构的性质使其无权行使采取强制措施的权力。因此，在仲裁程序中，当当事人提出财产保全或证据保全申请时，根据《仲裁法》的规定，仲裁机构应当将当事人的申请提交人民法院，由人民法院按照民事诉讼程序对当事人的申请进行审查，并采取保全措施。《民事诉讼法》第 81 条、第 101 条新增加了申请仲裁前，因情况紧急需要采取证据保全和财产保全的，可以直接向法院提出申请的规定。可以说，仲裁前的保全是利害关系人直接向人民法院提出的申请，由人民法院对相关财产或证据采取的保全措施；而仲裁中的保全是仲裁机构将申请人的保全申请提交给人民法院，由人民法院对相关财产或证据采取保全措施，这是仲裁中财产保全和证据保全的继续，也是通过仲裁解决当事人之间争议的保障。

3. 仲裁的司法监督。不予执行仲裁裁决与撤销仲裁裁决一样，是法院的司法性行为，是法院对仲裁裁决的一种司法监督行为。因为，仲裁实行一裁终局制，因此，我国《仲裁法》和《民事诉讼法》都规定了当事人可以向人民法院寻求司法救济，法院对具有法定理由的申请，依法应启动司法监督程序，裁定不予执行该仲裁裁决。

4. 仲裁裁决依据民事诉讼法规定的执行程序来实现。仲裁机构的民间性决定了仲裁机构不具有对仲裁裁决的强制执行力，当一方当事人不履行仲裁裁决时，对方当事人只能向人民法院申请强制执行，而人民法院是按照民事诉讼法中的执行程序来实现仲裁裁决所规定的内容。如果没有执行程序，仲裁裁决的执行力就没有法律保障。

第二节 仲裁的分类

根据不同的分类标准，仲裁可以划分为不同的类型。将仲裁进行分类，对于当事人双方正确选择仲裁机构以及仲裁机构正确运用法律和仲裁规则，具有重要意义。

一、国内仲裁与涉外仲裁

根据仲裁当事人、所发生纠纷提交仲裁的法律关系等要素是否具有涉外因素，仲裁可以划分为国内仲裁和涉外仲裁。

国内仲裁是指一国仲裁机构对不具有涉外因素的国内民商事纠纷的仲裁，即基于一国公民、法人或其他组织之间以及其相互之间在本国内发生的纠纷，由该国仲裁机构进行的仲裁。例如，北京仲裁委员会受理的当事人双方均为中国公民，并发生于国内的合同纠纷仲裁即为国内仲裁。

根据我国法律的规定，依照我国法律成立的三资企业是中国的法人或组织，因此，当属于三资企业性质的法人或组织与国内主体在国内经济活动中发生纠纷，所进行的仲裁为国内仲裁。

涉外仲裁则是指涉及外国或外法域的民商事纠纷的仲裁，即基于公民、法人或其他组织之间及其相互之间，在涉外经济贸易和海事活动中发生的纠纷而进行的仲裁。例如，中国国际经济贸易仲裁委员会受理的当事人一方是中国公司，另一方是外国公司的仲裁，或者双方当事人均为中国公司，但法律关系的发生、变更或者消灭于外国的仲裁，即为涉外仲裁。这里需要强调的是涉及香港、澳门特别行政区和我国台湾地区的仲裁案件，即当一方当事人是香港，或者澳门,或者台湾地区的自然人、法人或者其他组织时,该仲裁案件为涉外法域的仲裁案件,视为涉外仲裁,而非外国仲裁。

涉外仲裁属于国际仲裁,除此之外,国际仲裁还包括外国仲裁。1958 年《纽约公约》将在由一国领土内作出,在另一国籍请求承认和执行的仲裁裁决称为外国仲裁裁决。[4]

二、商事仲裁、劳动仲裁、国际仲裁、海事仲裁

根据仲裁案件的性质,可将仲裁分为商事仲裁、劳动仲裁、国际仲裁、海事仲裁。

(一)商事仲裁

商事仲裁,是指为解决当事人相互之间在进行经济贸易过程中所产生的各类商事纠纷的一种仲裁制度。商事仲裁包括了国内商事仲裁和国际商事仲裁两部分,其区别仅在于所涉及的地域范围不同。国内商事仲裁是对一国领域内所发生的商事纠纷进行裁决的一种方式,而国际商事仲裁是解决不同国家经济组织之间、商人之间、企业之间以及他们相互之间所产生的商事纠纷的一种仲裁制度。

我国在仲裁立法中没有引用商事仲裁这一概念,但在仲裁实践中,我国把商事仲裁分为国际商事仲裁与国内商事仲裁两部分。凡产生于国际或者具有涉外因素的契约性和非契约性的经济贸易等纠纷,就属于国际商事仲裁。凡中国法人、其他组织、自然人之间,以及他们相互之间产生的不具有涉外因素的经济贸易纠纷,采用仲裁方式解决的,称为国内经济合同仲裁,也称国内商事仲裁。我国国际商事仲裁机构是中国国际经济贸易仲裁委员会,专门受理各类国际商事仲裁案件(中国国际经济贸易仲裁委员会经过四十余年的仲裁实践,已发展成世界上最重要的常设仲裁机构之一。1993 年,其受案数量达 486 件,已超过国际商会仲裁院而跃居世界第一位,此后多年其受案数量连续居世界首位。中国国际经济贸易仲裁委员会成绩如此卓著,原因之一在于其仲裁规则的不断修订和完善)。对外贸易仲裁委员会于 1956 年设立,1980 年改为对外经济贸易仲裁委员会,1988 年改为中国国际经济贸易仲裁委员会。1988 年、1994

---

〔4〕《纽约公约》第 1 条。

年、1995 年、1998 年四次修订仲裁规则,2000 年 9 月再次修订仲裁规则,以适应经济发展的需要。国内商事仲裁案件均由依照仲裁法的规定而设立的各仲裁委员会裁决。[5]

(二)劳动仲裁

劳动仲裁,又称工业仲裁,在我国叫作劳动争议仲裁,是指以第三者身份参加仲裁的劳动争议仲裁委员会,依照事实和法律,对劳动争议进行审理并作出裁决,从而解决劳动争议的一种法律制度。其属劳动法调整的范围。在西方国家,对劳资纠纷进行调停与解决,是劳动仲裁的主要任务之一。我国对劳动争议的仲裁,是依照我国劳动法的规定,而成立的劳动争议仲裁委员会,按照一定的程序对劳动法律关系双方当事人在劳动权利与劳动义务上的争议进行调解或裁决的。劳动争议仲裁,在我国目前已形成了一定的规模,有完整的体系。但劳动争议仍然是由司法最终解决的。根据 1993 年 8 月 1 日执行的《企业劳动争议处理条例》第 30 条规定,当事人对劳动争议仲裁机构作出的裁决不服的,自收到仲裁决定书之日起 15 日内可向人民法院起诉,期满不起诉的,裁决书即发生法律效力。由此可见,我国劳动争议仲裁采取的是先裁后审制,这是因为劳动争议直接与劳动者的切身利益和劳动权利有着密切联系,而这些权利和利益都是受到国家法律保护的。

(三)国际仲裁

国际仲裁,是指专门采用仲裁方式来解决国家之间所发生争端的一种仲裁制度。国际仲裁分为政治性和法律性两种,是和平解决国际争端的一种方法。当国家与国家之间发生了争端后,各当事国之间根据事先或者事后签订的仲裁协议,或者依据有关国际公约中的仲裁条款,将争端提交给由当事国选定的仲裁员组成仲裁庭作出裁决。早在 1899 年第一次海牙会议时就通过了一个《和平解决国际争端公约》,并对国际仲裁制度做了比较详细的规定。国际仲裁不属于一般意义上的民事、经济仲裁的范围,其属于国际公法研究的范畴,是一种特殊的仲裁制度。

---

〔5〕 宋朝武:《中国仲裁制度:问题与对策》,经济日报出版社 2002 年版,第 12 ~ 13 页。

（四）海事仲裁

海事仲裁，是指在海运过程中产生的海损、海上船舶碰撞、海上保险、海上运输合同等争议，采用仲裁方式处理的一种仲裁制度。在我国，海事仲裁被称为涉外仲裁，属于国际商事仲裁的一个部分。

海事仲裁是随着航运事业的发展而产生和发展起来的，并且对整个仲裁制度的建立产生很大影响，尤其英国、美国的仲裁法，在很大程度上是受海事仲裁的影响。我国于 1959 年成立海事仲裁委员会，并制定了海事仲裁规则。目前海事仲裁范围在逐渐扩大，如海洋污染案件等也纳入了海事仲裁范围。

三、机构仲裁和临时仲裁

以仲裁机构的组织形式为标准，即基于当事人是否在常设的专门仲裁机构进行仲裁，可以将仲裁划分为机构仲裁和临时仲裁。[6]

（一）机构仲裁

机构仲裁，是指当事人协商一致选择常设性的仲裁机构解决其民商事争议的仲裁，即由某一常设的仲裁机构按照固定的仲裁规则（通常是本机构的仲裁规则）实施仲裁程序并作出裁决的。在这种仲裁方式中，有固定的仲裁地点、组织章程、仲裁规则、仲裁员名册以及完备的办事机构和管理制度。机构仲裁拥有一套成文的仲裁规则，为当事人提供了公开的、可以预见的仲裁机制。另外，机构仲裁还具备管理和监督的功能，一些仲裁机构还对仲裁程序是否正常进行，以及仲裁裁决书的格式进行严格的审查，为当事人提供了一定的组织保障。很多机构仲裁依照既定的仲裁规则和严格的仲裁程序进行，加之规范的管理和合格可信的仲裁人员，在当事人中赢得了良好的威信，也在客观上增强了当事人对机构仲裁的信任。机构仲裁的出现虽然晚于临时仲裁，但随着仲裁制度的不断发展，机构仲裁已经成为当今世界上最主要的仲裁方式。总体来说，机构仲裁体现出了以下特点：

---

〔6〕 根据我国《仲裁法》的规定，我国在国内仲裁中不承认临时仲裁的合法性，机构仲裁是我国仲裁的唯一合法形式，即我国当事人只能向仲裁机构申请仲裁。但是对于在外国通过临时仲裁方式作出的仲裁裁决，需要在我国承认或执行时，由于我国是《纽约公约》的参加国，因此不能以上述理由拒绝承认和执行。

1. 机构仲裁便于当事人进行仲裁。从事经济贸易活动的主体在协议仲裁条款时只需援引常设仲裁机构中固定的仲裁规则，而不必再重新创设一种新的仲裁规则。

2. 机构仲裁保障了仲裁程序的效率。常设仲裁机构一般都有仲裁员名册，方便当事人选择仲裁员，在一方当事人不配合或仲裁员需要替换时，常设仲裁机构可以提供协助。而在临时仲裁中，则只能求助于法院。

3. 机构仲裁保证了仲裁裁决的质量。常设仲裁机构名册上的仲裁员通常都是经济贸易、技术和法律等方面的专家，在以仲裁方式解决商事争议上有丰富的经验，能够最大限度地保证裁决的质量。另外，如一方当事人经通知而拒绝参加仲裁时，仲裁庭可以依据仲裁规则缺席审理并作出裁决。因此，机构仲裁往往比临时仲裁更能取得司法机关的信任，这对于仲裁裁决的执行是有好处的。[7]

4. 机构仲裁中的仲裁费用合理。常设仲裁机构一般都有明确的仲裁费用表，而不像临时仲裁的仲裁费用由仲裁员自己临时决定。

5. 机构仲裁的服务水平较高。常设仲裁机构一般都设有秘书处或类似的机构，提供与仲裁有关的管理与服务，如收转仲裁文件，代为收取仲裁费用，负责安排庭审，提供翻译、通讯、交通等方面的服务等。

尽管如此，我们也不能忽视机构仲裁中存在的不足。如有些机构仲裁的仲裁规则过于死板，程序也显得较为教条，不能根据所面临的具体情况进行调整，在一定程度上有碍于当事人意愿的充分实现。另外，机构仲裁相对于临时仲裁来说，还会收取额外的手续费，有些仲裁机构还不把仲裁预付金的利息裁给当事人，而是将这笔款项留为己用，支付其日常开支。这使当事人将纠纷提交仲裁解决的成本大大地提高了，必然会影响当事人选择仲裁的积极性。[8]

（二）临时仲裁

临时仲裁，是指由当事人双方将他们之间的争议提交给他们选定的仲裁员，而不是已设立的仲裁机构，该仲裁员根据双方当事人自己设计或选定的仲裁规则进行审理并作出裁决的商事仲裁。临时仲裁是仲裁的原始形态，在固定的仲裁机构出现之前，临时仲裁是唯一的仲裁方式，它不依赖于任何常设的仲

---

〔7〕 兰阳译：《临时仲裁与机构仲裁》，载《仲裁与法律通讯》1991 年第 3 期，第 50～54 页。

〔8〕 比烈兴：《论仲裁协议——法律和实务中的重要问题》，载《国际商事仲裁文集》，中国国际经济贸易出版社 1998 年版，第 62～63 页。

裁机构和仲裁组织，仲裁庭的组成人员由双方当事人协商确定，在仲裁裁决作出后，临时仲裁庭的使命也就终结，继而宣告解散。临时仲裁具有以下突出的特点：〔9〕

1. 临时仲裁程序灵活。临时仲裁能够最大限度地满足当事人的意愿，这是其他仲裁形式无法比拟的。在临时仲裁中，双方当事人有较大范围的自主权，可以通过约定使仲裁方式更加适合自己的实际需要。临时仲裁的程序也因为没有固定规则的限制而更能凸显出其灵活性和便捷性。其与商事仲裁有关的所有事项都可由争议的双方当事人协商约定。

2. 临时仲裁更具有效率性和经济性。在临时仲裁中，如果争议双方合作，加上灵活的程序，其更能提高仲裁效率和减少仲裁费用，从而使仲裁的经济成本得以有效地降低，更加符合纠纷解决的效率性和经济性。因为双方当事人可以商定省去很多程序或手续，也无须交纳管理服务费。

3. 临时仲裁避免了仲裁法与某仲裁机构仲裁规则之间的冲突。在临时仲裁中，最重要的是，不会出现仲裁所在地仲裁法的规定与某仲裁机构规则之间的冲突，这为仲裁的顺利进行和仲裁裁决的承认和执行提供了便利条件。

虽然，临时仲裁具有以上优势，但临时仲裁也有其难以克服的缺陷，主要表现为：

第一，临时仲裁虽然给了当事人较大的自主权，但由于缺乏必要的仲裁程序管理和监督，使仲裁中的很多重要事项对当事人之间的合意产生了依赖性。如果当事人在仲裁中不能充分合作，临时仲裁就很难顺利进行下去。

第二，临时仲裁在仲裁员的选任上，虽然当事人可以完全依照自己的意愿进行，但是，对于绝大多数当事人来讲，很难完全准确地判断仲裁员进行仲裁的资格和质量。这极易造成仲裁裁决的不公正。久而久之，还会使当事人对仲裁裁决的公正性产生怀疑，从而影响仲裁功能的发挥。

为了弥补这些缺陷，1976 年《联合国国际贸易法委员会仲裁规则》正式通过，该规则供临时仲裁庭和从事国际商事活动的当事人选择适用，由于该规则对国际商事仲裁的程序问题规定得比较系统，因而对发挥临时仲裁的优势具有重要作用。

四、依法仲裁和友好仲裁

根据作出仲裁裁决所依据的实体规范的不同，可以将仲裁划分为依法仲裁

---

〔9〕 乔欣：《仲裁法学》，清华大学出版社 2008 年版，第 9 页。

和友好仲裁。

（一）依法仲裁

依法仲裁，是指在民商事仲裁中，仲裁庭严格依据一定的实体法律规范对当事人之间的纠纷进行裁决。依法仲裁，是世界各国普遍使用的仲裁方式。按照这种方式进行仲裁，必须有明确的法律依据，必须严格遵守由法律认可的仲裁规则所确定的仲裁程序。因此，当事人对仲裁程序及仲裁结果具有预见性，仲裁裁决也较容易被双方当事人接受并得到自觉履行。在仲裁实践中，不论是国内仲裁还是涉外仲裁，机构仲裁还是临时仲裁，其裁决的依据通常都是依法仲裁。因此，依法仲裁是最主要的仲裁类型。

（二）友好仲裁

友好仲裁，亦称友谊仲裁、依原则仲裁，是指依据双方当事人的授权，仲裁庭不以严格的法律规范为依据，而是以其所认为的公平为标准作出对当事人具有约束力的裁决。这种公平的标准包括自然公正的原则、商业惯例、公平善良的精神等。尽管友好仲裁具有很大程度的灵活性，但是友好仲裁必须以双方当事人的授权为前提，必须遵循仲裁地法的公共政策和强制性规定。同时，由于仲裁员是以"友好仲裁人"的身份出现的，是根据他们所理解的公正、公平原则进行仲裁的，因此，仲裁裁决不可避免地带有一定的主观倾向性。友好仲裁的这种特有缺陷，使其成为一些国家排除或限制这种仲裁方式适用的重要原因。〔10〕

第三节 仲裁的性质及优势与局限

一、仲裁的性质

仲裁的性质是长期以来一直争论不休的问题。概括起来，在国内外的仲裁

---

〔10〕 乔欣：《仲裁法学》，清华大学出版社2008年版，第10页。

理论和实践中,主要有以下几种观点:[11]

(一)仲裁的司法权理论

司法权理论认为,国家对在其管辖范围内进行的所有仲裁都具有监督和管理的权力。仲裁的司法权理论是强调国家对于仲裁所具有的控制权和调整功能。该理论认为,仲裁虽然来自于当事人的协议,但仲裁协议的效力、仲裁员的仲裁行为、仲裁裁决的承认与执行等方面,其权威性来自于国家的法律,来自国家授权以及对国家司法权力的分割和让与。因此仲裁具有司法权的性质。

根据该理论,由于司法权是国家所有的权力,是国家授权法院行使的一种权力,因此仲裁具有司法权的属性,实质上就是认为仲裁庭是国家司法组织的一个组成部分。仲裁员的权力来自当地的法律,仲裁裁决与法院的判决具有同等效力。该种观点的理由是判案通常是由国家设立之国家法院实施的一种主权职能。当事人只能在仲裁地法明示允许或默示接受的范围内提交仲裁。如果没有法律的授权,仲裁员就没有进行仲裁的权力。因此,仲裁制度内在本质的理论依据,来源于国家审判权的授权,从这种意义上说,仲裁员类似于法官,而仲裁裁决也与法院判决的效力相同。由此可以看出,主张仲裁具有司法属性,实质上是认为仲裁是司法权的一部分,是国家司法权的一种让与。在仲裁实践中,主张此观点的国家有德国、奥地利、意大利和埃及等。

司法权论对仲裁协议的重视不够,它强调的是仲裁地法的作用,仲裁员在适用实体法时不能比法官有更大的自由,从而对当事人和仲裁员的自主权作出较大的限制。同时,这种理论不适当地把仲裁与司法主权连在一起,忽视了仲裁的民间性和它作为一种解决争议的制度的独特性,对仲裁的国际性造成危害。

(二)仲裁的契约理论

契约理论认为,仲裁员不是从法律或司法权中获得仲裁权的,而是从当事人那里获取的此项权力。因此,仲裁是一种契约,具有契约的属性和特征。即

---

〔11〕 参见韩健:《现代国际商事仲裁法的理论与实践》,北京法律出版社 2000 年版,第 34 ~ 41 页;乔欣:《仲裁法学》,清华大学出版社 2008 年版,第 10 ~ 14 页;黄进、宋连斌、徐前权:《仲裁法学》,中国政法大学出版社 2007 年版,第 9 ~ 12 页;杨荣新主编:《仲裁法的理论与适用》,中国经济出版社 1998 年版,第 152 ~ 154 页。

仲裁是基于双方当事人之间的协议而设定的,仲裁程序也是根据当事人在协议中的约定确定的,仲裁就是履行当事人之间所订立的关于解决纠纷的协议的结果。这种理论之所以强调仲裁的契约性,是认为仲裁员的权力不是来自法律的规定,而是来自双方当事人之间的协议。

仲裁的契约性是基于仲裁来源于双方当事人的授权,即当事人之间存在一种协议即契约,双方当事人依据自己的愿望和合意使仲裁庭获得仲裁权,从而作出裁决,解决纠纷。同时该理论认为,在仲裁庭与当事人之间也存在一种契约,这种契约是一种委托代理契约。法国学者尼布耶那认为:仲裁裁决具有契约性质,这是因为仲裁员权力的取得,不是来自法律或司法机构,而是来自当事人之间的协议。仲裁员是按照当事人在协议中的意愿去裁决争议的。当事人让仲裁员以公断人身份作出裁决是一种真正的委托。如果离开仲裁协议,裁决只是一张废纸,即裁决是当事人借仲裁员之手制定的约束自己的协议,其以当事人的意志为基础,故在任何地方都可得到强制执行,因为民商事纠纷的解决以当事人的意志为尊。由此,裁决也被注入了契约性,如同所有协议一样,裁决必然具有法定效力,而且具有终审判决的权威。

仲裁具有契约性的观点与仲裁的司法权观点相对抗,它否认国家对仲裁的影响,否认仲裁权来源于国家法律或司法机构的授权,也否认司法权对仲裁的影响。认为仲裁的本质是根据当事人的意志设立的,法律只是对当事人协议的补充,对仲裁程序的规范。因此,仲裁权的唯一来源是当事人的协议,当事人授权仲裁庭对他们之间的争议进行裁决,所以仲裁员实质上是当事人的"代理人",仲裁裁决相当于代理人代表当事人订立的一种协议。仲裁庭之所以要按照当事人的意愿行使仲裁权,当事人之所以能够服从仲裁权,履行仲裁裁决,正是由于当事人之间,以及当事人与仲裁庭之间存在的契约的约束。因此这种观点是对当事人自治权的肯定,即仲裁庭必须尊重当事人的意愿,并在当事人授权范围内行使仲裁权。

(三)仲裁的混合理论

仲裁混合理论试图将仲裁司法权理论和仲裁契约理论的长处兼容,其在现代仲裁理论上较有影响。这派学者认为:仲裁裁决介于判决和合同之间,仲裁员不履行公共职能,但裁决也明显不是合同,当事人通过协议创造并固定了仲裁管辖权;仲裁的有效性来源于仲裁协议,但在适用程序法时又有司法权的性质，事实上，仲裁协议等同于排除司法权条款，国内法院的判决权因而被仲裁员取代，相应地，仲裁协议的效力本质上取决于私法，但仲裁程序一旦开始，程序法的强行规范有更深远的影响，被用来排除法院的管辖权及解决仲裁过程中的一些问题；当事人的合同发挥作用直至裁决被执行，仲裁的程序、裁决的形式和内容强烈地依赖于当事人的协议；当公共政策被违背时，仲裁地可能有控制仲裁的法律上的利益，而仲裁协议签订地则没有。按照混合论，仲裁需要并依赖于司法因素和契约因素，这两种因素至少在仲裁中是相互协调且不可分割的。一方面，仲裁源于私人契约；另一方面，仲裁又不能超越于法律制度之外，仲裁协议的有效性和仲裁裁决的可执行性最终取决于有关法院的裁定。因此，仲裁兼有司法性和契约性。该理论的倡导者索瑟·雷尔认为，仲裁起源于私人契约，仲裁员的人选和支配仲裁程序规则的确定，主要取决于当事人之间的协议。但是，仲裁却不能超越所有的法律体系，实际上总是存在一些能够确定仲裁协议的效力和裁决可执行性的法律。因此，仲裁契约和司法因素是相互关联和不可分割的。他提出，仲裁是一种混合性的特殊的司法制度，它来自当事人之间的协议，同时又从民事法律中获取司法上的效力。

根据这一理论，仲裁具有混合性。一方面，仲裁庭的权限取决于当事人之间的协议；另一方面，仲裁庭在裁决纠纷的过程中要遵守仲裁地国家的法律，它不能逾越任何一种法律制度，也就是说，仲裁既有司法权的属性，也有契约权的属性，是当事人的意愿与仲裁地法的一种协调。但是在司法性与契约性的协调上，该理论主张，仲裁应在仲裁地法允许的范围内，按照双方当事人的协议进行。只有在当事人没有明示的情况下，仲裁庭才可以直接根据仲裁地法的规则进行。如果仲裁裁决违反法院地的公共政策，或者仲裁审理的事项属于法院的专属管辖范围，法院则有权拒绝执行仲裁裁决。

该理论极具代表性，在仲裁理论中占有较大的优势。该理论所承认的仲裁与仲裁地国家法律之间的关系，以及仲裁在法律许可情况下受当事人意志支配的观点，即对仲裁双重性质的肯定，是对仲裁理论的重要突破。

（四）仲裁自治理论

自治理论认为，仲裁是法律秩序的诸多机制之一，研究的重点应放在其目的和作用上，仲裁法应以满足当事人的愿望为目的，尽管应保留最低限度的公共政策的限制，但完全的当事人意思自治是仲裁充分发展所必需的。自治论认为仲裁的性质既非契约性、司法性,也非混合性,而是自治性的。这一理论的提出者是拉伯林·戴维其女士。她认为,不能把仲裁决然分为司法的或契约的,仲裁也不是一种混合制度。“问题是,应该知道仲裁是否在这两种构成之外形成了一种自治体系。确定该体系的性质不应参照合同或司法体系,而应根据仲裁的目的,以及不愿诉诸国家法院的当事人所作的保证或许诺对仲裁的法律权威进行论证。”她同时认为,仲裁制度是一种独创的制度,它摆脱了契约和司法权的观念,因此是一种超国家的自治体系。[12]

仲裁的自治理论是从一个全新的角度审视仲裁,强调仲裁的自治与独立,承认当事人具有控制仲裁的绝对自由,肯定当事人无限的意思自治。从这一理论出发,仲裁是一种从顺利处理国际商事关系的基本需要出发,基于当事人的授权而对争议进行裁决的权力。仲裁协议和仲裁裁决之所以具有强制性,不是基于契约的约束,也不是司法权的让与,而是解决争议的实际需要。因此当事人的授权对仲裁权具有决定意义,当事人可以自由选择适用于仲裁的法律,无论是实体法还是程序法。如果当事人没有明示可适用的法律,仲裁员有权根据特定案件的具体情况,适用他们认为适当的法律与规则。从当事人的角度来看,这实际上也是当事人的一种授权形式,即默示授权;从仲裁庭的角度看,它是仲裁庭自由裁量权的体现。

(五)仲裁的准司法权理论

准司法权理论认为,仲裁制度是司法制度的一部分,但又不同于司法制度;仲裁是国家法律认可的一种纠纷解决方式,但又区别于诉讼;仲裁裁决与法院判决同样具有法律效力,即具有可执行性,但仲裁机构无权执行。因此,仲裁是一种准司法手段,仲裁程序是准司法程序。仲裁的准司法权理论主要是我国国内学者的一种观点。

仲裁的准司法权理论与仲裁混合理论的区别在于,仲裁的准司法权理论更突出仲裁的司法性,而混合理论则侧重于契约性。仲裁的准司法性理论导致了仲裁是一种准司法性权力理论的产生,即仲裁既包括当事人授权,也包括国家法律的授权,当事人授权要服从于法律授权;仲裁权的行使既有任意性的一面,也有强制性的一面,任意性也要在法律规定的范围内;仲裁既有司法权的特征,

---

〔12〕 乔欣:《仲裁法学》,清华大学出版社2008年版,第12页。

也有民间性的属性；仲裁庭依仲裁权所作出的裁决，既与法院判决有同等效力，又有可能被法院裁定撤销或不予执行。

（六）仲裁的行政性理论

仲裁行政性理论认为，仲裁具有行政性质，因为仲裁机构是行政管理机构，是国家行政管理体系中的一个职能部门，它由行政机构组建，并受行政机构的监督；仲裁程序具有某些行政程序的特点，依靠行政权解决纠纷；仲裁裁决实质上是一种行政决定。

仲裁的行政性理论实际上是从我国长期的仲裁实践中总结出来的一种理论。基于这种观点，仲裁来源于国家法律和行政法规的规定，仲裁庭依照法律赋予的职权进行仲裁。当事人的意愿要服从于法律的明确规定和仲裁机构的职权，仲裁庭所作出的决定具有强制性，但没有终局性，当事人对仲裁裁决不服，仍然可以通过诉讼的方式请求法院进行审理。

仲裁的行政性理论的实质是行政仲裁，行政仲裁是解决行政纠纷的一种方式，它与解决民商事纠纷的仲裁是两种完全不同的仲裁方式。如果硬性地将两种仲裁方式混为一谈，实质上是混淆了两种仲裁的性质，它必然导致仲裁权的行政性，使当事人的意思自治原则无法得到体现，甚至违背当事人的真实意愿。我国以往的仲裁实践已经印证了这一点。

（七）仲裁的民间性理论

民间性理论认为，从仲裁权的基础来看，仲裁权产生于双方当事人的共同授权，即双方当事人必须在合同中订立仲裁条款，或者达成书面仲裁协议后才能通过仲裁方式解决争议。因为双方当事人的合意授权更多地体现为民间性，因而，仲裁机构根据双方当事人的合意享有的仲裁权所表现出来的也应该是民间性。从仲裁权的功能上来看，因为设置仲裁权的目的在于解决纠纷，所以，仲裁权的功能主要表现为对当事人之间争议的解决。而仲裁权之所以具有解决争议的功能，其根本原因就在于争议双方当事人对仲裁权的信任，也就是广大社会公众对仲裁权的信任，这种公众信任完全表现为民间性。从仲裁权的运作过程来看，对仲裁权的享有者——仲裁机构的选择、仲裁员的选任、仲裁庭的组成形式、仲裁地点以及提交仲裁的争议事项，均由双方当事人合意决定；而仲裁权运作的结果——仲裁裁决，也可能会因当事人申请人民法院对仲裁的司法监督而归于无效。这些都说明仲裁权的民间性和非国家强制性。因此,仲裁权是建立在社会公众信任基础上的一种民间性契约授权。

仲裁具有民间性的观点,是近年来学者提出的一种理论。该理论的特点是从仲裁权性质的角度来看仲裁的性质。

二、仲裁的优势与局限性

作为一种民商事争议解决方式,仲裁既有其优势,也有其不足。正确认识这一点,既有助于理解仲裁的含义,也有助于形成仲裁意识。这个问题不仅具有理论价值,而且对仲裁实务亦有积极的影响。[13]

(一)仲裁的优势

实践中,由于1958年《承认及执行外国仲裁裁决公约》(以下简称《纽约公约》)及区域性国际商事仲裁条约、大量包含仲裁合作的双边司法协助协定的存在以及仲裁的民间性,仲裁裁决较容易得到外国法院的承认与执行。特别是《纽约公约》,有一百余个参加国,涵盖了所有在仲裁和国际经济交往上的重要国家。仲裁裁决的这种在执行上的国际性优势,是法院判决无法企及的。在国际商业交易中,只要这一现实不改变,选择仲裁方式解决国际商事争议的趋势就不可逆转。

除此之外,仲裁还有以下优势:

1. 自主性。从外观看,仲裁与诉讼最为相似,然而,仲裁以充分地尊重当事人意思自治为基础,是否选择仲裁以及仲裁机构的选定、仲裁员的指定、仲裁地和仲裁语言文字的确定、仲裁程序的确定、提交仲裁的争议范围、仲裁的法律适用、是否和解,等等,均优先由当事人自行决定,当事人可以对仲裁程序起支配作用,对争议的解决也可以发挥最大的影响,使得仲裁程序较为灵活。这在诉讼中是难以实现的。

2. 专业性。民商事争议特别是国际民商事争议常常涉及较复杂的法律、经贸和技术性问题,仲裁员不像法官是一个较固定的群体,当事人可以指定来自各行业的专家作为审理案件的仲裁员,在认定案件的事实上有明显优势,这就有利于争议得到公平合理的解决。

---

〔13〕 黄进、宋连斌、徐前权:《仲裁法学》,中国政法大学出版社2007年版,第5~7页。

3. 保密性。对案件不公开审理和裁决是仲裁的原则,可以说是国际的习惯做法,而诉讼则以公开审理为原则,即使案件因涉及国家机密或当事人隐私不公开审理,判决也要公开。仲裁的这一特性有利于当事人保护自己的商业秘密和经营秘密,也有利于当事人和平地解决争议,缓和矛盾,为其下次合作留下可能。

4. 管辖权的确定性。一个国际性的案件,经常出现管辖权冲突问题,当事人在订立跨国合同时很难预料如出现争议哪个国家法院有管辖权,但又对对方国家的法院缺乏信任,即使协议管辖也会发生判决的执行等问题。在合同中加入仲裁条款或订立仲裁协议,则可较好地解决这一问题,排除法院管辖权而确立仲裁管辖权,确保一旦发生争议时不会面对管辖权的冲突。

5. 费用低、速度快也是仲裁的优势,但这具有相对性,即其和哪一种或哪一国的诉讼制度比较。如费用问题,发展中国家的当事人到斯德哥尔摩、伦敦、巴黎等地去仲裁,会发现成本比其在本国诉讼昂贵得多;而在中国,同一纠纷,当事人到法院提起诉讼包括上诉,费用可能不会高于仲裁。不过在英、美等国,一般的案件如到法院起诉,费用高于申请仲裁。仲裁中没有法律援助制度,难以支付仲裁费用的当事人可能较难求诸仲裁以寻求救济。再如速度,仲裁是一裁终局,诉讼是两审或三审终审制,后者自然时间长,但这也要看是在哪个国家。一般情况下,马拉松式案件在仲裁中较少出现。不过,由于仲裁制度不适当的诉讼化或受司法程序的过分干预,或者因其他缘故,结案速度也可能不像当事人想象的那么快。

(二)仲裁的局限性

仲裁的自主性虽能充分地体现当事人意思自治,但其也较容易被当事人利用,拖延履行债务、逃避责任等,如当事人恶意利用程序权利,从而形成程序侵权,而仲裁机构乃至仲裁庭对此却难以采取强有力的对策。这种情况从仲裁程序一开始就可能出现,如在指定仲裁员阶段,故意指定仲裁机构很难联系的、高龄或其他情况特殊的仲裁员,甚至不得不让其几次指定仲裁员,这样仅组建仲裁庭的时间就可能耗去数个月;被诉方利用程序规则的缺陷,不按时提交答辩,直到开庭前才提交各种材料,让仲裁庭和申请人措手不及,降低庭审效率;无论有无合法理由,直到可提出管辖权异议的期限的最后一天才提出异议以中断仲裁程序;仲裁程序中的任何一个期限,无论有无理由,均拖到最后一天,并找出种种理由要求延期,等等。可以说,如果一方当事人滥用程序,仲裁庭的效率要大打折扣,另一方当事人必然会受到一些损失。另一方面,仲裁程序的顺利进行客观上要求仲裁参与人熟悉甚至精通仲裁制度,当事人通常不会是法律专家,聘请律师特别是有专门仲裁经验的律师显然有利于获得更好的仲裁结果,这对经济上处于弱势地位的当事人而言,无疑是一个难题。

同样,因仲裁协议不能约束第三人,因此,仲裁中常出现以下情形:

1. 争议与第三人有利害关系,但仲裁法上通常没有类似于诉讼法上的第三人制度,因而不能平息全部争议。如常见的连环购销合同中,因某一环节发生争议而申请仲裁,尽管结果可能与第三者有利害关系,但仲裁庭只能解决这一环的争议。中国司法实践中曾有当事人以争议涉及第三人为否定仲裁管辖权的理由,如江苏省物资集团轻工纺织总公司诉(香港)裕亿集团有限公司、(加拿大)太子发展有限公司上诉案中,[14]江苏省物资集团轻工纺织总公司在答辩中提出该案涉及第三人,只有法院审理才能查清事实,保证当事人的合法权益。但最高法院否定了这一观点,认为该案即使涉及第三人,仲裁协议仍是有效的,在仲裁庭不能追究第三人责任的情况下,仲裁当事人可以以第三人为被告向法院起诉以维护自己的利益。

2. 因数个合同发生争议,申请人或被申请人甚至双方当事人都是相同的,但多数国家仲裁法上没有合并审理或类似"集团诉讼"的做法,仲裁机构一般都分别立案,反而增加了处理争议的成本、降低了效率。如果案件分别由不同的仲裁庭审理,同类的案件可能裁决结果不一致,也有负面影响。

此外,不是所有类型的民商事争议都适宜于仲裁。如国际借贷争议,案情不复杂但可能涉及复杂的法律问题,普通法国家的金融界通常认为仲裁裁决基于衡平而非严格的法律规则,仲裁员的优势在认定事实上,而这种优势在借贷争议中无关紧要;相反,贷款方利用自己在交易中的优势地位,择地诉讼可能更为方便。另外,如需要采取某种强制行动如人身强制才能解决的争议、多方当事人的争议、可通过简易判决快速清理债务等情况下,选择仲裁未必总是合适的。另一方面,仲裁还被认为可能具有以下缺陷:欠缺法律的安定性和预测性,由当事人选定的仲裁员有成为该当事人代理人的心理倾向而影响公正裁决、无

---

[14] 参见《最高人民法院公报典型案例全集(1985.1—1999.2)》,警官教育出版社1999年版,第575页。

上诉制度使失误难以甚至无法得到救济,等等。[15]

仲裁员当然享有履行其职责的足够权力,但和法官相比,仲裁员的权力又是有限的,如仲裁地法对仲裁的支持不够充分时,情况更是如此。通常,仲裁员不能强制证人出庭作证,某些证据须通过法院提取,一些国家也不允许仲裁庭自行采取保全措施,等等。如果仲裁地的仲裁法不尽人意,或者实践中法官对仲裁不是很支持,仲裁庭为避免仲裁裁决被撤销或不予执行,在处理案件时会非常谨慎,仲裁机构的秘书处在管理案件程序上也趋于保守,使本来以灵活见长的仲裁程序实际上变得僵化,以致有些仲裁员或仲裁机构认为程序是仲裁的生命。如果某个仲裁员或者仲裁机构在案件的程序处理上万无一失,但裁决结果却难以做到公正合理,仲裁员水平低下,或者仲裁效率低,这样,即使裁决不致被撤销或不予执行,但仲裁的信誉却令人担忧,长此以往,仲裁的生命力显然不容乐观。

第四节 仲裁制度的历史发展

一、西方仲裁制度的历史发展

(一)仲裁制度的起源

仲裁是由解决人们之间纠纷的一种最古老的民间方法发展而来的。在原始社会,没有国家与法律,习惯是原始社会的社会规范,调整着人们的行为。人们之间一旦发生纠纷,往往由族长、氏族首领或较有名望的第三者充当裁判者,对纠纷作出裁决。这种解决纠纷的方法是现代仲裁制度的雏形。

国家出现以后,仲裁制度开始逐渐地趋于完善,解决纠纷的范围也有所扩大。早在奴隶制的古希腊和古罗马时代,著名的古罗马《十二铜表法》中就有多处关于仲裁的记载。[16] 在那时的地中海沿岸一带,海上交通比较发达,商品经济有了相当的发展。随着各城邦、各港口之间商事往来的增多,商人或商人社团之间的商事纠纷、海事纠纷也相应地增加。为了保持商业关系的顺利发展,

---

〔15〕 黄进、宋连斌、徐前权:《仲裁法学》,中国政法大学出版社 2007 年版,第 7 页。

〔16〕 周枏:《罗马法原理》,商务印书馆 1996 年版,第 937 页。

必须及时地解决日益增多的纠纷。在解决纠纷的实践中,纠纷双方在自愿协商的情况下,共同委托大家都信赖、德高望重、办事公道、熟悉情况的第三人对纠纷进行居中裁判的方法,是一种比较简便易行的方法,逐渐为人们所接受。这样,就逐步自发地形成了由纠纷双方当事人共同约请第三者居中裁决其纠纷的习惯,这就是早期的仲裁。不过,那时候的仲裁从形式到内容都比较简单,主要用来解决债权、债务等民商事纠纷,并没有形成制度,裁决的执行也主要是依靠当事人对裁决者的信赖和道德观念的约束而自觉履行,不属于国家法律的调整范畴。

(二)仲裁制度的确立与发展

随着资本主义制度的确立和资本主义工商业的进一步发展,特别是商品经济的发展,仲裁中的一些做法逐步定型化、制度化,进而法律化,并在实践中得到完善,以致形成仲裁法律制度。仲裁一经形成制度,即显示出极强的适应性和旺盛的生命力。根据史料记载,公元1347年,在英国法中就有了关于仲裁的规定。14世纪中叶,瑞典的某些地方性法规也承认仲裁是解决纠纷的合法途径。16世纪至17世纪,某些从事对外贸易的公司,如英国东印度公司在其章程中,就有以仲裁方式解决公司成员之间发生的争议的条款,17世纪后期开始有了关于仲裁制度的完整立法。英国议会于1697年正式承认仲裁制度,并确立了仲裁制度的法律地位。法国在1807年制定的《民事诉讼法典》中对仲裁程序作出了专章规定。1877年,德国公布并于1879年正式实施的《民事诉讼法典》也专篇对仲裁程序作出规定。1890年日本的《民事诉讼法》第八编是《仲裁程序》编,以后又专门制定了《商事仲裁条例》。19世纪仲裁立法在深度和广度方面又有了进一步的发展。英国于1889年颁布《仲裁法》,并于1892年成立了伦敦仲裁院。瑞典1929年通过《瑞典仲裁法》。1925年,美国制定《美利坚合众国统一仲裁法案》,并于1926年成立美国仲裁协会。但这一时期的仲裁主要是解决国内民商事纠纷的法律制度。

近代以来,仲裁的形式和内容有了极大的发展。就其范围而言,仲裁逐步由一国范围内的民商事仲裁扩展到国际经济贸易仲裁、海事仲裁、解决国家间争端的国际仲裁。就仲裁裁决的执行而言,早期是单纯依靠当事人自觉履行,后来当仲裁方法被国家用法律形式规定下来后,仲裁裁决的执行又具有了国家强制力的保证。就仲裁机构而言,仲裁员也从初期的由享有一定声望的个人担任,发展到产生了专司仲裁职能的组织机构,并由一国范围内的仲裁机构发展到产生了国际性的仲裁机构。就仲裁活动本身而言,也从最初的由仲裁员凭公平原则和行业惯例、职业道德进行仲裁,发展为依照既定的法律和程序规则进行仲裁。特别是进入20世纪以后,由于国家经济贸易的深化和扩大,仲裁制度普及于世界各国,许多国家纷纷制定或修改其仲裁立法,专门规定国际商事仲裁的有关问题,设立常设性仲裁机构。如英国于1892年成立了伦敦仲裁会(即现在的伦敦国际仲裁院的前身),瑞典于1917年成立了斯德哥尔摩商会仲裁院。美国于1922年成立了美国仲裁会,1922年在法国成立了国际商会仲裁院,等等。由于各国都有自己的一套仲裁法规和仲裁机构,在采用仲裁方式来解决国际经济贸易中产生的纠纷,经常会产生许多问题。为了适应国际商事仲裁实践的需要,缓和各国仲裁立法的冲突,国际社会开始了统一各国仲裁立法的国际仲裁立法工作。于是1922年在国际联盟的主持下,有关国家在日内瓦签订了一项《仲裁条款议定书》。1927年又签订了《关于执行外国仲裁裁决的国际公约》。1958年在联合国主持下,于纽约订立了《承认及执行外国仲裁裁决的公约》。国际社会为了求得各国与其他国家国民之间的私人投资争议的适当、合理的解决,于1965年在华盛顿签署了《关于解决国家与他国国民之间的投资争端的公约》,并在世界银行的赞助下,建立了"解决投资争端国际中心"(ICSID)。为推动各国仲裁立法的统一,1985年联合国国际贸易法委员会主持制定了《国际商事仲裁示范法》。该示范法已被澳大利亚、加拿大、香港、澳门、美国的一些州等四十个国家或地区采纳为本国或本地区的法律。目前,仲裁在解决各种社会纠纷和协调社会经济关系方面,发挥着越来越重要的作用,受到世界各国和国际社会的普遍重视并得到广泛采用。

二、我国仲裁制度的建立与发展

在我国,仲裁作为解决纠纷的有效方法也早已为人们认识和采用,但它作为一项法律制度在清末民初的北洋军阀时期才完全得到有关立法的确认。1912年国民政府颁布《商事公断处章程》,1913年又颁布了《商事公断处办事细则》,商事公断处在商会内设立。二战后,中美双方成立了中美商事联合仲裁委员会及仲裁规则。1921年又颁布了《民事公断暂行条例》,并规定设立公断处。1927年,当时的国民政府暂准援用北洋政府1912年的《商事公断处章程》和1913年的《商事公断处办事细则》,商事公断处虽按规定附设于其所在地的各商会，但实际上只相当于一种调解机构。[17] 1933年10月15日的《中华苏维埃共和国劳动法》中也有关于仲裁的规定。1943年2月4日，晋察冀边区颁布的《晋察冀边区租佃债息条例》及其实施条例以及同年4月9日晋察冀边区行政委员会颁布的《关于仲裁委员会工作指示》中，规定了仲裁委员会的性质、任务和权限及其与政府、专署等方面的关系。1949年3月15日天津市人民政府公布的《天津市调解仲裁委员会暂行组织条例》、1949年8月19日上海军管会颁布的《关于私营企业劳资争议调处暂行办法》中都有关于仲裁的规定。[18]

1949年10月以后，中国分别建立了国内仲裁制度和涉外仲裁制度。涉外仲裁制度是在中国国际贸易促进委员会（即中国国际商会）的推动下逐渐建立和完善起来的，该会分别于1956年和1959年设立了中国国际经济贸易仲裁委员会（其前身为对外贸易仲裁委员会）和中国海事仲裁委员会，这两个涉外仲裁机构基本上按国际惯例设立和运行，其在处理国际经济贸易和海事纠纷中发挥了不可替代的作用。

在仲裁法单独立法之前，我国并没有统一的仲裁立法和仲裁制度，国内仲裁制度主要是经济合同仲裁制度，这也成为我国迄今为止历史最长的国内仲裁制度。根据新中国成立后国家所颁布的一系列有关仲裁的条例和仲裁实践，我国的经济合同仲裁先后经历了以下几个发展阶段：

（一）只裁不审阶段

20世纪60年代，我国公与公的合同纠纷不归法院管辖，主要由经济委员会仲裁主管，而且，仲裁一般是实行两级仲裁体制，但对于特殊的重大项目合同纠纷实行三级仲裁体制，即当事人不服省、自治区、直辖市经委二级仲裁的，还可以向国家经委请求三级仲裁。这一阶段的仲裁主要依据1961年9月中共中央颁布的《国营工业企业工作条例（草案）》、1962年8月国家经济委员会《关于各级经委仲裁国营工业企业之间拖欠债款的意见（草案）》和1962年12月中共中央国务院《关于严格执行基本建设程序、严格执行经济合同的通知》等相关规定，各级经委主管经济合同仲裁，法院不具有管辖权。“文革”期间，由于政治原因合同争议通过行政手段来解决，经济合同仲裁制度已名存实亡。

---

〔17〕 胡康生主编：《中华人民共和国仲裁法全书》，法律出版社1995年版，第7～8页。

〔18〕 河山、肖水：《仲裁法概要》，中国法制出版社1995年版，第6～11页。

（二）两裁两审阶段

十一届三中全会以后，处于停滞状态的经济合同仲裁制度得以复苏和发展。1978 年国务院发布了成立工商行政管理总局的通知，明确规定工商行政管理部门的主要任务之一是“管理全民和集体企业的购销合同、加工订货合同，调解仲裁纠纷”。1979 年 8 月，国家经委、工商行政管理总局、中国人民银行发出了关于管理经济合同若干问题的联合通知，规定当事人因经济合同发生的争议在协商不成时，任何一方当事人均可以按照合同管理的分工，向对方所在地的县（市）和大中城市的区经委或相应机关、工商行政管理局申请仲裁，对仲裁不服的，可以向上一级合同管理机关申请复议，对复议不服的，当事人还可以向人民法院起诉，寻求司法救济。故称“先裁后审”，由于仲裁实行的是两级仲裁制而诉讼实行的是两审终审制，故也被称为两裁两审阶段。

（三）一裁两审阶段

1982 年颁布的《中华人民共和国经济合同法》规定，经济合同发生纠纷后，当事人既可以向国家规定的合同管理机关申请调解或仲裁，也可直接向法院起诉，故称裁审自择、又裁又审。1983 年国务院颁布的《中华人民共和国经济合同仲裁条例》实施，我国经济合同仲裁制度得到了进一步的发展。其不仅将多头分工仲裁改为了由工商行政管理局设立的经济合同仲裁委员会统一仲裁，并扩大了经济合同仲裁的范围，而且当事人所发生的纠纷，或裁或审，可以由当事人自己选择。即对所发生的纠纷，当事人既可以请求仲裁，也可以直接向人民法院起诉。同时，对申请仲裁的纠纷，实行一次裁决制，但如果当事人对仲裁裁决不服的，仍然可以向人民法院提起诉讼，因诉讼实行两审终审制，故称一裁两审制。

（四）或裁或审，一裁终局阶段

1993 年 9 月，我国对《中华人民共和国经济合同法》进行了修订，将裁审自择改为协议仲裁制度，使经济合同仲裁制度发生了根本的改变。该法规定经济合同关系中的双方当事人可以基于仲裁协议向仲裁机关申请仲裁，仲裁协议具有排除法院管辖权的效力。同时，仲裁实行一裁终局制，即仲裁裁决具有终局的效力，当事人不得就同一争议事实再向其他仲裁机构申请仲裁，也不得向人民法院提起诉讼。当事人双方只有在没有订立仲裁协议的情况下才可以直接向人民法院提起诉讼。1995 年 9 月 1 日颁布的《中华人民共和国仲裁法》对合同纠纷和其他财产权益纠纷实行或裁或审和一裁终局的制度。或裁或审制度的确立,标志着我国仲裁制度的发展与完善,对在市场经济条件下发挥仲裁解决纠纷的优越性将起到重要作用。

在经济合同仲裁发展的同时,从 20 世纪 80 年代开始,我国依据 1987 年 6 月颁布的《中华人民共和国技术合同法》、1988 年国家科委发布的《技术合同管理暂行条例》、1989 年发布的《技术合同法实施条例》和 1991 年发布的《技术合同仲裁机构管理暂行规定》等确立和发展了技术合同纠纷仲裁;基于 1987 年 7 月国务院发布的《国营企业劳动争议处理暂行规定》、1993 年颁布的《企业劳动争议处理条例》等使劳动争议仲裁得以确立和发展;基于《中华人民共和国著作权法》以及有关房地产、消费者权益保护的法规,规定了著作权纠纷仲裁、房地产纠纷仲裁和消费者纠纷仲裁等,使我国的仲裁制度不断发展和完善。但是,以往的国内仲裁实质上还是一种行政性质的仲裁,其主要表现为由设在政府行政部门内部的仲裁机构行使仲裁裁决权,解决当事人之间的纠纷。这不仅违背了仲裁的独立性、自愿性、快捷性等特点,也与仲裁的性质相去甚远。

—— 司法考试试题 ——

一、单项选择题

关于民事仲裁与民事诉讼的区别,下列哪一选项是正确的?(2011 年)

A. 具有给付内容的生效判决书都具有执行力,具有给付内容的生效裁决书没有执行力

B. 诉讼中当事人可以申请财产保全,在仲裁中不可以申请财产保全

C. 仲裁不需对案件进行开庭审理,诉讼原则上要对案件进行开庭审理

D. 仲裁机构是民间组织,法院是国家机关

【答案】 D

【考点】 仲裁与诉讼的区别。

【解析】 根据《仲裁法》第 14 条的规定:“仲裁委员会独立于行政机关,与行政机关没有隶属关系。仲裁委员会之间也没有隶属关系。”仲裁机构是民间组织,法院是国家机关,所以 D 项正确。

二、多项选择题

民事诉讼与民商事仲裁都是解决民事纠纷的有效方式，但两者在制度上有所区别。下列哪些选项是正确的？（2008 年）

A. 民事诉讼可以解决各类民事纠纷，仲裁不适用与身份关系有关的民事纠纷

B. 民事诉讼实行两审终审，仲裁实行一裁终局

C. 民事诉讼判决书需要审理案件的全体审判人员签署，仲裁裁决则可由部分仲裁庭成员签署

D. 民事诉讼中财产保全由法院负责执行，而仲裁机构则不介入任何财产保全活动

【答案】　ABC

【考点】　诉讼与仲裁的区别。

【解析】　《仲裁法》第 3 条的规定，下列纠纷不能仲裁：(1)婚姻、收养、监护、扶养、继承纠纷；(2)依法应当由行政机关处理的行政争议。即仲裁不适用与身份关系有关的民事纠纷，因此 A 项正确。

《仲裁法》第 9 条的规定，仲裁实行一裁终局的制度。裁决作出后，当事人就同一纠纷再申请仲裁或者向人民法院起诉的，仲裁委员会或者人民法院不予受理。因此 B 项正确。

《仲裁法》第 54 条的规定，裁决书由仲裁员签名，加盖仲裁委员会印章。对裁决持不同意见的仲裁员，可以签名，也可以不签名。所以 C 项正确。

第二章 仲裁法概述

重点提示

本章重点理解仲裁法概念、仲裁范围和仲裁法的基本原则、基本制度。初步了解仲裁法的体系结构和立法宗旨。

引导案例

张某在A市B区有私房12间,2006年5月6日张某在B区私房内死亡。张某的四个子女因分割房屋发生纠纷,由于仲裁以不公开审理为原则,具有为当事人保守秘密的特点,张某的四个子女协商通过仲裁方式解决他们之间的房屋分割纠纷,于是他们便签订了仲裁协议,到××仲裁委员会申请仲裁。

该仲裁委员会对该案是否享有裁决权?为什么?

第一节 仲裁法的概念和立法宗旨

一、仲裁法的概念

仲裁法是国家制定的,规范仲裁法律关系主体的行为和调整仲裁法律关系的法律规范的总称。

仲裁法有广义和狭义之分。狭义的仲裁法仅指仲裁法法典,是国家最高权力机关制定颁布的关于仲裁的专门法律。我国在1994年8月31日由第八届全国人民代表大会常务委员会第九次会议通过的《中华人民共和国仲裁法》即为狭义的仲裁法。广义的仲裁法除了指仲裁法典外,还包括所有涉及仲裁内容的相关法律规范。例如:

（一）《民事诉讼法》中有关仲裁的相关规定

我国现行《民事诉讼法》在第 12 章第一审普通程序、第 20 章执行的申请和移送、第 26 章仲裁和第 27 章司法协助中都有涉及仲裁的相关规定。例如，《民事诉讼法》第 124 条第 2 项规定：依照法律规定，双方当事人对合同纠纷自愿达成书面仲裁协议向仲裁机构申请仲裁，不得向人民法院起诉的，人民法院应当告知原告向仲裁机构申请仲裁。第 237 条规定：对依法设立的仲裁机构的裁决，一方当事人不履行的，对方当事人可以向有管辖权的人民法院申请执行。受申请的人民法院应当执行。被申请人提出证据证明仲裁裁决有法定情形之一的，经人民法院组成合议庭审查核实，裁定不予执行。第 272 条规定：当事人申请采取财产保全的，中华人民共和国的涉外仲裁机构应当将当事人的申请，提交被申请人住所地或者财产所在地的中级人民法院裁定。

（二）民商事实体法中有关仲裁的规定

我国《合同法》、《著作权法》等都包含有仲裁的相关规定。例如，《合同法》第 128 条规定：当事人可以通过和解或者调解解决合同争议。当事人不愿和解、调解或者和解、调解不成的，可以根据仲裁协议向仲裁机构申请仲裁。涉外合同的当事人可以根据仲裁协议向中国仲裁机构或者其他仲裁机构申请仲裁。当事人没有订立仲裁协议或者仲裁协议无效的，可以向人民法院起诉。当事人应当履行发生法律效力的判决、仲裁裁决、调解书；拒不履行的，对方可以请求人民法院执行。《著作权法》第 55 条规定：著作权纠纷可以调解，也可以根据当事人达成的书面仲裁协议或者著作权合同中的仲裁条款，向仲裁机构申请仲裁。当事人没有书面仲裁协议，也没有在著作权合同中订立仲裁条款的，可以直接向人民法院起诉。此外，1979 年《中外合资经营企业法》（2001 年修正）第 15 条、1982 年《对外合作开采海洋石油资源条例》第 27 条、1988 年《中外合作经营企业法》（2000 年修正）第 25 条、1988 年国务院《关于鼓励台湾同胞投资的规定》第 20 条等也都规定国际商事争议和涉港、澳、台的经济贸易争议可采用仲裁方式解决。

（三）我国加入的国际公约或条约中有关仲裁的规定

我国加入的涉及仲裁的国际公约主要有 1958 年《关于承认和执行外国仲

裁裁决公约》和1965年《解决国家与他国国民间投资争议的公约》。此外，我国还与世界各国签署了一系列涉外仲裁的双边贸易协定、司法协助协定。我国与其他国家之间缔结的双边贸易协定、双边投资保护协定和民商事司法协助协定以及我国参加的具有仲裁内容的国际条约中，大多涉及通过仲裁解决争议及相互承认与执行仲裁裁决的内容。其均属于广义仲裁法的内容。

(四)司法解释中有关仲裁的规定

有关仲裁的司法解释，主要是最高人民法院为使仲裁法及相关法律能够得到正确实施，所作出的规定和解释。多年来，为了贯彻实施我国参加的有关仲裁的国际公约或条约，以及已颁布实施的仲裁法，最高人民法院作出了诸多司法解释。主要包括：《关于执行我国加入的〈承认及执行外国仲裁裁决公约〉的通知》、《关于适用〈中华人民共和国民事诉讼法〉若干问题的意见》、《关于实施〈中华人民共和国仲裁法〉几个问题的通知》、《关于确认仲裁协议效力几个问题的批复》、《关于内地与香港特别行政区相互执行仲裁裁决的安排》，等等。2006年8月23日公布，2006年9月8日施行的最高人民法院《关于适用〈中华人民共和国仲裁法〉若干问题的解释》(以下简称《仲裁法解释》)，整合了我国自《仲裁法》颁布实施以来的仲裁实践，以及以往最高人民法院作出的相关通知、批复、意见等，是仲裁法颁布实施以来涉及面最广、内容最全面的关于仲裁法的司法解释。该《仲裁法解释》已经成为仲裁实践中最重要的法律依据之一，也属于广义仲裁法的范畴。

二、仲裁法的特征

我国仲裁法作为国家制定或认可的，规范仲裁法律关系主体的行为和调整仲裁法律关系的法律规范，其具有以下特点：

1.任意性与强制性相结合。任意性是仲裁法区别其他法律的一个重要特征，因为，仲裁实行当事人自治，这一特点决定了其具有较大的特殊性，即大量的任意性规范允许选择进行适用，或协议排除适用的范围。除任意性外，仲裁法还具有强制性，即当事人没有约定或协议未达成的，按照法律规定办理；有些规范不允许当事人协议排除的，也属于强制性规范。

2.机构仲裁。根据仲裁法和最高人民法院仲裁法解释的规定，当事人订立仲裁协议时，应当选定具体的仲裁委员会，对仲裁委员会没有约定或者约定不明确的,可以补充协议,如果达不成补充协议,又无法推定出具体的仲裁机构的,仲裁协议无效。这表明,在我国只能采取机构仲裁的方式,而不能进行临时仲裁。

在我国,当事人只能选择机构仲裁的方式,但对于涉外案件,当事人先在合同中约定或争议发生后约定,由国外的临时仲裁机构或非常设仲裁机构仲裁的,我国原则上应当承认该仲裁条款的效力,法院不得再受理当事人的起诉。[1]

3. 对涉外仲裁进行特别规定。我国仲裁法基于涉外仲裁自身的特点,用专章对涉外仲裁的特定事项作出了特别规定。包括涉外仲裁机构的设立、仲裁员资格、采取保全措施的法院、涉外仲裁裁决的撤销、不予执行等。

4. 仲裁和调解相结合。我国仲裁法明确规定,仲裁庭在作出裁决前,可以先行调解。当事人自愿调解的,仲裁庭应当调解,调解不成的,仲裁庭应当及时作出裁决。调解达成协议的,仲裁庭应当制作调解书或者根据协议的结果制作裁决书。调解书与裁决书具有同等的法律效力。这表明仲裁程序和调解程序的有机结合是我国仲裁的显著特点。

三、立法宗旨及意义

《仲裁法》于 1994 年 8 月 31 日由第八届全国人民代表大会常务委员会第九次会议通过,1995 年 9 月 1 日起施行。《仲裁法》的颁布实施,是中国仲裁制度发展史上的一个重要转折点和里程碑。

(一)立法宗旨

根据仲裁法的规定,仲裁法的宗旨是:

1. 建立一个适应中国改革开放和社会主义市场经济体制需要的、与国际惯例接轨的仲裁法律体系。

2. 规范中国国内仲裁,同时促进中国涉外仲裁走上国际化、现代化的道路。其最终目的,如《仲裁法》第 1 条所规定:公正、及时地仲裁经济纠纷,保护当事人的合法权益,保障社会主义市场经济健康发展。

[1] 1995 年 10 月 20 日最高人民法院《关于福建省生产资料总公司与金鸽航运有限公司国际海运纠纷一案中提单仲裁条款效力问题的复函》。

(二)意义

仲裁法的制定和颁布,具有以下重要意义:

1. 仲裁法的颁布实施结束了中国没有仲裁法典的历史。在仲裁法颁布之前,中国没有一部统一的仲裁法典,仲裁法律制度建设的成果,只表现为若干个仲裁条例和有关法律、法规、规章中的个别条款。这些有关仲裁的规定,立法形式不统一,内容较为杂乱甚至有相互抵触的地方,容易造成对相同或相似案件的裁决结果不同或不完全相同。仲裁法的颁布实施,使得中国有了一部统一的仲裁法典。随着我国仲裁法的统一,必将使仲裁实践也趋于统一。另外,《仲裁法》确立了仲裁法律制度在中国法律体系中应有的地位,充实了中国民事程序法的内容,完善了中国民事程序法的体系。[2]

2. 仲裁法恢复了仲裁制度的本来面目。仲裁制度从它产生的时候起,即具有民间性,它在尊重当事人意思自治的基础上,由仲裁员独立公正地仲裁纠纷,并且其所作裁决是终局的。但是,中国以往的仲裁实践,由于受到多种因素的影响,不同程度地偏离了仲裁本来面目,出现了忽视当事人的自主权利,广泛推行强制仲裁的现象。并且仲裁也不能独立进行,往往受到行政部门直接或间接的干涉,仲裁裁决大都不具终局性,失去了仲裁应有的优势。仲裁法规定了尊重当事人意愿、独立公正仲裁和一裁终局等原则,它的颁布实施,恢复了仲裁制度的本来面目。

3. 仲裁法的实施,将对中国今后的仲裁活动起到严格规范和积极指导的作用。任何一项法律制度,都是对社会物质生活条件的反映,是以社会实践为基础的,并通过国家的立法活动以法律的形式表现出来。因此,任何一项法律制度的建立,既是社会发展对法制建设的客观要求,也是国家立法活动适应社会发展的必然结果。仲裁法的颁布,一方面是仲裁实践对仲裁立法的客观要求,另一方面也是中国仲裁制度发展的必然趋势和结果,并在此基础上促进仲裁事业得到迅速、健康的发展。换句话说,《仲裁法》的颁布实施,既表明了仲裁制度在现实生活中已受到了人们的普遍肯定,同时也为人们在今后通过仲裁手段解决有关合同纠纷和其他财产权益纠纷提供了更为明确、可靠的法律依据。随着仲裁法颁布实施,人们将对仲裁有更全面、更深刻和更准确的理解,更愿意把自

---

[2] 黄进、宋连斌、徐前权:《仲裁法学》,中国政法大学出版社 2007 年版,第 21 页。

己的有关纠纷提交仲裁,从而促进中国的仲裁事业的发展。

4. 仲裁法为中国仲裁法学研究的深入提供了一个良好的契机。立法实践与法学研究具有密切的联系,二者往往相互促进、共同发展。随着仲裁法的颁布实施,必将促进中国法学界对仲裁法律制度的研究探讨。通过法学界对仲裁法比较科学、完整的论证,从而改进现行的仲裁法。

第二节 仲裁范围

一、仲裁范围的概念

所谓仲裁范围,也称仲裁对象,是指可仲裁的事项或争议的范围,即争议事项的可仲裁性。就某一仲裁机构或临时仲裁情形下的仲裁员而言,它是指临时仲裁员或依法设立的各仲裁机构可以受理当事人之间的何种纠纷的问题。在这个意义上,仲裁范围就是指临时仲裁员或仲裁机构的权限。也有人依照诉讼法上审判权的提法,称之为仲裁权,即仲裁机构和仲裁庭,或临时仲裁员,根据仲裁协议,仲裁当事人所提交的争议的权力。这三个概念侧重点各异。仲裁范围是依法可以提交仲裁的事项的宏观范围,仲裁机构或临时仲裁员的权限是指某个具体的仲裁机构或者临时仲裁员的受案范围,不一定等同于仲裁范围,但某一法律体系内所有仲裁机构或临时仲裁员的权限的总和,等于该法律体系所界定的仲裁范围;仲裁权则是从仲裁机构或仲裁员的地位、作用的角度对仲裁员或仲裁机构权限的概括。[3]

仲裁范围是仲裁法律制度中的一个基本问题。各国仲裁法关于仲裁范围的规定不完全相同,英、美等国甚至没有规定仲裁范围的成文法。理论界有人提出了"争议事项的可仲裁性"理论,但对"可仲裁性"的理解也不一致,有的理解为"合同纠纷",有的理解为"财产权益纠纷",有的理解为"当事人有处分权的纠纷",有的理解为"当事人有和解权的争议",等等。也有人将仲裁协议与可仲裁性问题联系起来,认为当事人达成了仲裁协议,争议就具有可仲裁性,反之则无。从国际立法和司法实践看,一般情况下,有关商事法律关系的争议,无论

---

[3] 黄进、宗连斌、徐前权:《仲裁法学》,中国政法大学出版社2007年版,第22~23页。

其属契约性还是非契约性，都是可仲裁的；在不使用“商事”概念时，涉及财产权益的争议原则上是可仲裁的，只要双方当事人地位平等且有关争议可自行和解或通过调解解决。1998 年修订的《德国民事诉讼法典》第 1030 条为此提供了例证：凡涉及经济利益的请求都可提交仲裁，涉及非经济利益纠纷时，则以当事人是否有权对争议事项进行和解为可以提交仲裁的标准。德国的立法者把仲裁当作与国家审判权同等的法律保护措施，对可仲裁性作广义理解，争议事项只要在追求一种广义上的经济目的即可提交仲裁，而无论争议事项属于私法领域还是公法领域。[4]

二、我国仲裁法确定的仲裁适用范围

仲裁适用范围是指仲裁作为一种解决纠纷的方式，可以解决哪些纠纷，哪些纠纷不能通过仲裁解决，也就是纠纷的可仲裁性问题。我国仲裁的适用范围是由仲裁法规定的。

（一）仲裁适用范围的标准

根据我国《仲裁法》第 2 条的规定，平等主体的公民、法人和其他组织之间发生的合同纠纷和其他财产权益纠纷，可以仲裁。这一规定，明确了仲裁适用范围的标准有：

1. 纠纷的主体是平等的。纠纷主体的平等，是指发生纠纷的双方当事人在法律地位上的平等，享有民事权利和承担民事义务的资格平等。各主体之间发生的法律关系在民商事法律调整的范围内，意味着他们之间不存在隶属关系或者从属关系，是独立的民事主体。即使纠纷发生的主体之间客观上有上下级的行政隶属关系，但只要他们之间发生纠纷的法律关系属于民商事法律调整的范围，那么他们之间发生的争议也是平等主体之间发生的争议。例如，甲是乙的单位领导，甲向乙借款 2 万元，因到期不还，两人因此发生纠纷，甲、乙之间所发生的借款纠纷仍然属于平等主体之间的纠纷，该纠纷只要双方当事人协议仲裁，就可以通过仲裁方式予以解决。

纠纷主体的平等性，确定了双方当事人争议的事项属于横向法律关系的范畴，纵向法律关系的事项不能仲裁。例如商标、专利的有效性争议，涉及行政权

[4] 孙珺：《德国仲裁立法改革》，载《外国法译评》1999 年第 1 期，第 84 页。

的内容，因其属于纵向法律关系，应该排除在可仲裁性之外。行政合同的双方当事人不是平等的主体，针对行政合同所产生的争议也不具有可仲裁性。

2. 纠纷是可争讼的。纠纷的可争讼性，确定了争议事项存在于特定的相对主体之间的特点，即争议主体具有相互对抗性。实践中契约性法律关系的争议就是典型的具有争讼性质的事项，应具有可仲裁性。反之，如果当事人提起的属非争讼事项，比如认定财产无主案件，认定公民民事行为能力案件等，应该排除在可仲裁性之外。因为这些案件不是当事人之间发生的具有争讼性质的争议，而是申请人要求确认某种法律事实或权利是否存在的案件。

3. 争议的事项当事人可自由处分。可自由处分，是双方当事人对于争议的实体权利可以在法律规定的范围内自由处置。即当事人可以根据自己的意愿决定行使权利、主张权利、放弃权利。既然争议所涉及的利益或权利，当事人自己在实体上可以自由处分，那么通过何种程序和步骤来解决纠纷，国家也就没有必要干涉。因此，只有当事人可以自由处分的事项，当事人才能有权选择解决争议的方式；对于当事人无权自由处分的事项，则不能选择解决纠纷的方式。可自由处分的实质在于对争议事项当事人可以自由和解。一般说来，与当事人个人利益相关，且不被法律禁止或不违反法律、公共秩序及善良风俗的权益均可和解。据此标准，有关民事地位、自然人能力、遗嘱有效性等问题以及刑法和外汇管理等法律规范的事项不具有可仲裁性。

4. 争议的内容是财产。争议内容的财产性，即双方当事人之间发生的争议涉及财产权益。这一标准表明只要双方当事人签订的仲裁协议涉及财产权益，就可以进行仲裁。从我国仲裁法的规定中可以看出，仲裁范围是合同纠纷和其他财产权益纠纷。

（二）不可仲裁的争议事项

《仲裁法》第3条明确规定下列纠纷不能仲裁：（1）婚姻、收养、监护、扶养、继承纠纷；（2）依法应当由行政机关处理的行政争议。《仲裁法》第77条还规定，对劳动争议和农业集体经济组织内部农业承包合同纠纷的仲裁另行规定。由此看出，我国仲裁法对仲裁适用范围的规定，在肯定了可仲裁事项的范围外，还明确规定了不可仲裁的争议事项，这是我国仲裁法规范仲裁适用范围的突出特点。

1. 婚姻、收养、监护、扶养、继承纠纷的不可仲裁性。婚姻、收养、监护、扶养继承纠纷涉及当事人的身份关系，其不能由当事人自由处分。因此，这类纠纷虽属于民事纠纷，也往往涉及财产权益问题，但该类纠纷不能通过仲裁方式解决。如婚姻纠纷中主要解决的是人身权问题，继承纠纷中主要解决或首先解决的是当事人是否具有继承权问题，不论是人身权还是继承权或其他涉及身份关系的权利，只能由代表国家行使司法权的人民法院加以认定。仲裁机构的民间性，决定了凡是具有身份关系的纠纷都不具有可仲裁性，不能通过仲裁方式予以解决。

2. 依法应当由行政机关处理的行政争议的不可仲裁性。行政争议是国家行政机关之间，行政机关与企事业单位、社会团体以及公民之间因行政管理而发生的争议。这类争议的性质决定了作为民间性质的仲裁机构无权处理该类纠纷，其只能通过行政机关行使行政权或者人民法院行使司法权，并通过相应的程序予以解决。

我国《仲裁法》规定的仲裁适用范围排除了仲裁对行政争议的解决，并不意味着行政争议不能通过仲裁方式得到解决。如我国人事部颁布的《人事争议处理暂行规定》中就确定了人事争议的仲裁解决方式。只是人事争议的仲裁解决方式与仲裁法规定的仲裁范围具有本质的区别，前者属于行政争议仲裁，后者属于民商事争议仲裁。

3. 对劳动争议和农业集体经济组织内部农业承包合同纠纷仲裁的另行规定。《仲裁法》除明确规定了上述不可仲裁的争议事项外，在第 77 条还规定，劳动争议和农业集体经济组织内部的农业承包合同纠纷的仲裁另行规定。这表明劳动争议和农业集体经济组织内部的农业承包合同纠纷，不属于仲裁法所规定的仲裁范围，而是应当通过专门的劳动争议仲裁和农业承包合同纠纷仲裁予以解决。之所以将劳动争议和农业集体经济组织内部的农业承包合同纠纷的仲裁另行规定，是因他们各自的性质和特点决定的。

劳动争议仲裁是由劳动争议仲裁委员会，以仲裁的方式对劳动争议予以解决的制度。劳动争议仲裁的范围与民商事纠纷仲裁的适用范围明显不同。根据《企业劳动争议处理条例》第 2 条的规定，劳动争议仲裁的适用范围包括：因企业开除、除名、辞退职工和职工辞职、自动离职发生的争议；因执行国家有关工资、保险、福利、培训、劳动保护的规定发生的争议；履行劳动合同发生的争议和法律规定应当依照《企业劳动争议处理条例》处理的其他劳动争议。除此之外，劳动争议仲裁委员会的组成、仲裁当事人以及仲裁效力等方面也与民商事仲裁存在区别。如劳动争议仲裁委员会由劳动行政主管部门的代表、工会代表和政府指定的经济综合管理部门的代表组成;仲裁双方当事人是企业和职工;劳动争议仲裁实行一裁两审制,即对劳动争议仲裁委员会作出的仲裁裁决不服,可以向人民法院提起诉讼。

农业承包合同纠纷仲裁是指以仲裁的方式,由农业承包合同仲裁委员会,对农业承包合同经济纠纷进行审理和裁决的制度。农业承包合同纠纷主要是涉及农村家庭联产承包合同的纠纷,由于其双方当事人是农村集体经济组织或者村民委员会与其内部成员之间,所以双方当事人不具有平等主体的地位。农业承包合同仲裁委员会是依据行政区划设立的,其附属于乡(镇)、县(市)一级的农村经济管理部门,因此,其具有鲜明的行政性。根据我国法律的规定,当事人对农业承包合同仲裁委员会作出的仲裁裁决不服的,可以向人民法院提起诉讼,反映了农业承包合同纠纷仲裁与民商事仲裁的本质区别。[5]

三、仲裁审理范围

仲裁审理范围是仲裁庭行使仲裁权审理和裁决纠纷的范围。仲裁审理范围要依据当事人所达成的仲裁协议中确定的提交仲裁的争议事项范围和具体仲裁授权范围加以确定。也就是说,具体案件中的当事人基于仲裁协议,在法律规定和许可的范围内,提交仲裁解决的争议事项范围。

在民商事纠纷案件中,由于当事人的意思自治是仲裁的首要原则,因此,当事人的仲裁授权是确定仲裁审理范围的依据。即仲裁庭审理案件范围是通过当事人的仲裁授权范围来确定的,当事人对仲裁庭的授权范围决定了仲裁庭行使仲裁权审理案件的范围。

(一)仲裁协议

确定仲裁审理范围的基础是仲裁协议。仲裁协议是双方当事人对他们之间已经发生或可能发生的争议提交仲裁解决的约定。仲裁协议是确定仲裁审理范围的基础,其表现为当事人必须在仲裁协议所约定的仲裁事项范围内申请仲裁。因此,仲裁协议是仲裁授权的最初表现形式。从仲裁协议的特点来看,仲裁协议的这种授权方式只是一种仲裁期待权,因为只有仲裁协议,并不能使

[5] 乔欣:《仲裁法学》,清华大学出版社2008年版,第28页。

仲裁庭取得仲裁权并确定仲裁审理范围。比如,双方当事人虽然在订立合同中有仲裁条款,但该仲裁条款只有在双方当事人因该合同发生了争议时,才可能转变成现实性的条款,所以当事人在仲裁条款中的授权即属于局限在理论上的准备性授权;而对于仲裁协议的另一种形式即单独的仲裁协议来说,由于是在争议发生后双方当事人达成的,所以与仲裁条款相比,这种形式的授权,更具有相对直接、现实的特点,但仍属于基础性授权的范围。这是因为,尽管双方当事人在争议发生后签订了仲裁协议,但该仲裁协议并不能直接启动仲裁程序。要使仲裁庭取得对该案件的仲裁审理权和裁决权,当事人必须提出仲裁申请,作出进一步的仲裁授权。

尽管仲裁协议只是仲裁审理的基础,其本身并不能自动地授予仲裁审理案件的范围,但是,仲裁协议却又是当事人授权的重要表现形式之一,是确定仲裁审理范围的前提条件,当事人仲裁申请只能在仲裁协议的授权范围内提出。总之,仲裁协议是仲裁授权不可或缺的根据,没有仲裁协议或者仲裁协议因瑕疵而无效,均不可能合法地授予仲裁审理范围。

(二)具体授权

仲裁审理范围由当事人的具体授权确定。当事人的具体授权,是指当事人有权根据仲裁协议向仲裁机构申请仲裁,授予仲裁庭解决该纠纷的权力。当事人的具体授权是确定仲裁庭审理案件范围的关键。

授予仲裁庭审理案件的范围是通过一方当事人向仲裁庭申请仲裁来实现的。根据我国《仲裁法》和仲裁机构的仲裁规则的规定,仲裁申请是向仲裁委员会递交仲裁申请书。法律的这一规定,特别是在仲裁庭还未组成的情况下,当事人将仲裁申请书递交给仲裁委员会,并不意味着法律允许或者当事人授权仲裁委员会对所发生的争议进行仲裁裁决,这实际上只是仲裁程序的一个步骤、一种形式。其核心在于,由于我国确定的是机构仲裁,因此,必须通过仲裁委员会来启动仲裁程序,并组成审理案件的仲裁庭。申请仲裁的关键是向仲裁庭提交仲裁申请书,授权仲裁庭仲裁审理范围。一般来说,仲裁申请书应包括申请人和被申请人的基本情况;申请人提交仲裁所依据的仲裁协议;争议的基本事实和争议要点;申请人明确、具体的仲裁请求以及该请求所依据的事实和证据等。

在仲裁实践中,当事人的具体授权必须遵循两个原则:

1. 当事人的仲裁申请,即是当事人的具体授权,其必须属于仲裁协议的范围,否则,该仲裁授权不能使仲裁庭取得仲裁管辖权。例如,1998 年甲公司(申请人)与乙公司签订了一份合资合同,经有关部门批准,设立丙公司,丙公司投产后不久,乙公司发生分立,成立了 C 公司,并约定乙公司对丙公司的权利义务转移给 C 公司。C 公司即以合资方的身份参与丙公司的经营管理活动。在经营管理活动中,C 公司欠丙公司货款 233 万元。2005 年初,甲公司根据 1998 年与乙公司所签订的合资合同中“由于本合同而发生或与本合同有关的任何争议,应由董事会通过友好协商,和平解决,如在三十天内无法解决,则应提交中国国际贸易仲裁委员会进行仲裁,该仲裁是终局的,对各方均有约束力”的仲裁条款申请仲裁。该仲裁申请被仲裁委员会驳回,其理由为仲裁请求不属于仲裁协议的范围。

仲裁委员会之所以裁定不予受理,是因为双方当事人订立的仲裁条款是合资合同中的纠纷解决条款,也就是说,只有在因合资合同发生争议时才能适用这一条款,通过仲裁方式予以解决。本案中尽管双方当事人是签订合资合同的双方当事人,但他们之间的纠纷并不是因合资合同而发生的,因此通过仲裁方式解决缺乏有效的仲裁协议。

2. 如果双方当事人所签订的仲裁协议中的仲裁事项是可以分割的,当事人在具体授权时仅可以将发生争议的部分提交仲裁,而不能将没有发生争议的事项也一并提交仲裁,更无须等到所有仲裁协议事项都产生争议后再申请仲裁。如果当事人仅将发生争议部分的事项提交仲裁后,双方当事人又对该仲裁协议的其他事项发生争议,那么,任何一方当事人仍然可以依据同一仲裁协议向仲裁庭申请仲裁。

四、仲裁范围与当事人仲裁授权的关系

虽然仲裁审理范围来自当事人的授权,但当事人的仲裁授权不得违反法律有关仲裁适用范围的规定,这是最基本的原则。然而,在仲裁实践中,当事人授权与法律规定的冲突是难免的,特别是法律规定采用宽泛形式时,由于法律规定的不具体,往往使当事人授权超出了法律规定的范围,而形成一种积极的冲突,这种冲突的结果往往会导致对双方当事人授权仲裁庭解决某一争议的愿望难以实现,而如果尊重当事人对仲裁的选择,又可能会使仲裁裁决因不具有法律规定的可仲裁性被法院依法撤销或不予执行。因此,当事人授权与法律规定能否协调统一,直接关系到仲裁庭能否合法地对仲裁审理范围内的纠纷行使仲

裁权。

1. 当事人的授权不得违背法律的强制性规定。法律明确规定不能仲裁的争议事项,仲裁庭不能以当事人授权来取得仲裁权。同样,在当事人授权后,由于特定条件的变化,导致可仲裁的争议成为法律规定的不可仲裁性的争议时,当事人的授权应服从于法律的强制性规定。例如,合同法所规定的代位权就可能会导致仲裁协议的失效。《合同法》第 73 条规定:“因债务人怠于行使到期债权,对债权人造成损害的,债权人可以向人民法院请求以自己的名义代位行使债务人的债权,但该债权专属于债务人自身的除外。”根据这一规定,由于债权人行使代位权只能向人民法院请求,即使债务人和该债务的债务人之间的合同中订立了仲裁条款,该仲裁条款也会因债权人向人民法院请求代位行使债权而失效。即在债务人怠于行使到期债权时,债权人既不能自己直接向第三人请求清偿债务人的债务,也无法通过仲裁的方式要求行使代位权,只能通过人民法院主张自己的权利。

2. 当事人的授权必须在法律规定的范围内。由于当事人授权与法律规定的性质不同,故当事人授权必须在法律规定的范围内,超出法律规定范围的当事人授权属于无效授权,仲裁庭不得依此取得仲裁管辖权。

3. 仲裁权来自当事人的授权。法律规定仅是为仲裁管辖权的取得提供了一种依据,在当事人申请仲裁之前仲裁庭并不能取得仲裁权,只有经过当事人的授权,法律授权才具有现实意义,才能真正发挥作用。

第三节　仲裁法律关系

一、仲裁法律关系的概念

仲裁法律关系,是指仲裁主体在仲裁过程中发生的程序上的法律关系,即在仲裁过程中,仲裁机构、仲裁当事人和仲裁参与人之间形成的以仲裁权利义务为内容,并受仲裁法所调整的一种社会关系。仲裁法律关系始于当事人提出仲裁申请与仲裁机构受理申请,终于仲裁庭作出裁决。仲裁法律关系是既涉及仲裁理论,又涉及仲裁实践的一个重要问题。

仲裁法律关系具有以下特征:

1. 当事人之间发生争议后,一方当事人根据双方签订的仲裁协议向仲裁机构申请仲裁,仲裁机构受理案件后,当事人与仲裁机构、其他参与人之间才能形成仲裁法律关系。仲裁庭作出裁决后,仲裁活动结束,仲裁法律关系消灭。仲裁法律关系是当事人的申请权与仲裁机构的受理权相结合而形成的法律关系。

这一特征说明了两个问题:第一,仲裁法律关系的形成原因;第二,当事人的申请与仲裁机构受理权之间的关系。

2. 仲裁法律关系产生于仲裁机构、仲裁当事人及其他参与人之间。因为仲裁法调整的主体只有仲裁机构、仲裁当事人和其他参与人,所以,其他任何单位和个人,都不能参与到仲裁过程中来,形成仲裁法律关系。

3. 仲裁法律关系的内容是仲裁法律关系主体在仲裁过程中享有的权利和承担的义务。

4. 仲裁法律关系是受仲裁法所调整的。仲裁法律关系的发生、变更和消灭,仲裁法律关系的主体、内容、客体,都是以仲裁法为依据,受仲裁法调整的。

5. 仲裁法律关系是仲裁机构、仲裁当事人、仲裁参与人之间形成的一种社会关系。

二、仲裁法律关系的要素

仲裁法律关系的要素,是指构成仲裁法律关系的必备要素。任何一个法律关系均由主体、内容和客体三要素构成,仲裁法律关系也是由此三要素构成。

(一)仲裁法律关系的主体

仲裁法律关系主体,是指在仲裁过程中依法享有权利和承担义务的人。仲裁法律关系由三方主体组成:一是仲裁机构;二是仲裁当事人和他们的代理人;三是其他仲裁参与人。

1. 仲裁机构

仲裁机构是依仲裁法的规定,接受仲裁当事人的申请,受理案件,并组成仲裁庭裁决当事人之间争议的,因此,仲裁机构是仲裁法律关系的主体,并且是仲裁法律关系中的重要主体,即没有仲裁机构受理当事人的申请,就不能形成仲裁法律关系。

2. 仲裁当事人

仲裁当事人是依仲裁协议申请仲裁的申请人和被申请人,其在整个仲裁过程中起着重要作用,也是仲裁法律关系中的重要主体。因为仲裁当事人与案件有直接利害关系,其参加仲裁行使权利,承担义务,都是为了维护自己的利益。仲裁当事人的行为对仲裁程序的发生、发展和终结有重要影响,因为没有双方当事人订立的仲裁协议,没有当事人申请仲裁,就没有仲裁法律关系。

3. 仲裁参与人

仲裁参与人是指代理人、证人、鉴定人、勘验人、翻译人员等。代理人是受当事人委托维护被代理人的利益而参加仲裁的,其必然与仲裁机构及其他仲裁主体产生仲裁法律关系,并在仲裁程序中享有权利、承担义务。因此,仲裁代理人也是仲裁法律关系主体。证人、鉴定人、勘验人、翻译人员参与仲裁,是为了协助仲裁机构和当事人查明案件事实,其参与仲裁均依法享有权利、承担义务,故也是仲裁法律关系主体。

(二)仲裁法律关系的内容

仲裁法律关系的内容,是指仲裁法律关系主体依法所享有的权利和所承担的义务。仲裁法律关系是各仲裁主体之间,在仲裁程序中产生的权利义务关系。因此,各主体所享有的权利和所承担的义务,就构成了仲裁法律关系的内容。仲裁法律关系的主体不同,其权利义务的内容、表现形式和作用也就有所不同。

1. 仲裁机构

仲裁机构是民间性组织,由商会或其他民间团体组建。仲裁机构的权利义务由仲裁委员会、仲裁委员会主任、仲裁庭行使。仲裁委员会及其主任的权利有:(1)决定案件的受理;(2)在仲裁庭组庭前,对当事人提出的管辖权异议作出决定;(3)有权对仲裁协议的效力作出决定;(4)决定仲裁员回避事项;(5)接受当事人委托,指定仲裁员。

仲裁庭的权利有:(1)组织仲裁程序的进行;(2)对纠纷事项作出实体上的裁决。

仲裁委员会及其主任、仲裁庭的义务是:遵守仲裁法、仲裁规则、仲裁员守则等规定,保证纠纷公正解决。

2. 仲裁当事人

当事人是实体权利义务的承担者,为了保护当事人的合法权利,保障仲裁的顺利进行,保证仲裁庭作出公正裁决,当事人在仲裁程序中享有广泛的权利并承担相应的义务。当事人享有的权利有:(1)选择仲裁庭组成方式的权利。仲裁庭可以由一名或三名仲裁员组成。一名仲裁员的为独任制,三名仲裁员的为合议制。(2)选择仲裁员的权利。在合议制下,当事人可各自指定或委托仲裁委员会主任指定一名仲裁员。首席仲裁员由双方当事人共同选定或共同委托仲裁委员会主任指定。在独任制下,仲裁员可由双方当事人共同选定或委托仲裁委员会主任指定。(3)请求仲裁保护的权利。申请人有申请仲裁权,有申请放弃或变更仲裁请求的权利;被申请人有承认或反驳仲裁请求或提出反请求的权利。(4)有委托代理人的权利。当事人、法定代理人有权委托律师或其他代理人代为进行仲裁活动的权利。(5)有申请财产保全、证据保全的权利。财产保全是指一方当事人因另一方当事人原因可能使裁决不能执行或难以执行的,可申请财产保全。证据保全是指在证据可能灭失或者以后难以取得的情况下可以申请证据保全。财产保全、证据保全由申请人提出,由仲裁委员会转送法院,申请有错误由申请人予以赔偿。(6)对仲裁协议的效力提出异议的权利。当事人对仲裁协议有异议,认为仲裁协议无效的,可请求仲裁委员会就协议的效力作出决定,也可以请求法院作出裁定,但该异议应在仲裁庭首次开庭前提出。(7)有选择审理方式的权利。当事人在仲裁庭审理案件时可以选择书面审理、开庭审理、公开审理、不公开审理的方式。按仲裁法规定仲裁应开庭审理,但当事人协议不开庭的,可以不开庭,进行书面审理。仲裁以不公开审理为原则,当事人协议公开的,可以公开,但涉及国家机密的除外。(8)有要求仲裁员回避的权利。为保证仲裁的公正性,当事人有权依法要求仲裁委员会更换仲裁员。(9)有举证和质证的权利。为维护自己的合法权益,使仲裁庭作出有利于自己的裁决,双方当事人均有权收集证据,并进行质证,以维护自己的合法权益。(10)有进行辩论和最后陈述的权利。当事人有权通过书面形式或口头形式行使辩论权,在案件审理结束时有最后陈述自己的主要理由的权利。(11)有请求调解和自行和解的权利。(12)有申请法院强制执行的权利。仲裁裁决作出后,义务人不履行义务,权利人可以申请法院强制执行。(13)有申请法院撤销仲裁裁决的权利。当事人提出证据证明仲裁裁决有某种法定情形时,可以向仲裁委员会所在地中级人民法院申请撤销裁决。(14)有请求法院不予执行仲裁裁决的权利。

当事人应承担的义务有:(1)依法行使仲裁法规定的权利和义务。(2)遵守仲裁程序的义务。(3)履行发生法律效力的仲裁裁决书和仲裁调解书的义务。

3. 仲裁代理人

仲裁代理人,是指根据法律规定或当事人的委托,以被代理人的名义参加仲裁活动,代理当事人进行仲裁活动的人。仲裁代理人有法定和委托代理两种。代理人因产生不同,在仲裁活动中享有的权利承担的义务也不同,法定代理人是基于法律规定而产生,享有当事人所享有的一切权利,承担相应义务。委托代理人是基于当事人、法定代理人的委托而产生,在仲裁活动中,被代理人授予他多大的权利,他就享有多大权利,承担相应的义务。

4. 其他仲裁参与人

其他仲裁参与人是指协助仲裁庭查清案件事实的辅助性主体,在仲裁活动中享有的权利和义务是协助仲裁庭和当事人查明案件事实,保障仲裁程序顺利进行。

(三)仲裁法律关系客体

仲裁法律关系客体,是指仲裁法律关系主体之间行使权利,履行义务所指向的对象。由于仲裁法律关系主体享有的权利和承担的义务不同,其所指向的对象也有所不同。

仲裁机构、仲裁当事人和代理人行使权利,履行义务所指向的对象,是案件事实和实体权利的请求。

仲裁当事人之间行使权利,履行义务所指向的对象,是要解决双方之间的合同纠纷和其他财产权益纠纷,以保护自己的合法财产权益。

仲裁参与人与仲裁机构之间行使权利,履行义务所指向的对象,则是查明案件事实。

第四节　仲裁法的体系与效力

一、仲裁法的体系

《中华人民共和国仲裁法》于 1994 年 8 月 31 日第八届全国人大常委会第九次会议通过,于 1995 年 9 月 1 日正式施行。共八章 80 条。

第一章总则(第 1—9 条),规定了仲裁法的立法宗旨、适用范围、仲裁的原则和制度。

第二章仲裁委员会和仲裁协会（第10—15条），规定了仲裁委员会的性质、设立、组织机构，仲裁员的条件，仲裁协会的性质、设立和职责。

第三章仲裁协议（第16—20条），规定了仲裁协议的内容、效力和对仲裁协议效力的异议。

第四章仲裁程序（第21—57条），规定了三节内容：第一节申请和受理（第21—29条），规定了当事人申请仲裁的条件、方式、仲裁的受理，财产保全和仲裁代理；第二节仲裁庭的组成（第30—38条），规定了仲裁庭的组成形式，回避的条件、方式、违法责任的承担；第三节开庭和裁决（第39—57条），规定了开庭的形式和程序，延期开庭、缺席裁决，调解及效力，裁决及效力。

第五章申请撤销裁决（第58—61条），规定了申请撤销裁决的条件，撤销裁决的程序。

第六章执行（第62—64条），规定了执行的开始、不予执行、中止和终结执行。

第七章涉外仲裁的特别规定（第65—73条），规定了涉外仲裁的组织机构，涉外仲裁员的条件，证据保全、撤销裁决和不予执行。

第八章附则（第74—80条），规定了仲裁时效、仲裁规则和仲裁费用等内容。

二、仲裁法的效力

仲裁法的效力是指仲裁法在什么时间、空间作用于何人、何事的效用范围。

（一）仲裁法的时间效力

仲裁法的时间效力，是指仲裁法发生法律约束力的时间。《仲裁法》第80条规定，“本法自1995年9月1日起施行”。即仲裁法从1995年9月1日开始生效，在新法颁布后自动失效，或立法机关明文废止时失去效力。

（二）仲裁法对人的效力

仲裁法对人的效力，是指仲裁法对哪些人适用。根据仲裁法的规定，平等主体的公民、法人和其他组织之间发生争议，达成协议，凡是申请中华人民共和国领域内的仲裁机构仲裁的，都适用我国仲裁法。即我国《仲裁法》不仅适用中国公民、法人、其他组织，也适用外国人、无国籍人、外国企业、其他组织。

（三）仲裁法对事的效力

仲裁法对事的效力，是指仲裁机构依照仲裁法规定审理民商事案件的范围，即哪些案件应依照仲裁法的规定进行审理。根据《仲裁法》第 2 条、第 3 条、第 77 条规定，仲裁法调整的是平等主体的公民、法人和其他组织之间发生的合同纠纷和其他财产权益纠纷。

合同纠纷是指合同法所规定范围内的各类合同的纠纷，具体纠纷包括当事人之间基于合同的成立、效力、变更、转让、履行、违约责任、解释、解除等产生的纠纷。（1）商事合同纠纷。商事合同纠纷一般包括：买卖合同纠纷、租赁合同纠纷、建筑工程合同纠纷、加工承揽合同纠纷、运输合同纠纷、保管合同纠纷及保险合同纠纷。（2）技术合同纠纷。技术合同纠纷主要是指技术开发合同纠纷、技术转让合同纠纷、技术咨询合同纠纷以及技术服务合同纠纷等。（3）著作权合同纠纷。著作权合同纠纷主要指报刊出版合同纠纷、著作权许可使用合同纠纷、委托制作合同纠纷等。（4）商标许可使用合同纠纷。（5）房地产合同纠纷。房地产合同纠纷主要包括房地产转让合同纠纷、房地产抵押合同纠纷、房地产中介服务合同纠纷等。（6）海事、海商合同纠纷。海事、海商合同纠纷主要包括海上货物运输合同纠纷、海上旅客运输合同纠纷、海上保险合同纠纷、船舶租赁合同纠纷等。（7）其他民商事合同纠纷。其他民商事合同纠纷如企业承包合同纠纷、联营合同纠纷、合伙合同纠纷等。

其他财产权益纠纷，是指具有财产内容的非合同纠纷，主要是指因侵权而引起的各类纠纷。如我国《民法通则》规定的涉及财产权益方面的侵权纠纷、海事海商侵权纠纷等。

（四）仲裁法的空间效力

仲裁法的空间效力，是指适用仲裁法的空间范围。即仲裁法发生法律效力的地域范围。仲裁法是全国人民代表大会常务委员会通过的基本法，是在中华人民共和国领域内发生效力的法律，因此，仲裁法的空间效力范围应当及于整个中华人民共和国领域。但根据我国“一国两制”的特殊国情，仲裁法只在我国内地地区发生效力，我国香港特别行政区、澳门特别行政区和台湾地区不适用《中华人民共和国仲裁法》。

第五节 仲裁法的基本原则与基本制度

仲裁法的基本原则和基本制度是指仲裁法规定的,在仲裁活动中仲裁法律关系主体必须遵守的基本行为规范,是指导仲裁程序依法有序进行的准则。

一、仲裁法的基本原则

仲裁法的基本原则,是指在整个仲裁活动中,仲裁机构、仲裁员和仲裁当事人及其代理人都必须严格遵守的行为准则。它是在整个仲裁活动中起指导作用的准则,贯穿于仲裁活动的全过程,体现在仲裁活动的各个方面,是仲裁法指导思想在仲裁制度和程序中的体现。

(一)自愿原则

自愿原则是仲裁制度中一个最基本的原则,它在整个仲裁活动中起着主导作用,是仲裁制度赖以存在的基石。自愿原则在仲裁制度中主要表现在以下几个方面:

1. 采用仲裁方式解决纠纷,必须在双方当事人自愿基础上进行。仲裁机构受理案件的权限来源于双方当事人的共同授权,即自愿达成的有效仲裁协议。

2. 对纠纷进行裁决的仲裁机构由双方当事人协商选定。当事人向哪个仲裁机构申请仲裁,完全由双方当事人协商选定,不受当事人住所地、纠纷发生地、争议标的额的多少等约束和限制,真正体现双方当事人自愿。

3. 仲裁庭的组成形式和仲裁员由双方当事人自主选择。在仲裁活动中,仲裁庭有两种组成形式:一种是由三名仲裁员组成的仲裁庭;另一种是由一名仲裁员组成的仲裁庭。适用何种形式的仲裁庭对纠纷进行仲裁,双方当事人有权约定。双方当事人约定由三名仲裁员组成仲裁庭的,可以各自选定或委托仲裁委员会主任指定一名仲裁员,首席仲裁员由双方当事人共同选定或共同委托仲裁委员会主任指定;双方当事人约定由一名仲裁员组成仲裁庭的,可以由双方当事人共同选定或共同委托仲裁委员会主任指定仲裁员。

4. 请求仲裁的争议事项,由双方当事人自主选定。当事人在纠纷发生前后,哪些争议事项提交仲裁解决,完全由双方当事人共同协商确定。如双方当事人之间既有借款合同纠纷,又有购销合同纠纷,但双方仅就购销合同纠纷约定由仲裁解决,而没有约定借款合同纠纷交付仲裁解决,那么,作为仲裁机构,必须尊重双方当事人的意愿,只能对购销合同纠纷进行裁决。

5. 开庭审理仲裁案件的方式,可以由双方当事人共同选择。《仲裁法》第39条、第40条规定,仲裁应当开庭进行,当事人协议不开庭的,仲裁庭可以根据仲裁申请书、答辩书以及其他材料作出裁决;仲裁不公开进行,当事人协议公开的,可以公开进行,但涉及国家秘密的除外。可见,在仲裁活动中,当事人对仲裁案件的开庭审理方式,有权自主选择。另外,在涉外仲裁中,还允许当事人双方协议选择仲裁规则及实体法。

(二)公平合理原则

公平合理原则,是指在整个仲裁活动中,仲裁庭必须保持中立,平等对待双方当事人,依据事实公平合理地对纠纷作出裁决。《仲裁法》第7条规定:"仲裁应当根据事实,符合法律规定,公平合理地解决纠纷。"这是公正处理民商事纠纷的根本保障,是解决当事人之间的争议所应依据的基本原则。以事实为根据,以法律为准绳,是实现公平合理原则的必要前提。事实清楚是进行仲裁活动的根本保障,只有在查清全部案件事实的基础上,正确适用法律规定才能公平合理地确认双方当事人之间的权利义务关系,公正地作出裁决。

为了保证仲裁活动的公正进行,在仲裁过程中,仲裁员必须充分保障各方当事人都能平等地行使自己的权利,不因当事人社会地位、经济状况不同而有所区别。为了保证仲裁能公正地进行,仲裁法规定了回避制度,以避免仲裁中出现不公正情况。

(三)仲裁独立原则

仲裁独立,是指仲裁机构在处理仲裁案件时,严格依法进行,独立行使仲裁权,不受行政机关、社会团体和个人的干涉。这是法律赋予仲裁机构和仲裁员的权利。《仲裁法》第8条、第14条规定,仲裁依法独立进行,不受行政机关、社会团体和个人的干涉;仲裁委员会独立于行政机关,与行政机关没有隶属关系。这一原则包含两层含义:

1. 仲裁独立于行政。仲裁独立于行政体现在以下几个方面:(1)仲裁法规定仲裁机构独立于行政,不是国家行政机构的一个职能部门。仲裁机构不是按行政区域层层设置的,而是大中城市根据需要与条件是否具备来设置。各仲裁机构之间既没有级别之分,也没有隶属关系,各自独立。(2)中国仲裁协会属仲裁委员会的自律性组织,属社会团体法人,与各仲裁委员会之间不是行政意义上的领导与被领导的关系,仲裁协会不能干涉或参与仲裁委员会的仲裁活动。(3)仲裁员是从事过仲裁、律师、审判员、法律研究和教学工作及具有法律知识、从事经济贸易工作的人员中聘任的,不具有行政人员的色彩。

2. 仲裁庭独立行使仲裁权。仲裁庭在整个仲裁活动中,完全与仲裁委员会相互独立,不受仲裁委员会的领导,独立行使仲裁权。仲裁庭在处理仲裁案件时,完全以仲裁员个人意愿作出各种决定和仲裁裁决。

(四)不公开仲裁原则

不公开仲裁原则,是指仲裁庭在开庭审理案件时,只允许双方当事人、代理人、证人、有关专家、翻译人员及审理本案的仲裁员参加,其他与本案无关的人员、记者都不能参加开庭审理或旁听。但如果双方当事人协议公开仲裁的,可以公开进行,但涉及国家秘密的除外。我国《仲裁法》规定,仲裁以不公开进行为原则,以公开进行为例外,目的是保守当事人之间的商业秘密和维护当事人的商业信誉,也是与国际通行做法相一致。

(五)辩论原则

辩论原则,是指双方当事人在仲裁庭的主持下,就仲裁争议事项,各自陈述自己的主张和根据,互相进行辩驳,以维护自己的合法权益。在仲裁活动中,辩论是双方当事人一项重要权利,它是建立在双方当事人权利义务平等的基础之上的。《仲裁法》第 47 条规定,当事人在仲裁过程中有权进行辩论。仲裁庭必须保障当事人平等地行使辩论权,并指挥双方当事人正确行使辩论权。辩论原则贯穿仲裁程序的全过程,当事人进行辩论时,主要是围绕争议事项的实体问题和程序问题进行辩论,辩论的形式有言词辩论和书面辩论两种。

(六)开庭审理与书面审理相结合的原则

开庭审理,是指仲裁庭在双方当事人及其代理人的参加下,依照仲裁法、仲裁规则规定的程序,查明案件事实,公正合理地对纠纷作出处理决定所进行的仲裁活动。书面审理,是指双方当事人及其代理人不亲自到庭参加辩论,而是由仲裁庭根据当事人双方提供的书面证据材料,对仲裁案件进行审理。根据《仲裁法》第 39 条规定,仲裁案件进行书面审理必须经双方当事人同意,或由双方当事人向仲裁庭提出书面审理申请。

仲裁是双方当事人自愿协商的结果,也是一种快速解决纠纷的方式,又是一种私人裁决行为,故仲裁法赋予当事人完全可以选择开庭方式的权利。这不仅能减少当事人的费用、时间,而且对及时解决纠纷,维护当事人合法权益,都具有重要意义。但对于书面审理,仲裁庭在作出裁决前,一般会给当事人陈述最后意见、提交补充证据材料的最后机会。

(七)遵守国际惯例原则

国际惯例,是指在长期的国际经济贸易交往中,经过反复的国际实践而逐渐形成的并为世界各国普遍承认的有固定明确内容的习惯做法或特定方式。

我国的涉外仲裁制度除认真贯彻执行仲裁法其他原则外,还必须遵守国际惯例原则。因为涉外仲裁虽然也是以国内法律有关规定为基础,但它与国内仲裁相比较,仍有它的特殊性,即涉外仲裁解决的案件都具有涉外因素,有时争议的双方当事人属于不同国家,所签订的国际经济贸易合同往往有明确适用某一国际惯例的约定,仲裁庭在裁决案件时,必须尊重当事人之间的约定,即适用约定的国际惯例。

二、仲裁法的基本制度

基本制度,是指在仲裁程序的重要环节或重要问题上起指导作用的准则。如对仲裁机构、仲裁参与人进行仲裁活动的基本规程。根据仲裁法的规定,仲裁的基本制度主要有:协议仲裁制度,或裁或审制度、一裁终局制度、回避制度、法院监督制度。

(一)协议仲裁制度

协议仲裁制度,是仲裁自愿原则的具体体现,也是整个仲裁活动进行的基础与保证。《仲裁法》第 4 条规定,当事人采用仲裁方式解决纠纷,应当双方自愿达成仲裁协议。没有仲裁协议,一方申请仲裁的,仲裁委员会不予受理。即仲裁机构受理案件,基本条件是双方当事人之间有仲裁协议,也就是说,仲裁协议是仲裁机构受理案件的依据,是仲裁机构行使管辖权的前提。因为仲裁机构属民间性组织,它对纠纷的处理不带有国家意志的属性,其对案件的管辖权不具有法定的、强制性的特征,其只能来自双方当事人的共同授权,即有效的书面仲裁协议。协议仲裁制度是国际上通行的做法,也是现代仲裁制度的基石。

(二)或裁或审制度

或裁或审制度,是指当事人有权选择仲裁或诉讼的任何一种方式解决纠纷的制度。《仲裁法》第 5 条规定,当事人达成仲裁协议,一方向人民法院起诉的,人民法院不予受理,但仲裁协议无效的除外。这一规定表明,当事人双方达成仲裁协议的,只能将纠纷提交仲裁解决,而不能向人民法院起诉。因为仲裁是双方当事人自愿选择的处理纠纷的方式,对双方当事人都具有约束力,人民法院应尊重当事人选择的处理纠纷的方式,如果双方当事人之间对争议事项已合意达成仲裁协议,就不应再受理有仲裁协议的起诉。因为当事人之间签订的仲裁协议,排除了人民法院对纠纷的管辖权。但是如果一方当事人在未达成仲裁协议的前提下向仲裁机构提出仲裁申请,仲裁机构也不能受理没有仲裁协议的争议。可见,当事人之间发生纠纷后,如果将纠纷提交仲裁解决,必须有仲裁协议,如果没有仲裁协议,只能向人民法院起诉,仲裁机构不受理没有仲裁协议的仲裁申请,而人民法院也不受理有仲裁协议的起诉,这就是我国《仲裁法》规定的或裁或审制度。

仲裁法对"或裁或审"制度作出法律规定,改变了我国过去仲裁制度中实行"可裁可审"、"一裁两审"等不规范的做法,使仲裁真正成为处理各类民商事纠纷的独特方式和当事人自愿选择的方法。

(三)一裁终局制度

一裁终局制度,是指仲裁庭就仲裁案件作出裁决后,该裁决即发生法律效力,任何一方当事人都不能就同一纠纷向人民法院起诉,或再向仲裁机构申请仲裁的制度。《仲裁法》第 9 条规定,仲裁实行一裁终局的制度。裁决作出后,当事人就同一纠纷再申请仲裁或者向人民法院起诉的,仲裁委员会或人民法院不予受理。

在仲裁活动中,实行"一裁终局"制度,不仅极大地树立了仲裁机构的威信,而且也使仲裁定时、方便、快捷和节省费用、时间的优势得到充分的发挥,对维护当事人的合法权益,稳定社会经济秩序,促进我国社会主义经济建设都具有积极作用。

"一裁终局"是世界各国仲裁法普遍公认的制度,我国仲裁法确立一裁终局制度,改变了过去一裁两审的体制,使我国的仲裁制度与国际仲裁制度相一致。但是,仲裁裁决的终局性不是绝对的,虽然各国立法对仲裁的终局性普遍承认,但均未放弃对裁决的司法审查权,只是在赋予法院的司法审查权的范围上有所不同。我国《仲裁法》第9条第2款规定:裁决被人民法院依法裁定撤销或者不予执行的,当事人就该纠纷可以根据双方重新达成的仲裁协议申请仲裁,也可以向人民法院起诉。

(四)回避制度

回避制度,是指承办本案的仲裁员与案件有某种利益关系或其他关系应退出本案仲裁活动的一种仲裁制度。为了保证仲裁的公平公理,保证仲裁员作出公正裁决,《仲裁法》第34条对此作出了明确规定。

(五)法院监督制度

法院监督,是指在仲裁过程中或仲裁裁决作出后,人民法院有权对仲裁当事人的申请及仲裁庭的裁决进行审查,并作出裁定。根据仲裁法的规定,在我国仲裁活动中实行人民法院对仲裁进行监督制度。人民法院对仲裁监督主要体现在以下几方面:(1)对错误的仲裁裁决经人民法院审查后裁定不予执行;(2)对错误的仲裁裁决由当事人提出申请后,经人民法院审查裁定撤销仲裁裁决;(3)在仲裁过程中,当事人申请财产保全和证据保全的,仲裁委员会应将当事人的申请提交人民法院,接受申请的法院应对当事人的申请进行审查,然后依法裁定是否采取财产保全或证据保全措施;(4)当事人申请法院作出仲裁协议无效裁定的,人民法院应对该申请进行审查,然后依法作出裁定。根据民事诉讼法的规定,法院对国内仲裁监督与对涉外仲裁监督的力度是不一样的,对国内仲裁的监督是全面的,既包括实体方面的审查,又包括程序方面的审查;而对涉外仲裁的监督仅限于程序方面的审查,不包括实体问题的审查。

由于仲裁行为属于私人裁决行为,特别是仲裁实行的是一裁终局制,因而在仲裁裁决中难免会出现这样或那样的错误裁决，为保证仲裁裁决的公正性，依法维护当事人的合法权益，由人民法院代表国家对仲裁活动进行监督，纠正错误的裁决，是十分必要的。

——— 司法考试试题 ———

单项选择题

甲、乙因遗产继承发生纠纷，双方书面约定由某仲裁委员会仲裁。后甲反悔，向遗产所在地法院起诉。法院受理后，乙向法院声明双方签订了仲裁协议。关于法院的做法，下列哪一选项是正确的？（2010 年）

A. 裁定驳回起诉

B. 裁定驳回诉讼请求

C. 裁定将案件移送某仲裁委员会审理

D. 法院裁定仲裁协议无效，对案件继续审理

【答案】 D

【考点】 仲裁适用的范围。

【解析】 《仲裁法》第 3 条明确规定继承纠纷不能仲裁，所以 D 项正确。

第三章 仲裁机构

重点提示

通过本章的学习,应掌握仲裁机构的种类和性质;仲裁委员会的设立条件;仲裁协会与仲裁委员会的关系;仲裁规则的确定方式。了解仲裁机构设置的一般概况;中国仲裁委员会的职能机构;仲裁协会的职能与性质。

引导案例

某县地处两省交界处,物产丰富,水、陆交通便利。自从当地政府提供各种优惠措施进行招商引资后,来此投资以及从事经贸活动的人越来越多。2005年,该县所在地的市经主管部门批准将该县作为经济开发区发展,极大地促进了该地的经济发展。但随之而来的是各种各样的纠纷不断增多,县法院受理的案件剧增,不能及时结案,一定程度上影响了投资者的热情。为了缓解这一矛盾,县政府有关负责人决定仿效市里的做法组建一个仲裁委员会,为投资者们提供一个更为便捷的解决纠纷的途径。县里决定,由县里主管经济的副县长负责与当地的商会联系,准备高薪从市里聘请专家作为顾问组建仲裁委员会。于是他们找到某省大学的李教授说明意图,李教授告诉他们这个仲裁委员会不能成立,不符合设立仲裁委员会的条件。

1. 哪些地方可以设立仲裁委员会?

2. 设立仲裁委员会必须具备什么条件?

第一节 仲裁机构概述

一、仲裁机构的含义

仲裁机构是指依据当事人之间的有效仲裁协议解决其民商事争议的民间

组织。仲裁机构审理案件的管辖权主要来源于当事人的选择和授权。根据仲裁机构的组织形式不同,仲裁机构划分为临时仲裁机构和常设机构仲裁。

(一)临时仲裁机构

临时仲裁机构,也称特别仲裁机构或随意仲裁机构,不由任何已经设立的仲裁机构进行正规管理,而是由当事人双方根据仲裁协议所选任的仲裁员即时组成的、负责审理当事人之间的争议事项,在审理终结作出裁决后即解散的仲裁组织。

一般而言,早期的仲裁机构多为临时性仲裁机构,在19世纪中期常设仲裁机构出现之前,临时仲裁机构一直是唯一的仲裁组织形式。临时仲裁机构的特点主要表现在以下方面:

1. 充分体现当事人的意思自治和更强的灵活性。临时仲裁中,仲裁程序的每一个环节都由双方当事人保持完全的控制。关于具体仲裁事项的处理方法、程序均由争议双方根据实际情况的需要灵活确定,具有较大的弹性,如当事人可以自由指定仲裁员或者确定仲裁员的指定方式,选择仲裁地点,可以参与制定或者选择确定已有的仲裁规则。

2. 能提高仲裁效率,节省开支。由于临时仲裁程序灵活,当事人自主性强,而且可以免除各种机构的内部程序的时限,因此处理案件更快捷、更高效,也更经济。大多数仲裁机构都收取管理服务费用,一般都是按照仲裁标的的大小按比例递减收取。而临时仲裁机构没有行政管理人员,仲裁庭的仲裁员同时又是仲裁机构的行政管理人员,案件的受理、通知、仲裁文书的送达等都由仲裁员自己完成,因此,当事人选择临时仲裁会更节省费用。

3. 有利于维持当事人的商业信誉和良好的合作关系。临时仲裁既没有仲裁机构和相关人员的参与,当事人又可以约定限制仲裁员对外透露仲裁的机会,因此更有利于维护当事人的商业信誉。临时仲裁机构的组建和裁决的作出都需要当事人的积极合作,这种合作也是当事人协调矛盾、减少冲突的一个过程,这有利于仲裁裁决的顺利进行和当事人以后的商业往来。

目前,在国际民商事争议的解决中,临时仲裁机构仍然占有非常重要的地位。特别是国家作为仲裁一方当事人时,他们往往不愿意受常设性仲裁机构权力的约束,更愿意选择临时仲裁机构裁断有关纠纷。

当然,临时仲裁也存在一定的缺陷。临时仲裁的主要程序事项取决于当事人的意愿,对仲裁员的素质要求较高,而且仲裁裁决相对不易为他国承认和执行。许多国家仍对临时仲裁存在诸多顾虑,还未正式承认临时仲裁机构及其作出的裁决。

(二)常设仲裁机构

1. 常设仲裁机构概述

常设仲裁机构,也称机构仲裁,是指依据国际条约或一国国内立法所成立的,有固定的名称、地址、组织形式、组织章程、仲裁规则和仲裁员名单,并具有完整的办事机构和健全的行政管理制度,用于处理民商事法律争议的仲裁机构。当前,常设仲裁机构在地域范围内几乎遍及世界所有国家。

最初的仲裁组织形式是临时仲裁。但随着经济交往的国际化,纠纷出现了涉及面广、案情复杂、需要完善的行政机构来专门管理案件的要求。[1] 设有常设仲裁机构的仲裁形式应时而生。1841 年,英国利物浦棉花公会成立。1863 年该公会草拟了一个包含仲裁条款的格式合同,要求将可能发生的争议提交公会主持下的仲裁机构解决。其他行业纷纷效仿,将争议提交常设仲裁机构解决。其他国家也效仿成立了常设仲裁机构,如德国等。[2]

常设仲裁机构的优点主要体现在以下方面:第一,常设仲裁机构一般都有比较完善的仲裁规则,当事人在订立仲裁协议时可以直接引用,不必自己制定仲裁程序规则;第二,常设仲裁机构一般都备有仲裁员名单,仲裁员通常都是相关领域的专家,并且经仲裁机构进行过一定的考核,为当事人选任仲裁员提供了方便;第三,常设仲裁机构一般都设有秘书处,提供与仲裁有关的管理和服务,保证仲裁程序的顺利进行。当然常设仲裁机构也有自己的不足之处,如有严格的程序规则,缺乏一定的灵活性,可能会发生仲裁程序的拖延。

2. 常设仲裁机构的概况

现在世界上历史悠久的常设仲裁机构主要有国际商会仲裁院、解决投资争端国际中心、美国仲裁协会、英国伦敦国际仲裁院、瑞士苏黎世商会仲裁院、瑞典斯德哥尔摩商会仲裁院、香港国际仲裁中心、新加坡国际仲裁中心。中国的

---

〔1〕 谢石松:《商事仲裁法学》,高等教育出版社 2003 年版,第 54 页。

〔2〕 李双元、谢石松:《国际民事诉讼法概论》,武汉大学出版社 2001 年版,第 501 页。

涉外仲裁机构,本书第九章有专门介绍,此处不赘。[3]

(1)国际商会仲裁院。国际商会仲裁院(ICC)成立于1923年,是附属于国际商会的常设仲裁机构,1989年更名为"国际仲裁院"。由于国际商会是民间性的国际组织,所以国际商会仲裁院具有很大的独立性。该院总部设在巴黎,设立该院的目的在于通过处理国际商事争议,促进国际间合作与发展。国际商会仲裁院还在国际商会的主持下制定了一套完整的国际商事仲裁规则,该规则获得了国际社会多数国家的信任,日益成为国际经济贸易仲裁的中心,所受理的案件也逐年增多。就案件性质而言,该院最初受理的案件主要是有关货物买卖合同和许可证贸易的争议,后来其受案范围变得极为广泛,且不限于国际性争议。

(2)解决投资争端国际中心。解决投资争端国际中心(ICSID)是根据1965年在美国华盛顿签署的《关于解决国家与他国国民之间的投资争端的公约》(即1965年华盛顿公约)而设立的一个专门处理国际投资争议的国际性常设仲裁机构,是国际复兴开发银行属下的一个独立机构。中心地址在美国的华盛顿。

我国于1992年2月9日签署该公约,于1992年7月1日正式批准加入。该中心设有行政理事会和秘书处。中心制定有仲裁和调解规则。向中心申请仲裁必须具备三个条件:第一,当事人一方是缔约国,另一方是另一缔约国的国民;第二,争议是由直接投资引起的;第三,当事人之间必须有仲裁协议。仲裁协议是中心管辖权的基础。中心受理的案件涉及合资合同、合作合同、合作开发自然资源及建筑承包合同。

(3)美国仲裁协会。美国仲裁协会(AAA)成立于1926年,是独立的非营利性民间组织,受由全美工商界及各社会团体选举组成的理事会领导,并有一个由仲裁程序和法律方面的专家组成的常设机构管理。该协会的目的在于,在法律许可的范围内,通过仲裁、调解、协商、民主选择等方式解决商事争议。美国仲裁协会的受案范围非常广泛,从国家经济贸易纠纷到劳动争议、消费者争议、证券纠纷,无所不包。与此相应,美国仲裁协会有许多类型的仲裁规则,分别适用于不同类型的纠纷。美国仲裁协会总部设在纽约,并在美国其他三十余个主要城市设有分会。美国仲裁协会制定有多套仲裁规则,其现行国际仲裁规

---

[3] 宋连斌、林一飞译编:《国际商事仲裁资料选编》,知识产权出版社2004年版,第185~196页,第554~567页;李双元、谢石松:《国际民事诉讼法概论》,武汉大学出版社2001年版,第499~506页。

则是2003年7月1日修改并生效的《美国仲裁协会国际仲裁规则》。

(4)英国伦敦国际仲裁院。伦敦国际仲裁院(LCIA)成立于1892年,是世界上成立最早的常设仲裁机构,特别是它的海事仲裁在国际社会享有很高的声望,世界各国的大多数海事案件都诉诸该院仲裁。1986年,伦敦国家仲裁院改组为有限责任公司,其董事会管理其活动。

该机构现由伦敦市政府、伦敦工商会和皇家特许仲裁员协会三家共同组成的联合委员会管理,仲裁院的日常工作由皇家特许仲裁员协会负责,仲裁员协会的会长兼任仲裁院的主席。仲裁庭一般按照伦敦仲裁院的仲裁规则进行有关的仲裁程序。

(5)瑞士苏黎世商会仲裁院。瑞士苏黎世商会仲裁院(CAZCC)成立于1911年,是苏黎世商会下设的常设仲裁机构。仲裁院既受理国内商业和工业企业之间的争议案件,也受理国际商事争议案件。由于瑞士是永久中立国,所以,苏黎世商会仲裁院的裁决比较容易为其他有关国家和当事人接受,这就使许多国家的当事人愿意选择苏黎世商会仲裁院解决纠纷。近年来,其受案数量不断增加,仲裁业务迅速发展,从而逐渐成为处理国际民商事纠纷的重要仲裁中心之一,在国际商事仲裁界影响日增。

(6)瑞典斯德哥尔摩商会仲裁院。斯德哥尔摩商会仲裁院(SCC)成立于1917年,是处理仲裁事务的机构,隶属于斯德哥尔摩商会,但职能上又独立于商会。该仲裁院受理世界上任何国家当事人所提交的商事争议。当事人如果要将争议事项提交该院仲裁,必须向该院提交仲裁申请书。仲裁庭在进行仲裁时,既可适用该仲裁院的规则,也可适用当事人选择的其他规则。在仲裁所依据的实体法的适用方面,也相当灵活,原则上适用当事人选择;如果当事人未予选择,仲裁庭适用其认为最为合适的法律或法律规范。仲裁庭的裁决一经作出即为终局,且对当事人均有拘束力。

(7)香港国际仲裁中心。香港国际仲裁中心(HKIAC)成立于1985年,是一家按香港公司法注册的有限保证责任的非营利性公司。它虽然成立较晚,但借助于香港地理优势,很快发展成为亚洲领先的国际仲裁中心。它是在许多公司、专业机构、律师行以及香港政府的支持和鼓励下成立的,不受政府或其他官员的影响或控制。中心受理两类仲裁案件,即国际商事仲裁案件和香港地区内仲裁案件。中心还设有调解机构,调解包括家庭纠纷在内的各种争议。中心设有由有经验及有声望的人士组成的国际和本地仲裁员名册。香港国际仲裁中心有自己的本地仲裁规则,但没有制定自己的国际商事仲裁规则,它仲裁国际商事争议案件时,采用《联合国国际贸易法委员会仲裁规则》。

(8)新加坡国际仲裁中心。为了改善新加坡的法制体系并加快解决商事争议的速度,经新加坡政府经济委员会提议,新加坡国际仲裁中心(SIAC)于1990年3月成立。该中心是依新加坡共和国公司法设立的担保有限公司。该中心主要以解决建筑工程、航运、银行和保险方面的争议见长。该中心的仲裁规则主要以联合国国际贸易法委员会的《国际商事仲裁示范法》和伦敦国际仲裁院仲裁规则为基础制定的,但也作了相应修改和变通。自1997年10月2日起,该中心实施新的仲裁规则。仲裁员一般并无国籍限制,但应保持独立性和公正性。当事人有很大的自治权。

3. 常设仲裁机构的分类

根据不同的标准,可以对常设性仲裁机构进行不同的分类。

(1)国际性常设仲裁机构、区域性常设仲裁机构和国家性常设仲裁机构。根据仲裁机构的隶属关系,仲裁机构可以划分为国际性常设仲裁机构、区域性常设仲裁机构和国家性常设仲裁机构。国际性常设仲裁机构是指依据某个国际组织的决议或某个国际条约成立的常设性仲裁机构。它可能从属于某个国际组织或机构,但决不受单个国家的控制,其影响的范围涉及世界各国。如1965年根据世界银行的倡导通过的《解决国家和他国国民间投资争议的公约》设立的投资争议国际中心(ICSID);1994年在日内瓦设立的WIPO仲裁与调解中心等。

国家性常设仲裁机构是指依据一国的国内民事法律法规设立的。如英国伦敦国际仲裁院、美国仲裁协会、日本国际商会仲裁委员会虽然也大量受理与本国毫无关系的民商事案件,但它从属于有关国家的某个机构,同有关国家存在密不可分的关系。

区域性常设仲裁机构是依据该区域性国家组织的决议或者区域性条约设立的,主要受理各成员国之间的国际民商事案件的仲裁机构,它不从属于其中任何一个成员国。如1933年根据美洲国家第七次国际会议第41号决议设立的美洲国家间商业仲裁委员会。

(2)综合性仲裁机构、专业性仲裁机构和单一性仲裁机构。根据仲裁机构受理案件的范围,常设性仲裁机构可以划分为综合性仲裁机构、专业性仲裁机构和单一性仲裁机构。综合性仲裁机构可以受理各种不同种类的仲裁案件。

如瑞典的斯德哥尔摩国际商事仲裁院、伦敦仲裁院和美国仲裁协会。世界上的大多数仲裁机构都是综合性仲裁机构。专业性仲裁机构，一般只受理与其行业有关的某些仲裁案件，有的只受理本行业协会的会员之间的争议。如伦敦橡胶交易所的仲裁机构、荷兰咖啡贸易仲裁委员会等。[4] 单一性仲裁机构，是指只受理国内仲裁案件或只受理涉外仲裁案件的仲裁机构。

二、仲裁机构的设置模式

仲裁机构的设置，由于各国的司法传统、政治背景、社会文化及法律规定的差异而有所区别，主要有以下几种模式：

1. 仲裁机构独立设置。仲裁机构独立设置模式，其表现形式是设立一个全国性的仲裁机构并下设分支机构。例如，美国仲裁协会总会设在纽约，并在旧金山、洛杉矶、波士顿等35个城市设有分会。

2. 仲裁机构设在商会内。这种设置又可分为三种形式：(1)全国只设一个全国性仲裁机构，且无分支机构，如韩国商事仲裁院、瑞典斯德哥尔摩商会仲裁院。(2)全国设立几个全国性仲裁机构，且设有分支机构，如日本国际商事仲裁协会设在日本工商会议所内，总部在东京，并在神户、名古屋、大阪设有办事处；日本海事仲裁委员会设在日本海运机会所内，并在神户设有办事处。(3)只在一些城市的商会设有仲裁机构，没有全国性的仲裁机构，如法国的巴黎、马赛商会内设有仲裁机构，但政府对仲裁机构的发起人及设立地点并无限制。

3. 既有行业协会内设立的仲裁机构，又有独立设置的仲裁机构。英国设有伦敦国际仲裁院，还有四十余个专业机构、商会和贸易组织内设有行业性仲裁机构。如伦敦谷物商业协会以及茶叶、黄麻、可可豆、油籽、油脂、羊毛等同也会所设立的行业性仲裁机构。这些仲裁机构均无分支机构。

4. 设立多个仲裁机构，但"全国性"和"地方性"的机构互不隶属，各行其责，并设全国的仲裁协调机构。德国设有德国海事仲裁协会、法兰克福仲裁协会和汉堡商会仲裁院等十几个仲裁机构；并在波恩设有全国性协调机构，订有统一的仲裁规则，该仲裁委员会不仲裁案件，没有分支机构。[5]

在仲裁机构设立程序上，各国做法也不一致。一种无须政府批准或注册即可成立，如瑞典和瑞士；一种需由政府批准或注册，如日本国际商事仲裁机构由

---

〔4〕 汪祖兴：《民事诉讼法·涉外与仲裁篇》，厦门大学出版社2007年版，第181页。

〔5〕 田平安：《律师、公证与仲裁教程》，法律出版社2007年版，第433－434页。

该国通产省批准设立，香港国际仲裁中心是根据香港公司法注册的非营利性法人。

三、仲裁机构的性质

常设性的仲裁机构备有较为完善的仲裁规则和仲裁员名册，并提供完备的管理和服务，有利于仲裁程序顺利进行。现代的仲裁多表现为机构仲裁。国际上，除了苏联阵营的仲裁机关是“为解决社会主义组织之间（集体农庄除外）的经济争议而专门设立的司法机关”，仲裁机构通常都是民间组织，如美国、英国、瑞典等国的仲裁机构即如此。但有的仲裁机构和政府有密切联系，如韩国商事仲裁院，政府在经费上有所资助。还有一些仲裁机构是官方或半官方组织，如中国《仲裁法》生效前的经济合同仲裁委员会，是行政机关的组成部分。这些在一国之内设立的仲裁机构可称为国别性仲裁机构。此外，有些仲裁机构由民间性国际组织、政府间国际组织设立，可称为超国家性仲裁机构，前者如国际商会仲裁院，后者如世界知识产权组织仲裁中心、解决投资争端国际中心等。

四、我国仲裁机构概况

（一）我国仲裁机构的设置演变情况

《仲裁法》生效前，中国的涉外仲裁机构有中国国际经济贸易仲裁委员会和中国海事仲裁委员会，国内仲裁机构有经济合同仲裁委员会、技术合同仲裁委员会、房地产仲裁委员会、著作权仲裁委员会和劳动争议仲裁委员会等。中国的涉外仲裁机构是按国际惯例和各国通常做法组建的，符合《仲裁法》的设立条件；而国内仲裁机构则大都不符合《仲裁法》的规定，与仲裁的性质及国际上的习惯做法相去甚远，需要重新组建，没有重新组建的，于《仲裁法》施行之日起届满一年时终止。现在，涉外仲裁机构也受理国内案件，而重组后的仲裁机构则以办理国内案件为主，如当事人愿意，也可以受理具有涉外因素的案件。这表明，在受案范围上，中国的两类仲裁机构已经融合。[6]

（二）我国仲裁机构的性质

仲裁法对仲裁机构的性质在法律上是没有界定的，但此问题又恰恰关系到

---

〔6〕 黄进：《仲裁法学》，中国政法大学出版社2008年版，第29页。

仲裁事业发展,全国各仲裁机构这些年来一直结合本地的情况发表着自己的看法,归纳起来主要有两种意见,一种是取消政府对仲裁的支持,特别是财政支持,让仲裁在市场经济中优胜劣汰;另一种主张按公益性事业单位管理,财政拨款保证仲裁机构工作人员开支,腾出全部精力做好本地区的仲裁工作。有些关心仲裁发展的专家学者也在首都一些报纸上陆续发表理论文章,以国务院相关部委的文件为主要依据,阐述对仲裁机构性质的认识。因此,汇总国务院各部委自仲裁法颁布以来的对仲裁机构性质界定的文件,探讨中国仲裁机构怎样定位更有利于中国仲裁事业的发展,有利于规范社会主义市场经济秩序。

1. 国务院办公厅规定:仲裁初期参照事业单位管理。1995 年 7 月 28 日,在仲裁法正式实施之前,国务院办公厅下发了《关于〈重新组建仲裁机构方案〉〈仲裁委员会登记暂行办法〉〈仲裁委员会收费办法〉的通知》[国办发〔1995〕44 号文件],该文件在《重新组建仲裁机构》方案中规定:"仲裁委员会设立初期,其所在地的市人民政府应当参照有关事业单位的规定,解决仲裁委员会的人员编制、经费、用房等。仲裁委员会应当逐步做到自收自支。"这是国务院对现阶段仲裁机构性质的明确界定,但由于不是法律规定,该文件中又有"初期""逐步"等模糊字样,而这"初期"是三年五年还是十年八年,逐步到什么时间为止,国办文件都没有明确解释,所以这个文件没有从根本上解决仲裁机构的性质问题,现在却逐渐被人们有意识或无意识地淡忘了。

2. 国家发改委等六部委认定;仲裁是公证性中介机构。1999 年 12 月 22 日,国家发改委、国家经贸委、财政部、监察部、审计署、国务院等六部委联合下发了《中介服务收费管理办法》[计价格〔1999〕2255 号]。在这个文件中,不但把仲裁机构定为公证性中介机构,而且规定了仲裁机构应当怎样收费。第 3 条规定:"本办法所称的中介机构是指依法通过专业知识和技术服务,向委托人提供公证性,代理性,信息技术性,服务性中介服务等机构。公证性中介机构具体是指提供土地、房产、物品、无形资产等价格评估机构和企业资信评估机构,以及提供仲裁、检验、鉴定、认证、公证等机构。"第 6 条第 3 款规定:"对检验、鉴定、公证、仲裁极少数具有行业和技术垄断的中介服务实行政府定价。"这个文件从中介机构的性质出发,认定仲裁和检验所、鉴定所以及公证处一样,都属于公证性中介机构系列。

3. 国务院专门机构划分:仲裁不是经济鉴证类社会中介机构。2000 年 8 月 20 日,国务院清理整顿经济鉴证类社会中介机构领导小组下发了《关于进一步明确经济鉴证类社会中介机构治理整顿范围的通知》[国清〔2000〕1号],其中明确规定“根据我国社会中介行业发展的实际情况,并借鉴国际经验,在这次清理整顿中,将经济鉴证类社会中介行业,按照所需专业知识的不同分为三类:一是以财务会计相关知识为基础的行业;二是以房地产、工程技术相关专业知识为基础的行业;三是以法律相关知识为基础的行业。其中,以法律相关知识为基础的行业具体包括律师、公证、基层法律服务、专利代理、商标代理、版权代理、社会法律咨询服务等”。和国家发改委六部委的认定方式不同,国务院这个专门治理中介机构专职部门的文件中,是从专业知识的范畴来划分中介机构的,尤其是对以法律相关知识为基础的中介机构划分得特别细致明确,但是在这当中却排除了仲裁机构,这显然不是疏忽。

4. 财政部等四部委规定:仲裁收费要纳入“收支两条线”管理。2003年5月9日,财政部、国家发改委、监察部、审计署等四部委又以[财综〔2003〕29号]文,下发了《关于加强中央部门和单位行政事业性收费等收入“收支两条线”管理的通知》。该文件再次重申了国家发改委等六部委[计价格〔1999〕2255号]文件精神,并明确规定:“中央部门和单位所属事业单位,社会团体和其他组织代行政府职能强制实施具有垄断性质的仲裁、认证、检验、鉴定收费……不得作为经营性服务性收费管理。”在事隔近四年之后,财政部等四部委再次发文强调了仲裁机构的性质,而且明确规定了仲裁费的收入和使用必须遵循“收支两条线”的事业单位财务管理的基本原则。

从以上文件可以看出,国务院相关部委对仲裁机构性质的认识差异很大,这在理论上引发了全国法律界关于中国仲裁发展是国际化还是本土化的大讨论,在实践上模糊了仲裁发展的方向。因此,清楚界定仲裁机构的性质是仲裁发展的基础和前提。

根据我国有关法律的规定,事业单位是指从事社会各项事业,拥有独立经费和财产的各种社会组织。因此,仲裁机构应属于事业单位法人的范畴。首先,仲裁机构是依法成立的;其次,仲裁活动的主要目的是向社会提供一种解决纠纷的途径,而不是盈利;再次,仲裁机构要向有关部门登记;最后,仲裁机构成立之初,其所在地的市人民政府应参照有关事业单位的规定,解决人员编制、经费和用房等问题。

第二节　仲裁委员会

我国的仲裁法只规定了常设性仲裁机构,并被称为仲裁委员会。仲裁委员会是依法成立的,依据当事人之间自愿达成的仲裁协议受理争议案件的常设性仲裁机构。

一、仲裁委员会的设立和注销

(一)仲裁委员会的设立地点和设立主体

根据《仲裁法》第10条第1款规定,仲裁委员会可以在直辖市和省、自治区人民政府所在地的市设立,也可以根据需要在其他设区的市设立,不按行政区划层层设立。这说明,仲裁委员会只能在全国各地区的中心城市设立,即只有在直辖市和省、自治区政府所在城市以及设区的市才能设立仲裁委员会。这主要是由于仲裁的受案范围为民商事争议,而城市往往是商业贸易活动较为频繁而集中的地区。而且按照这一规定,仲裁机构本身也不搞层层设立,彼此之间无隶属关系,不设立所谓国家级和县级仲裁委员会,从而摆脱了行政色彩。

根据《仲裁法》第10条第2款规定,仲裁委员会由前款规定的市的人民政府组织有关部门和商会统一组建。这一规定一改旧的仲裁体制中的行政模式,使仲裁机构不与任何行政机关发生隶属关系。根据国务院的有关规定,现由国务院法制局及人民政府法制局(办)主持承办仲裁委员会的设立工作。

(二)仲裁委员会的设立条件

根据《仲裁法》第11条的规定,设立仲裁委员会应具备以下条件:

1.有自己的名称、住所和章程。一个健全的社会组织必须具有自己的名称和住所。对仲裁委员会来说,名称是区别此仲裁委员会与彼仲裁委员会的标志。仲裁委员会有了确定的名称,便于当事人行使选择权。为此,国务院《重新组建仲裁机构方案》规定,新组建的仲裁委员会的名称应当规范,一律在仲裁委员会之前冠以仲裁委员会所在市的地名(即地名+仲裁委员会),如北京仲裁委员会、武汉仲裁委员会、荆州仲裁委员会。住所是仲裁委员会作为常设仲裁机构的固定地点,是其管理机构和办事机构所在地,一般也是其仲裁活动的地点。国务院上述方案规定,仲裁委员会设立初期,其所在地的市人民政府应当参照事业单位的规定,解决仲裁委员会的用房。仲裁委员会的章程是规定其组成、机构,规范其行为的准则,是社会了解其职权的依据,同时也是当事人选择仲裁委员会的参考条件之一。为此,国务院发布了《仲裁委员会章程示范文本》,供各仲裁委员会设立时参考。仲裁委员会章程一般应当载明:名称,宗旨,注册资金和经费来源,业务范围,组织机构及主要职能,仲裁委员会主任、副主任和委员产生的程序和任务,仲裁员资格及聘任方法以及章程修改程序。

2. 有必要的财产。仲裁委员会除必须有住所外,还必须有必要的财产,比如办公设备、交通工具、通讯设施、办公经费等,这是仲裁委员会进行仲裁活动的物质前提。国务院《重新组建仲裁机构方案》规定,仲裁委员会设立初期,其所在地的市人民政府应解决仲裁委员会的经费。随着仲裁事业的发展,仲裁委员会可以将其仲裁收费中的一部分,用于上述开支,并应当逐步做到自收自支。

3. 有该委员会的组成人员。根据《仲裁法》第 12 条第 1 款的规定,仲裁委员会由主任 1 人、副主任 2 人至 4 人和委员 7 人至 11 人组成。这就规定了仲裁委员会组成人员最基本的要求,以保证仲裁委员会的组织机构能正常运转。第 2 款规定,仲裁委员会的主任、副主任和委员由法律、经济贸易专家和有实际工作经验的人员担任。仲裁委员会的组成人员中,法律、经济贸易专家不得少于 2/3。这一规定,考虑了国际通行做法,目的是保证仲裁委员会具有较高的专业水平。仲裁委员会组成人员可以是专职的,也可以是兼职的,由院校、科研机构、国家机关等方面的专家和有实际工作经验的人员担任。

4. 有聘任的仲裁员。仲裁员是直接实施具体仲裁行为的人。符合条件的自然人受仲裁委员会聘任,列入仲裁员名册,当他被当事人直接或间接地指定为某一具体案件的仲裁庭成员后,主持或参加该案件的全部仲裁工作,直至提交仲裁的纠纷得到解决。没有仲裁员,仲裁委员会将不能开展正常工作。根据《重新组建仲裁机构方案》的规定,仲裁委员会不设专职仲裁员。

(三)仲裁委员会的设立、变更和注销程序

1. 仲裁委员会的设立程序

设立仲裁委员会除了要符合法定条件外,还必须按照法定程序进行登记。根据《仲裁法》第 10 条及国务院发布的《仲裁委员会登记暂行办法》,仲裁委员

会应当向登记机关(即省、自治区、直辖市的司法行政部门)办理设立登记;未经设立登记的,其仲裁裁决不具有法律效力。办理设立登记,应当向登记机关提交必要的文件,这些文件包括:(1)设立仲裁委员会申请书;(2)组建仲裁委员会的市人民政府设立仲裁委员会的文件;(3)仲裁委员会章程;(4)必要的经费证明;(5)仲裁委员会住所证明;(6)聘任的仲裁委员会组成人员的聘书副本;(7)拟聘任的仲裁员名册。此项申报工作由市政府法制局主持的仲裁委员会筹备组经办。

登记机关在收到上述文件之日起 10 日内,对符合设立条件的仲裁委员会予以设立登记,并发给登记证书;对符合设立条件,但所提交申请文件不合规定的,在要求补正后予以登记;对不属于直辖市和省、自治区人民政府所在地的市以及设区的市申请成立仲裁委员会的,不予登记。

2. 仲裁委员会的变更程序

经登记的仲裁委员会变更其住所、组成人员的,应当在变更后 10 日内向登记机关备案,并提交与变更事项相关的文件。

3. 仲裁委员会的注销程序

仲裁委员会决定终止的,也应当向登记机关办理注销登记。仲裁委员会办理注销登记,应向登记机关提交必要的材料,这些材料包括:(1)注销登记申请书;(2)组建仲裁委员会的市人民政府同意注销该仲裁委员会的文件;(3)有关机关确认的清算报告;(4)仲裁委员会登记证书。

登记机关应当在收到上述材料之日起 10 日内,对符合终止条件的仲裁委员会予以注销登记,收回仲裁委员会登记证书。

登记机关对仲裁委员会的设立登记和注销登记,自作出登记之日起生效,予以公告,并报国家司法行政部门备案。

二、仲裁委员会的内部职能机构

(一)仲裁委员会的管理机构

仲裁委员会会议是仲裁委员会的管理机构,由仲裁委员会全体人员组成,由主任或者主任委托的副主任主持,每次会议须有 2/3 的组成人员出席方能举行。修改章程或者对仲裁委员会作出解散决议,须经全体组成人员的 2/3 以上通过,其他决议须出席会议组成人员的 2/3 以上通过。

仲裁委员会会议的主要职责是:(1)审议仲裁委员会的工作方针、工作计划等重要事项,并作出相应的决议;(2)审议、通过仲裁委员会秘书长提出的年度工作报告和财务报告;(3)决定仲裁委员会秘书长、专家咨询机构负责人人选;(4)审议、通过仲裁委员会办事机构设置方案;(5)决定仲裁员的聘任、解聘和除名;(6)仲裁委员会主任担任仲裁员的,决定主任的回避;(7)修改仲裁委员会章程;(8)决议解散仲裁委员会;(9)仲裁法、仲裁规则和章程规定的其他职责。

仲裁委员会主任、副主任和秘书长组成主任会议,在仲裁委员会会议闭会期间,负责仲裁委员会的重要日常工作。

(二)仲裁委员会的办事机构

根据《重新组建仲裁机构方案》和《仲裁委员会章程示范文本》的规定,仲裁委员会下设办事机构,即秘书处,设秘书长1人,负责办事机构的日常工作。秘书长可以由驻会专职组成人员兼任。仲裁委员会应当在仲裁委员会组成人员的驻会专职人员中,决定1人任秘书长,然后根据工作的需要,本着精简、高效的原则,决定办事机构的设置和工作人员的聘任。办事机构工作人员应具备良好的思想品质、业务素质,择优聘用。由于办事机构是当事人与仲裁委员会之间沟通的桥梁和纽带,因此,秘书处人员必须严格按照法律规定和仲裁规则规定的程序及要求办事。秘书人员不得担任兼职律师或法律顾问;对双方当事人一视同仁,不得有任何偏向性;碰到重要的问题要及时请示,不得自作主张对外答复或解释问题;严格遵守保密制度,不得向外界透露任何有关案件的实体和程序的情况,更不得向当事人透露仲裁庭合议案件的情况;与当事人及有关部门联系仲裁案件时,要注意使用书面形式;秉公办事,不接受当事人或其代理人的请客送礼,也不得介绍请客送礼;要积极配合仲裁庭的工作,完成仲裁庭交办的各项任务;及时做好有关文件和材料的整理归档工作。

办事机构的主要职责是:(1)具体办理案件受理、仲裁文书送达、档案管理等程序性事务;(2)收取和管理仲裁费用;(3)办理仲裁委员会交办的其他事务。此外,对合议庭的所有合议记录及庭审进行记录、核对裁决书也是办事机构职责的一部分。

(三)专家咨询委员会

《仲裁委员会章程示范文本》第10条规定,仲裁委员会可以根据需要设立专家咨询机构,为仲裁委员会和仲裁员提供对疑难问题的咨询意见。专家咨询机构设负责人1名,由仲裁委员会副主任兼任。负责人的人选由仲裁委员会会议决定。专家咨询委员会的成员都是兼职,它的设立并不影响精简和高效的原则。

专家咨询机构的主要职责是为仲裁委员会和仲裁员提供对疑难问题的咨询意见。但是,专家咨询委员会对具体仲裁案件的程序或实体的重大疑难问题所作的研究和提供的咨询意见,只能供仲裁庭参考,并不对仲裁庭具有约束力,否则,便构成对仲裁员独立仲裁的干涉。此外,专家咨询委员会还可以在很多方面发挥作用,比如组织仲裁员交流经验,对仲裁委员会的发展提出建议,对仲裁规则的修改提出建议等。

(四)其他机构

一般说来,有了以上机构,仲裁委员会就可以正常开展仲裁工作了。但是,随着仲裁事业的发展,仲裁委员会自身以及与社会的关系变得更加复杂,在仲裁委员会中进一步设立和完善内部机构就成为必要。比如,随着仲裁委员会受理案件的急增,仲裁委员会不仅要求增加仲裁员的数量,而且随着法治观念的增强,需要对仲裁员的行为进行评价,对仲裁员的聘任及管理工作量就会增大,仲裁员资格审查机构就可以设立了。另外,为了总结办案经验,提高仲裁水平,对于一些比较典型的、有代表性的并且比较成功的案例,进行整理、编辑、出版,将是一项非常重要的工作,案例编辑机构的设立,将有利于完成此项工作。

第三节　仲 裁 协 会

一、仲裁协会概述

仲裁协会是仲裁行业协会的简称,是以仲裁机构和仲裁员为其成员的自律性行业管理组织。

设立仲裁协会的目的在于加强行业管理、保障行业利益并促进行业发展,同时也可以排除政府和司法机关的不当干预。因此,在国外实行民间性协议仲裁制度的国家,仲裁协会均具有极其重要的地位。是否设有仲裁协会以及仲裁协会职能发挥的程度几乎已成为衡量一个国家和地区有无健全仲裁制度的标志。

二、我国仲裁协会的性质

《仲裁法》生效前,对国内仲裁和涉外仲裁实行双轨制的情况下,国内仲裁机构是按行政区域和行政隶属关系设立的,由所隶属的行政管理部门进行管理,均具有强烈的行政化色彩,也就未建立仲裁行业管理机构。《仲裁法》将国内仲裁机构从行政机关中分离出来,明确中国仲裁协会是中国仲裁行业的自律机构。第 15 条规定:"中国仲裁协会是社会团体法人。仲裁委员会是中国仲裁协会的会员。中国仲裁协会的章程由全国会员大会制定。中国仲裁协会是仲裁委员会的自律性组织,根据章程对仲裁委员会及其组成人员、仲裁员的违纪行为进行监督。中国仲裁协会依照本法和民事诉讼法的有关规定制订仲裁规则。"确立仲裁协会的社会地位是仲裁委员会的民间性和自治性的必然要求,也是我国仲裁制度国际化的重要标志。

根据《仲裁法》第 15 条的规定,中国仲裁协会的性质可以从两个方面来理解。对外而言,中国仲裁协会是社会团体法人,设立中国仲裁协会必须依照《社会团体登记管理条例》的规定到民政部门办理法人登记手续。对内而言,中国仲裁协会是仲裁委员会的自律性组织,作为仲裁行业管理机构,其民间性是非常明确的。中国仲裁协会依法独立行使法律赋予的权力,履行法律规定的各种职能。

三、中国仲裁协会的组成

中国仲裁协会实行会员制。各仲裁委员会包括国内仲裁委员会和涉外仲裁委员会,是中国仲裁协会的当然会员。除团体会员外,中国仲裁协会也可以在一定条件下吸收个人会员。目前,中国仲裁协会尚在筹建过程中。按照仲裁法和国务院办公厅的规定,为了依法做好组建中国仲裁协会的工作,成立了中国仲裁协会筹备领导小组。中国仲裁协会筹备领导小组的任务主要是草拟中国仲裁协会章程和仲裁规则、研究中国仲裁协会成立等相关工作。中国仲裁协会筹备领导小组下设办公室,吸引仲裁界人士参加,负责具体办理有关筹备事宜。

四、中国仲裁协会的职能

根据仲裁法的规定,中国仲裁协会的主要职能是:根据章程对各仲裁委员会及其组成人员、仲裁员的违纪行为进行监督，这是中国仲裁协会作为行业性自律组织的性质所决定的；依照《仲裁法》和《民事诉讼法》的有关规定制定全国统一适用的仲裁规则。

此外，中国仲裁协会作为全国仲裁行业唯一的一家自律性组织，它还应该具有这样一些职能：如在宏观上指导、协调全国各地仲裁委员会的工作，组织仲裁员培训和交流仲裁经验，建立与加强和其他国家或国际仲裁界的联系与交往，维护仲裁委员会及仲裁员的合法权益，组织对仲裁理论与实践问题的研究与探讨等。

尽管中国仲裁协会和仲裁委员会之间存在一定的关系，但中国仲裁协会本身不得直接从事仲裁业务，也不得干涉具体的仲裁活动。

第四章 仲裁规则

重点提示

通过本章的学习,应掌握仲裁规则的概念和作用。了解仲裁规则的内容;我国自贸区临时仲裁规则。

引导案例

某仲裁委员会根据申请人甲公司与被申请人乙公司于2005年4月18日签订的《商品房买卖合同》中的仲裁条款,以及申请人于2006年11月30日向该仲裁委员会提交的书面仲裁申请,受理了上述合同项下争议案。

仲裁委员会根据该委的《仲裁规则》规定,根据双方当事人的委托,由仲裁委员会主任指定×××为首席仲裁员、×××和×××为仲裁员,仲裁庭依法成立后审理了本案。

仲裁庭于2007年3月1日开庭审理了本案。申请人的代理人出席了庭审,被申请人未到庭,仲裁庭根据《仲裁规则》规定进行缺席审理。仲裁庭审阅了申请人的仲裁申请书及证据材料;被申请人未答辩。仲裁庭根据《仲裁规则》规定,作出缺席裁决。

在仲裁活动中,应如何遵守仲裁规则?

第一节 仲裁规则概述

一、仲裁规则的概念

仲裁规则,指规范仲裁进行的具体程序及此程序中相应的仲裁法律关系的程序规则,即仲裁规则是仲裁机构和仲裁当事人在进行具体的仲裁活动时必须遵循的程序规则。仲裁规则是否科学合理,直接制约着仲裁所具有的纠纷解决的特有优势能否有效发挥作用。因此,仲裁规则通常是评价与衡量仲裁机构的一个重要标志。

仲裁规则是进行仲裁活动必须遵循和适用的程序规范,具有以下作用:

1. 为当事人、仲裁机构和仲裁庭提供了一套科学、系统而又方便的仲裁程序规则。仲裁规则一般由仲裁机构组织仲裁方面的专业或权威人士在反复调查研究和总结经验的基础上制定,具有概括性、稳定性和较强的逻辑性,但又不失其应有的灵活性,便于当事人有效地解决纠纷。同时,仲裁规则一经当事人选择适用,仲裁机构、仲裁庭应严格遵守以解决当事人之间的争议。有了仲裁规则,仲裁机构、仲裁庭在处理仲裁案件时有章可循,便于程序正义的实现。

2. 为当事人和仲裁机构、仲裁员提供了程序上的权利义务规范。仲裁规则的基本内容是规定当事人和仲裁机构、仲裁员在仲裁进行过程中的权利义务,以及行使和履行这些权利义务的方式。当事人及仲裁机构、仲裁员均应严格遵守,以便通过此种权利义务的实现而保证当事人实体权利义务关系的确立。

3. 为法院对仲裁的支持和监督提供了依据。仲裁机构的民间性决定了仲裁的顺利进行需要法院的支持和监督。法院在对仲裁实施支持和监督时,需要审查仲裁机构是否遵守了仲裁规则的规定。如仲裁规则已得到全面遵守,仲裁极有可能得到支持,否则很可能会导致仲裁裁决的撤销或不予执行。

二、仲裁规则的制定

(一)仲裁规则的制定主体

按照国际惯例,仲裁规则由仲裁委员会自己制定。但在临时仲裁的情况下,由于没有固定仲裁机构,则仲裁规则可以由当事人根据需要而制定或选用某仲裁机构的仲裁规则。

根据《仲裁法》的规定,中国仲裁委员会的仲裁规则的制定分两种情况:国内仲裁机构的仲裁规则,由中国仲裁协会统一制定,在中国仲裁协会制定仲裁规则前,各仲裁委员会可以依照《仲裁法》和《民事诉讼法》的有关规定制定仲裁暂行规则;而涉外仲裁机构的仲裁规则由中国国际商会制定。实践已突破了《仲裁法》的这种规定。目前,中国各仲裁委员会都制定了自己的仲裁规则,有的机构还针对不同情况,制定了几套仲裁规则。

(二)仲裁规则的制定依据

无论是仲裁机构,还是当事人自己制定仲裁规则,均涉及制定仲裁规则的依据问题。国际上通行的做法是,各仲裁机构的仲裁规则一般均会明确规定制定仲裁规则的依据,即使没有明确规定仲裁规则的制定依据,都有一个默示前提,即不得与仲裁地或仲裁机构所在地的程序法,或者仲裁程序应适用的法律相冲突,如有冲突,则依照法律。如 1976 年《联合国国际贸易法委员会仲裁规则》第 1 条规定,仲裁规则的任何规定如与双方当事人必须遵守的适用于仲裁的法律规定相抵触时,应服从法律的规定。

中国的《仲裁法》第 15 条第 3 款规定,中国仲裁协会依照本法和民事诉讼法的有关规定制定仲裁规则。此外,《仲裁法》第 75 条规定,中国仲裁协会制定仲裁规则前,仲裁委员会依照本法和民事诉讼法的有关规定可以制定仲裁暂行规则。

第二节 仲裁规则的内容

一、仲裁规则的内容

仲裁规则应当具备哪些内容,目前没有统一标准,但从仲裁实践来看,仲裁规则一般应该包括以下内容:仲裁管辖、仲裁组织、仲裁申请、答辩与反请求、仲裁员选定和仲裁庭组成、仲裁程序的进行、保全措施、裁决以及在相应程序中仲裁委员会、仲裁员和纠纷当事人的权利义务等。另外,还有关于仲裁地、仲裁语言、翻译、送达、法律适用、仲裁费用的收取等方面的内容。此外,一些仲裁规则也规定,当事人还可以通过协议对仲裁规则作出变更或补充。

我国各仲裁委员会仲裁规则大多以《中国国际贸易仲裁委员会仲裁规则》为参考而制定,主要包括总则、仲裁程序、裁决、简易程序、国内仲裁的特别规定和附则。现以 2008 年 4 月 1 日开始施行的《北京仲裁委员会仲裁规则》为例加以说明:

1. 总则。其主要规定了北京仲裁委员会的名称和组织、仲裁规则的适用和当事人的放弃异议权。其中在仲裁规则的适用方面规定赋予了当事人较大的自主权:当事人协议将争议提交本会仲裁的,适用本规则。当事人就仲裁程序事项或者仲裁适用的规则另有约定的,从其约定,但该约定无法执行或者与仲裁地强制性法律规定相抵触除外。特别增加了一款规定,当事人约定适用本规则但未约定仲裁机构的,视为双方当事人同意将争议提交本会仲裁。此次规定可以弥补原来仲裁规则的欠缺,以避免在仲裁管辖权方面给当事人造成麻烦,尤其是保障国际商事案件当事人的利益。

2. 仲裁协议。其主要规定了仲裁协议的定义和形式、仲裁协议的独立性和对仲裁协议效力的异议。因为仲裁协议的有效性是仲裁机构管辖权的基础,决定了仲裁机构的受案范围、仲裁规则的适用以及仲裁裁决的效力。

3. 仲裁程序。其包括三部分:第一部分为仲裁申请、答辩和反请求,主要规定了仲裁程序的开始、案件的受理、答辩、反请求的时间和要求以及仲裁保全;第二部分为仲裁庭的组成,主要规定了仲裁员的确定、回避、更换;第三部分为审理,主要规定了仲裁审理方式、开庭通知、开庭地点、当事人缺席、鉴定、质证和认证、辩论和单独调解等内容。

4. 裁决。其包括程序裁决和实体裁决,裁决的期限、裁决的补正、裁决费用的承担等内容。

5. 简易程序。其主要规定了简易程序的适用范围、仲裁庭的组成、答辩和反请求、开庭通知、裁决的作出和期限等内容。

6. 国际商事仲裁的特别规定。其主要规定了适用范围、仲裁庭的组成、答辩和反请求、开庭通知、仲裁调解和法律适用等内容。

7. 附则。其主要规定了期间的计算、送达、语言、规则的解释、文本和实施等内容。

二、仲裁规则的确定

仲裁规则是进行仲裁活动时仲裁机构、仲裁员和仲裁当事人必须遵循和适用的程序规范,在以仲裁方式解决具体案件时,仲裁规则的确定主要方式主要有以下几种:

1. 当事人直接确定仲裁规则。基于现代仲裁制度契约性、自愿性的特点,绝大多数国家的仲裁法律制度均认可当事人享有确定仲裁规则的权利。直接确定,是指当事人在仲裁协议中明确规定进行仲裁所应遵守的程序规则,或者援引某一套现成的仲裁规则。甚至在确定了仲裁机构的前提下,仍然可以不适用该仲裁机构的仲裁规则，而另外选定或拟定仲裁规则。这方面最有名的例子是联合国大会 1976 年通过的《联合国国际贸易法委员会仲裁规则》，虽然联合国国际贸易法委员会不是仲裁机构，但该规则既在临时仲裁中得到广泛应用，也受到机构仲裁的青睐。

2. 当事人间接确定仲裁规则。间接确定，是指当事人通过选定仲裁机构来确定应适用的仲裁规则。世界上绝大多数的仲裁机构都备有自己的仲裁规则，并在规则中规定，凡当事人同意将其争议提交本仲裁机构仲裁的，均视为同意按其机构的仲裁规则进行仲裁。也就是说，在当事人没有明确选择仲裁规则的情况下，推定同意适用该仲裁机构的仲裁规则。如 1997 年《日本商事仲裁协会仲裁规则》第 2 条、2000 年《美国仲裁协会国际仲裁规则》第 1 条、《中国国际贸易仲裁委员会仲裁规则》第 4 条第 2 款都作了这样的规定。

3. 当事人授权仲裁庭确定仲裁规则。仲裁庭组成后，如果当事人授权仲裁庭确定仲裁规则，或者可适用的仲裁规则缺乏明文规定，一般都是授权仲裁庭来确定进行仲裁的相应规则。

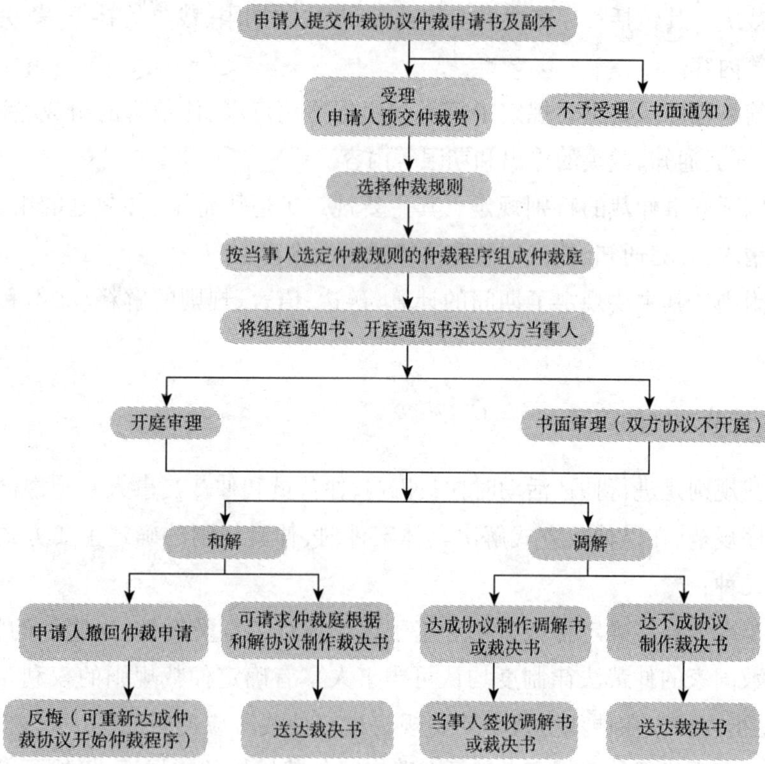

第三节　临时仲裁规则

2017 年 3 月 23 日，横琴新区管委会和珠海仲裁委员会联合在横琴自贸片区颁布了《横琴自由贸易试验区临时仲裁规则》（以下简称《规则》）。该《规则》是中国首部临时仲裁规则，为临时仲裁在中国自贸试验区境内落地实施提供必要的配套制度，它的颁布实施标志着临时仲裁在中国境内的真正落地，是中国仲裁发展的里程碑事件。

《规则》具有五大特点：一是通过制度设计确保自贸试验区内进行的临时仲裁能有效推进；二是更加充分体现当事人意思自治；三是以机构介入作为意思自治的必要补充；四是强化仲裁庭的独立性和权威性；五是通过机构介入对仲裁庭予以制约。

一、临时仲裁规则的概述

（一）临时仲裁规则中概念的界定

临时仲裁，是指国务院批准设立的自由贸易试验区内注册的企业根据其相互之间的约定，在内地特定地点、按照本临时仲裁规则、由特定人员组成仲裁庭并以仲裁庭名义对仲裁协议项下的争议进行的仲裁。

临时仲裁规则中的仲裁协议，是指当事人在合同中订明的同意将其争议提交临时仲裁的条款，或者当事人在纠纷发生前或发生后以其他方式达成的同意以临时仲裁方式解决争议的协议。

临时仲裁中的指定仲裁员机构，是指根据当事人约定或根据本规则规定为当事人指定仲裁庭组成人员的机构或个人。当事人没有约定或指定仲裁员机构未能完成指定的，珠海仲裁委员会为指定仲裁员机构。

临时仲裁中的仲裁通知，是指申请人向被申请人发送的表明将仲裁协议项下的争议提交仲裁的书面文件。

（二）临时仲裁规则的适用范围

临时仲裁的适用范围是有限的：

1. 适用于自由贸易试验区内注册的企业之间的临时仲裁案件。当事人没有明确选择临时仲裁意思表示的，不视为临时仲裁，不适用本规则。

2. 其他当事人依据双方约定的解决财产权益纠纷的法律可以采用临时仲裁方式的，可约定适用本规则。

3. 按照解决投资争端的国际条约和国内法而提起的一国与他国国民间的投资争端仲裁，亦可约定适用本规则。

4. 当事人协议选定珠海临时仲裁规则、横琴新区临时仲裁规则、珠海仲裁委员会临时仲裁规则的表述，或者其他可以推断为唯一选定本临时仲裁规则的表述，均视为对本规则的有效选定。当事人约定适用《珠海仲裁委员会仲裁规则》、《珠海国际仲裁院仲裁规则》的，不属于临时仲裁，案件应由珠海仲裁委员会或珠海国际仲裁院管辖。

5. 当事人约定变更本规则有关内容的，从其约定，但其约定无法实施或与法律强制性规定相抵触的除外。

（三）临时仲裁的仲裁原则

依据临时规则进行临时仲裁应遵循公正独立、意思自治、善意合作的原则；参加仲裁程序的所有人员对仲裁案件均具有保密义务，除非当事人约定或一致同意，不得对外公布、披露与仲裁案件有关的信息、资料。但因涉及法定义务而必须披露的情形除外。

（四）仲裁地

当事人书面约定仲裁地的，从其约定；当事人未事先约定仲裁地的，仲裁庭应根据案情确定仲裁地。当事人未约定，仲裁庭也未确定仲裁地的，仲裁地为珠海。仲裁裁决应当视为在仲裁地作出。

除非当事人另有约定，仲裁庭可在其认为适当的任何地点进行开庭、合议，或为其他任何目的举行会议。上述地点与仲裁地不一致的不视为对仲裁地的变更。

二、临时仲裁的仲裁协议

（一）仲裁协议的形式

仲裁协议应当采取书面形式。书面形式包括合同书、信件、电报、电传、传真、电子数据交换和电子邮件等可以有形地表现所载内容的形式。仲裁协议所适用的法律对仲裁协议的形式及效力另有规定的,从其规定。

(二)对仲裁协议、仲裁管辖权的异议

1. 当事人可以对仲裁协议的存在、效力或仲裁案件的管辖权提出异议。当事人应当在仲裁庭首次开庭前以书面形式提出;书面审理的,应当在答辩期届满前以书面形式提出。

2. 当事人未依规定对仲裁协议的存在、效力或者仲裁案件的管辖权提出异议的,视为承认该仲裁协议有效。

3. 当事人对仲裁协议的效力有异议的,可以请求仲裁庭作出决定或者请求人民法院作出裁定。一方请求仲裁庭作出决定,另一方请求人民法院作出裁定的,由人民法院裁定。

4. 仲裁庭有权对仲裁协议的存在、效力以及仲裁案件的管辖权作出决定。上述决定仲裁庭可以在仲裁程序进行中单独作出,也可以在裁决书中作出。

5. 仲裁庭在审理过程中发现影响仲裁协议或仲裁庭管辖权有效性的新事实或新证据,可以重新作出仲裁协议是否有效或者仲裁庭是否具有管辖权的决定。

6. 在对仲裁协议的存在、效力和管辖权异议作出决定前,仲裁程序可以继续进行。

7. 当事人可以请求珠海仲裁委员会对仲裁庭所作出的上述决定予以确认。是否确认由珠海仲裁委员会在 15 日内作出决定。

三、临时仲裁的仲裁程序的开始

(一)仲裁通知

提起仲裁的 方或多方当事人(以下简称申请人)应向另 方或多方当事人(以下简称被申请人)发送仲裁通知。仲裁程序视为自被申请人收到仲裁通知之日起开始。

仲裁通知应当列明下列各项内容:(1)将争议提交仲裁的要求;(2)各方当事人的名称和联系方式;(3)所依据的仲裁协议;(4)引起争议或与争议有关的任何合同或其他法律文书,无此类合同或文书的,简单说明相关关系;(5)明确的仲裁请求事项;(6)组成仲裁庭的建议。

（二）仲裁通知的答复

被申请人应当在收到仲裁通知15日内向申请人发送对仲裁通知的答复，其中应当包括：(1)各被申请人的名称和联系方式；(2)对仲裁通知中仲裁协议有效性的答复；(3)对仲裁请求事项的抗辩；(4)组成仲裁庭的建议；(5)若有反请求的，列明反请求的具体内容和所依据的仲裁协议。

（三）仲裁费用

仲裁费用包括仲裁员报酬和仲裁庭办理案件所需费用。仲裁员报酬由当事人与仲裁员协商，当事人与仲裁员未能就仲裁员报酬达成一致意见的，若双方当事人约定了指定仲裁员机构，则由该机构确定；若双方当事人未约定指定仲裁员机构，或约定的指定仲裁员机构不履行职责，则由珠海仲裁委员会（或由珠海仲裁委员会授权珠海国际仲裁院）确定。

办理案件所需费用包括但不限于：指定仲裁员，回避决定，仲裁员替换决定，财务管理，协助保全，场地租赁，案卷保存、送达，鉴定，仲裁庭聘请专家，办案秘书、翻译人员以及仲裁员办案的差旅费等费用。仲裁庭办理案件所需费用按实际支出确定。当事人对办理案件费用的数额有不同意见的，若双方当事人约定了指定仲裁员机构，则由该机构确定；若双方当事人未约定指定仲裁员机构，或约定的指定仲裁员机构不履行职责，则由珠海仲裁委员会（或由珠海仲裁委员会授权珠海国际仲裁院）确定。

仲裁费用实行预收，仲裁庭可以确定双方当事人预交费用的比例，一方当事人未预交费用的，另一方当事人可以代交，当事人在交纳仲裁费用后，仲裁庭方推进相应仲裁程序。仲裁费用的最终承担主体和比例，由仲裁庭在结案文书中确定。

当事人撤回仲裁申请的，仲裁庭退回仲裁员报酬的一半；当事人减少仲裁请求，退回减少仲裁请求部分相应的仲裁员报酬的一半。在仲裁程序中，当事人提出的管辖权或仲裁协议效力异议成立的，退回申请人预交仲裁员报酬的一半。

仲裁庭可以自行管理仲裁费用，也可以委托特定机构或特定人员管理仲裁费用。

（四）仲裁费用的承担

当事人可以协商确定各自承担的仲裁费用的比例；当事人未约定的，原则上由败诉方承担仲裁费用，但仲裁庭可以在考虑相关情况后，按照其认为合理的比例，决定由当事人分担；当事人部分胜诉，部分败诉的，由仲裁庭根据败诉比例、当事人责任大小以及其他因素确定其各自应承担的比例。

仲裁庭有权根据案件的具体情况裁决败诉方补偿胜诉方因办理案件而支出的合理费用，包括但不限于律师费、保全费、差旅费、公证费、聘请具有专门知识的人出庭的费用等，但聘请律师及聘请具有专门知识的人出庭的补偿金额合计不超过胜诉方所得胜诉金额的10%。

四、临时仲裁的仲裁庭

（一）仲裁庭的人数

仲裁庭由一名或三名仲裁员组成。当事人未约定仲裁员人数为一人的，应当由三人组成仲裁庭。仲裁庭由三人组成的，设首席仲裁员。

（二）仲裁庭的组成方式

当事人可以直接选定仲裁员，也可以约定选定仲裁员的方法或约定指定仲裁员机构。当事人逾期未直接选定仲裁员、当事人约定的选定仲裁员的方法未能产生仲裁员，或者当事人约定的指定仲裁员机构未能完成指定的，由珠海仲裁委员会（或由珠海仲裁委员会授权珠海国际仲裁院）作为指定仲裁员机构。

（三）仲裁员的选定和指定

申请人和被申请人应当在被申请人收到仲裁通知后15日内选定仲裁员，当事人约定指定仲裁员机构的，该机构也应在此期限内完成仲裁员的指定。珠海仲裁委员会（或由珠海仲裁委员会授权珠海国际仲裁院）作为指定仲裁员机构的，应当在珠海仲裁委员会《仲裁员名册》中指定仲裁员，并在收到一方或双方当事人请求指定仲裁员的申请后7日内完成指定。

当事人非因自身的过错未能选定仲裁员的，该当事人可以在组庭后请求撤回指定的仲裁员，是否撤回由指定仲裁员机构在收到请求后7日内作出决定。

（四）组庭通知

完成组庭后，仲裁庭应当将组庭通知在7日内发送各方当事人。

(五)仲裁员信息披露

1. 仲裁员接受选定或指定后,对其所知悉的可能导致当事人对其独立性、公正性产生合理怀疑的任何情形,应当向双方当事人作出书面披露。

2. 仲裁员对仲裁期间出现的可能导致当事人对其独立性、公正性产生合理怀疑的任何情形,应当向双方当事人作出书面披露。

3. 当事人应当自收到仲裁员书面披露之日起 5 日内就是否申请回避提出书面意见。

4. 当事人以仲裁员披露的事项为由申请仲裁员回避的,适用本规则相关规定。

5. 当事人在上述第 3 款规定的期限内没有申请回避的,不得再以仲裁员曾经披露的事项为由申请回避。

(六)多数仲裁员继续仲裁程序

最后一次开庭终结后,三人仲裁庭中一名仲裁员因健康原因退出仲裁庭或者依据本规则在该案中不再担任仲裁员的,在征得双方当事人同意后,其他两名仲裁员组成的仲裁庭可以继续进行仲裁程序。若形成一致意见,可以作出决定或裁决,若不能形成一致意见,按本规则重新组成仲裁庭的有关规定予以补缺。

五、审理程序

(一)仲裁申请和答辩

申请人在收到组庭通知后 5 日内应向仲裁庭以及对方当事人发送仲裁申请书或向仲裁庭明确表示以仲裁通知作为仲裁申请书。当事人逾期发送仲裁申请书的,仲裁庭视案件情况决定是否继续仲裁程序。

被申请人自收到仲裁申请后 5 日内应向仲裁庭以及对方当事人发送答辩书或向仲裁庭明确表示以仲裁通知的答复作为答辩书。未提交答辩书或者不答辩的,不影响仲裁程序的进行。

(二)追加当事人

在仲裁庭组成之后,当事人可以申请追加在同一仲裁协议项下的案外人加入仲裁,同一仲裁协议项下的案外人也可以申请加入仲裁。追加申请应当以书面形式提出,是否同意,由仲裁庭决定。但追加被申请人应由申请人提出追加申请,追加申请人应当经该新增当事人书面同意或提出申请。

经双方当事人与案外第三人书面同意,当事人可以申请案外第三人作为当事人加入仲裁,案外第三人也可以申请作为当事人加入仲裁。是否同意,由仲裁庭决定。

追加当事人后,若属新增当事人书面同意或申请加入仲裁的,视为认可已经组成的仲裁庭;若属新增当事人未作书面表示而被列为被申请人的,该新增当事人可以要求重新选定仲裁员。仲裁庭的组成发生变化的,仲裁程序重新进行;仲裁庭的组成不发生变化的,已进行的程序由仲裁庭决定是否重新进行以及重新进行的范围。

新增加的当事人参与仲裁的其他权利或限制参照本规则的相关规定确定。各当事人可以按本规则相关规定就追加当事人事项提出管辖权或仲裁协议效力的异议。

六、临时仲裁的裁决

(一)裁决期限

仲裁庭应当在组成之日起4个月内作出裁决,具有涉外因素的,应当在6个月内作出裁决。有特殊情况需要适当延长仲裁期限的,由仲裁庭决定,但双方当事人不同意延长的除外。

(二)裁决的作出

由3名仲裁员组成的仲裁庭审理的案件,裁决依全体仲裁员或多数仲裁员的意见作出。少数仲裁员的书面意见应当附卷。仲裁庭不能形成多数意见时,裁决依首席仲裁员的意见作出。其他仲裁员的书面意见应当附卷。

裁决书由仲裁员签名。对裁决持不同意见的仲裁员可以不签名,但应说明不签名的理由,裁决书应载明该仲裁员的未签名理由。

仲裁裁决对双方当事人具有终局的约束力。作出裁决书的日期,即为裁决发生法律效力的日期。

(三)裁决书和调解书的转化

裁决书或调解书作出后,一方当事人可以自裁决书或调解书送达最后一名当事人之日起两年内请求珠海仲裁委员会确认裁决书或调解书，并由该当事人预交相应费用。

珠海仲裁委员会受理该请求的，应当自受理之日起30日内作出是否同意转化的决定。珠海仲裁委员会不同意转化的，退回当事人预交费用的一半。

珠海仲裁委员会根据《珠海仲裁委员会仲裁规则》、《珠海国际仲裁院仲裁规则》以及本规则予以审查，同意确认裁决书或调解书的，应当在裁决书或调解书上载明日期、加盖珠海仲裁委员会印章并将上述文书送达双方当事人。

珠海仲裁委员会确认后，该临时仲裁视为机构仲裁。加盖印章的日期视为文书作出的日期。

司法考试试题

单项选择题

某仲裁委员会在开庭审理甲公司与乙公司合同纠纷一案时，乙公司对仲裁庭中的一名仲裁员提出了回避申请。经审查后，该仲裁员依法应予回避，仲裁委员会重新确定了仲裁员。关于仲裁程序如何进行，下列哪一选项是正确的？（2012年）

A. 已进行的仲裁程序应当重新进行

B. 已进行的仲裁程序有效，仲裁程序应当继续进行

C. 当事人请求已进行的仲裁程序重新进行的，仲裁程序应当重新进行

D. 已进行的仲裁程序是否重新进行，仲裁庭有权决定

【答案】 D

【考点】 仲裁员的回避和更换，仲裁审理中的几个特殊问题。

【解析】 根据《仲裁法》第37条第2款的规定，仲裁员因回避或者其他原因不能履行职责的，应当依照本法规定重新选定或者指定仲裁员。因回避而重新选定或者指定仲裁员后，当事人可以请求已进行的仲裁程序重新进行，是否准许，由仲裁庭决定；仲裁庭也可以自行决定已进行的仲裁程序是否重新进行。因此，本题中在更换仲裁员之前已经进行的仲裁程序是否有效，应当由仲裁庭决定。故D项正确。

第五章 仲 裁 员

重点提示

本章重点理解仲裁员的资格条件和仲裁员的聘任、指定,及仲裁员的回避,熟悉仲裁员的道德规范,掌握仲裁员责任、仲裁员的行为规范。

引导案例

甲公司与B企业签订一份技术转让合同,由甲公司向B企业提供某新型技术,B企业支付300万元技术转让费给甲公司。合同中约定因该技术转让合同发生争议,由××仲裁委员会仲裁。合同签订后双方履行了各自的义务,B企业在实施技术过程中发现该技术有重大缺陷,根本无法实施。B企业与甲公司协商解决不成,遂向仲裁委员会申请仲裁。仲裁委员会受理仲裁申请,并向双方当事人送达了仲裁规则和仲裁员名册,B公司选定王某为仲裁员,甲公司选定李某为仲裁员,双方当事人委托仲裁委员会主任指定张某为首席仲裁员。仲裁庭在开庭过程中,B企业发现甲公司的代理人与甲公司选定的仲裁员李某是师生关系,于是B企业向仲裁委员会提出申请,要求仲裁员李某回避。

1. B企业是否有权提出回避申请?

2. 仲裁员李某是否需要回避? 为什么?

第一节 仲裁员的任职资格

一、仲裁员任职资格概述

仲裁员,是处理仲裁案件的主持者和裁判者,也是仲裁机构不可缺少的组成部分。仲裁员有广义和狭义之分:广义仲裁员,是指符合仲裁法规定的仲裁员任职资格，并为仲裁机构聘任、列入仲裁员名册的人。狭义仲裁员，是指被纠纷当事人选定或被依法指定，对具体仲裁案件进行审理并作出裁决的人。

仲裁员和法官不同，仲裁员不是一种专门职业，他可能是商人、教授、会计师、技术专家等。仲裁员在具体案件的仲裁过程中，居于主持人和裁决者的地位，对于仲裁案件的进程和裁决结果起着决定性的作用。因此，各国仲裁法律对仲裁员的有关问题作了较多的规定，比如，仲裁员的条件、仲裁员的聘任、仲裁员的委任、仲裁员的行为规范、对仲裁员的监督、仲裁员的责任，等等。

仲裁机构需有自己的仲裁员名册，供当事人选择，名册上的仲裁员是仲裁机构按一定的条件从各界人士中聘任的。就国际仲裁立法和实践而言，关于仲裁员的资格条件，国籍、性别、宗教、住所等因素不构成出任仲裁员的障碍。各国对仲裁员资格条件的规定各不相同，大概有四种情形：[1]

第一，对仲裁员的资格条件予以严格的规定，如我国的台湾地区。我国台湾地区1998年修订的"仲裁法"第5—8条对仲裁员的资格条件做了严格规定。该"仲裁法"要求仲裁员首先是具备完全行为能力的自然人，具有良好的道德品质和社会声望，其次是专业知识和经验，而且特别强调仲裁纠纷的必要知识和经验、技巧。在法律上确定仲裁员应经训练或讲习，在国际上并不多见，但应该说，我国台湾地区的做法切合仲裁实践，具有一定的创新性，而突出强调仲裁组织的此项功能，使其对仲裁员的素质负有一定的责任，也有其合理性。采用这种立法方式的国家有韩国、意大利等。

第二，有些国家除对仲裁员资格条件有严格规定外，还对仲裁员有某种特别要求。如印度尼西亚对仲裁员有性别要求，沙特阿拉伯要求仲裁员必须是从事自由职业的穆斯林，秘鲁要求仲裁员必须是律师等。

第三，有些国家或地区仅要求仲裁员具有完全行为能力，换句话说，普通人就可被委任为仲裁员。如法国、瑞典、比利时、荷兰、罗马尼亚、波兰、葡萄牙、希腊、阿根廷、埃及等国。

第四，有些国家或地区对仲裁员的资格条件在立法上不作直接规定。如英国，成文法上并没有仲裁员资格的规定，但要求法院尊重当事人对仲裁员资格的直接或间接约定，后者指当事人选择机构仲裁又未约定仲裁员资格条件时，应遵守仲裁机构的有关规定。中国香港特别行政区、泰国、印度、日本、澳大利

---

〔1〕 黄进、宋连斌、徐前权：《仲裁法学》，中国政法大学出版社2007年版，第55～56页。乔欣：《仲裁法学》，清华大学出版社2008年版，第55～58页。

亚、美国、墨西哥、德国、瑞士以及联合国国际贸易法委员会《国际商事仲裁示范法》、国际商会仲裁院等亦大致采取这种做法。

以上四种情况,前两种为严格资格条件,后两种为普通资格条件。法律上规定普通资格条件的是大多数国家,仲裁员可以是专家,但不必一定是专家。不对仲裁员限定严格的资格条件,反而使仲裁员的潜在来源是开放性的,有利于适应经济和技术的飞速发展,而且,由当事人控制仲裁员的素质,也使当事人对裁决的质量负有一定的归责感,便于裁决的自觉履行。

二、我国仲裁法关于仲裁员任职资格的规定

1995 年生效的仲裁法首次明文规定了仲裁员的任职资格。根据仲裁法的规定,仲裁员资格的取得应具备以下条件:

(一)仲裁员的国籍条件

我国仲裁法将仲裁分为国内仲裁和涉外仲裁两种。虽然仲裁法对仲裁员的国籍问题没有明确规定,但《重新组建仲裁机构方案》中对仲裁员的资格条件规定:"仲裁委员会应当主要在本省、自治区、直辖市范围内符合仲裁法条件的人士中聘任仲裁员。"这一规定清楚表明对国内仲裁中仲裁员的聘任应具有中国国籍。而涉外仲裁方面,《仲裁法》第 67 条规定,涉外仲裁委员会可以从外籍人士中聘任仲裁员。

(二)仲裁员的道德素质条件

《仲裁法》第 13 条第 1 款规定:仲裁委员会应当从公道正派的人员中聘任仲裁员。这是仲裁法对仲裁员道德素质的要求。所谓"公道正派",是指办事公道,作风正派,因为仲裁的本意就是公断。仲裁员是具体行使仲裁权的主体,仲裁员是否公正,是否诚实守信,是否认真地工作都直接关系到仲裁程序和裁决结果能否公平和公正。所以必须要求仲裁员能秉公办事,尊重事实和法律,平等对待双方当事人,公正裁决。仲裁员的道德素质,是仲裁信誉的保障,也是仲裁生命力的保障。

(三)仲裁员的专业条件

仲裁本身是一项专业性很强的工作,我国仲裁法除规定仲裁员必须具备道

德素质条件外,还明确规定了仲裁员应当具有的专业条件。根据《仲裁法》第13条的规定,仲裁员的专业素质条件有:

1. 从事仲裁工作满8年。从事仲裁工作满8年,是指仲裁员在受聘之前已经从事仲裁工作满8年。

2. 从事律师工作满8年。我国仲裁法规定,从事律师工作满8年,才可以被聘任为仲裁员。这一规定比较严格,其主要考虑只有该律师具有多年的律师从业经验,其才能具有更强的分析问题、解决问题的能力,才能很好地解决当事人之间的纠纷,作出公正裁决。

3. 曾任审判员满8年。仲裁员和法官是两种不同性质的职务,他们用以解决纠纷的权力不同,行使权力的方法也不同。因此,对法官能否有资格作为仲裁员在各国的规定也不尽相同。根据我国仲裁法的规定,曾任审判员满8年的可以担任仲裁员。这一规定表明:(1)现任法官不得聘为仲裁员,即禁止现任法官担任仲裁员。对此,最高人民法院于2004年还专门发布了《关于现任法官不得担任仲裁员的通知》。[2] (2)曾经具有8年从事审判员经历的人才有资格成为仲裁员。尽管仲裁员与法官行使权力的性质不同,法律依据不同,甚至方法手段也不同,但是从程序的角度看,二者又具有许多相同之处,如对证据的调查收集,对案件审理的程序运用,对调解权、裁判权的运用等,因此,长期从事审判的审判员,具有丰富的程序指挥经验,这些经验有利于仲裁纠纷案件的顺利解决。

4. 从事法律研究、教学工作并具有高级职称。具有高级职称的法律研究、教学工作者是从事理论研究的专家,他们具有较强的分析问题、解决问题的能力,其对当事人之间权利义务关系的分析和说理都具有突出的优势。从仲裁实践看,相当多的从事法律研究、教学工作的学者担任仲裁员,为仲裁员制度的发展起到了积极作用。

5. 具有法律知识、从事经济贸易等专业工作并具有高级职称或者具有同等专业水平。经济贸易纠纷的重要特点之一是专业性强,因此,赋予具有法律知识、从事经济贸易等专业工作并具有高级职称或者具有同等专业水平的人仲裁员资格,可以有效地解决仲裁中涉及的各种专业问题,对顺利、公正地解决纠纷

---

〔2〕 最高人民法院《关于现任法官不得担任仲裁员的通知》规定:"根据《中华人民共和国法官法》、《中华人民共和国仲裁法》的有关规定,法官担任仲裁员,从事案件的仲裁工作,不符合有关法律规定,超出了人民法院和法官的职权范围,不利于依法公正保护诉讼当事人的合法权益。因此,法官不得担任仲裁员;已经被仲裁委员会聘任,担任仲裁员的法官应当在本通知下发后一个月内辞去仲裁员职务,解除聘任关系。"

具有积极意义。

可见,我国仲裁法对仲裁员资格条件的规定是相当严格的,其为仲裁的公正性、效益性提供了保障。但是随着仲裁员制度的发展,在仲裁实践中也遇到国家公务员等能否聘为仲裁员的问题。

对于国家公务员及参照实行国家公务员制度的机关工作人员,如果符合《仲裁法》第13条规定的条件,并经所在单位同意,可以受聘为仲裁员,但不得因从事仲裁工作影响本职工作。

第二节 仲裁员的聘任和指定

我国《仲裁法》第13条规定,仲裁委员会应按照不同专业设立仲裁员名册,以利当事人选择指定。由此可见,我国实行仲裁员名册制,仲裁机构应从符合法定条件的人士中聘任仲裁员并将其列入仲裁员名册,当事人一般只能在仲裁员名册范围内指定仲裁员。前者即是所谓的仲裁员聘任,后者即是仲裁员的指定。

一、仲裁员的聘任

根据仲裁法的规定,仲裁员由仲裁委员会聘任,仲裁委员会从具有仲裁员资格的人员中聘任仲裁员。仲裁委员会不设专职仲裁员,仲裁员只能是在其他部门工作,又被聘任为仲裁员的人,即仲裁员只能是兼职的。

根据国务院办公厅《重新组建仲裁机构方案》的通知规定,仲裁委员会应当主要在本省、自治区、直辖市范围内符合仲裁法第13条规定的人员中聘任仲裁员。国家公务员及参照实行国家公务员制度的机关工作人员符合仲裁法第13条规定的条件,并经所在单位同意,可以受聘为仲裁员,但是不得因从事仲裁工作影响本职工作。

根据《仲裁委员会章程示范文本》的规定,仲裁员的聘任期为3年,期满可以继续聘任。为了方便当事人选择仲裁员,仲裁委员会应将聘任的仲裁员造成名册。根据《仲裁法》第13条第3款规定,仲裁委员会按照不同专业设仲裁员名册。如按照合同、房地产、知识产权、证券、物价、建筑等专业设立仲裁员名册,以供当事人选择。

二、仲裁员的指定

选择仲裁员是当事人的权利，仲裁委员会受理仲裁申请后，应当在仲裁规则规定的时间内(《仲裁委员会仲裁暂行规则示范文本》规定为15日)，将仲裁员名册送达申请人和被申请人。当事人有权选择是由3名仲裁员组成仲裁庭，还是由1名仲裁员组成仲裁庭。如果由3名仲裁员组成仲裁庭，设首席仲裁员，当事人应当各自选定或者委托仲裁委员会主任指定1名仲裁员，第3名仲裁员由当事人共同选定或者共同委托仲裁委员会主任指定，第3名仲裁员任首席仲裁员。当事人约定由1名仲裁员成立仲裁庭的，应当由当事人共同选定或共同委托仲裁委员会主任指定。当事人未在仲裁规则规定的时间内约定仲裁庭的组成方式的，由仲裁委员会主任确定；当事人未在仲裁规则规定的时间内选定或委托仲裁委员会主任选定仲裁员的，由仲裁委员会主任代为指定。

由于首席仲裁员在仲裁中起着主持、协调以及特殊情况下作出裁决的作用，独任仲裁员要独立进行仲裁审理和裁决，所以，仲裁委员会主任在指定首席仲裁员或独任仲裁员时，应对其业务水平、能力和经验加以特别考虑。

由此可见，中国实行的是强制名册制，即当事人或仲裁委员会主任都只能在仲裁员名册中指定仲裁员。强制名册制最大的缺陷是限制了当事人选择仲裁员的自由。鉴于此，近年来，国内有少数机构尝试有条件地实行推荐仲裁员名册制。如《中国国际经济贸易仲裁委员会仲裁规则》(2005年5月1日起施行文本)第21条规定，当事人原则上应从仲裁委员会提供的仲裁员名册中选定仲裁员，但经仲裁委员会主任依法确认，当事人也可以在仲裁员名册外选定仲裁员。

从中国仲裁法关于仲裁员聘任与指定的规定来看，仲裁员都是兼职的，实行仲裁员兼职制有利于体现当事人的意思自治和仲裁的民间性，有利于仲裁独立公正地进行，也符合国际通行做法。

第三节　仲裁员的回避

一、仲裁员回避的概念

所谓仲裁员的回避，是指承办本案的仲裁员遇有法律规定的回避情形时，退出对该案的仲裁活动的行为。仲裁的公正首先来自于仲裁主体的公正，为了确保仲裁员的独立性及公正性，进而确保仲裁的公正性，故有必要确立仲裁员回避制度。仲裁员回避是对仲裁员的独立和公正地位的制度保障。[3]

二、仲裁员回避的法定情形

根据《仲裁法》第34条的规定，仲裁员必须回避的情形有以下四种：

1. 仲裁员是本案的当事人或当事人、代理人的近亲属。这一情形包含两层含义：一是指承办本案的仲裁员是本案的当事人。尽管该当事人具有仲裁员的资格和自己选择仲裁员的权利，但因为他是本案的当事人，所以他不能既以当事人身份，又以该案件仲裁员身份参加仲裁。因为，这种双重身份参加仲裁，无法保证仲裁裁决结果的公正性，因此，各国都要求仲裁员回避。二是指选定或指定的仲裁员与本案的当事人、代理人是近亲属关系。由于这种密切关系的存在，在不同程度上将会影响到该仲裁员对案件的公正裁决，不利于保护当事人的合法权益。因此，我国仲裁法规定该情形应当回避。

2. 仲裁员与本案有利害关系。这一情形主要是指承办本案的仲裁员与本案的裁决结果有利害关系。例如承办该案的仲裁员是一方当事人的法律顾问，即裁决结果可能直接或间接涉及该仲裁员本人利益。这种情形下，很难保证裁决结果的公正性，故该仲裁员应当回避。

3. 仲裁员与本案当事人、代理人有其他关系，可能影响公正仲裁的。这一情形主要是指承办本案的仲裁员与本案当事人、代理人有近亲属以外的其他关系，如邻居关系、师生关系、同事关系、朋友关系等，只要这些关系有可能影响公正裁决，仲裁员就应当回避。

4. 私自会见当事人、代理人，或者接受当事人、代理人的请客送礼的。这一情形是对我国仲裁工作经验教训的总结。在仲裁实践中，如果仲裁员私自会见当事人、代理人，往往会对案件先入为主，影响公正仲裁；如果仲裁员接受当事人、代理人的请客送礼，就有可能徇私情，影响公止仲裁。为了保证公正仲裁，仲裁法规定，仲裁员有上述情形时应当回避。

---

〔3〕 齐树洁总主编：《仲裁法新论》，厦门大学出版社2002年版，第213页。

三、仲裁员回避的方式及程序

（一）仲裁员回避的方式

根据仲裁法的规定，仲裁员的回避有以下两种方式：

1. 自行回避。自行回避，即主动回避，是指承办本案的仲裁员遇有法律规定的回避情形之一时，主动退出本案的仲裁活动。

2. 申请回避。申请回避，是指当事人或其代理人认为承办本案的仲裁员有法律规定的回避情形之一时，可以申请该仲裁员回避。

（二）回避的程序

1. 回避的提出。回避的提出有两种：一是自行回避的提出。根据仲裁法的相关规定，被选定或被指定的仲裁员，与案件有个人利害关系的，应在其知晓后，主动向仲裁委员会提出退出本案的仲裁活动，进行回避。二是申请回避的提出。根据《仲裁法》第35条的规定，当事人或其代理人提出回避申请，应在仲裁庭首次开庭前提出，如回避事由是在首次开庭后知道的，可以在最后一次开庭终结前提出。

2. 回避的决定。根据仲裁法的相关规定，仲裁员是否回避，由仲裁委员会主任作出决定。仲裁委员会主任担任本案仲裁员时的回避，由仲裁委员会集体讨论决定。

仲裁委员会主任就仲裁员是否回避作出决定前，被申请回避的仲裁员应当继续履行职责。如仲裁员因回避不能履行职责时，双方当事人应依照仲裁法的规定重新选定或委托仲裁委员会主任重新指定替代仲裁员。

第四节　仲裁员的权利和责任

一、仲裁员的权利

仲裁员处理仲裁案件是由当事人双方自由选定的，仲裁员只有被当事人选定处理仲裁案件后，才能在仲裁活动中享有一定的权利，并承担相应的责任。根据仲裁法的规定，仲裁员在仲裁活动中享有的权利有：

1. 有权对仲裁协议是否有效作出决定。仲裁以双方当事人之间达成的有效的书面仲裁协议为前提,有效的仲裁协议是仲裁机构取得仲裁案件管辖权的前提。如果仲裁机构受理案件后,被申请人认为仲裁协议无效,并依法在仲裁庭首次开庭前提出异议,仲裁庭的仲裁员应对当事人的异议进行审查,并对仲裁协议是否有效作出决定。

2. 有权对仲裁程序中的程序事项作出决定。仲裁庭组成后,整个案件的仲裁活动都是在仲裁庭的指挥下进行,在仲裁程序中需要解决的各种程序事项,也均由仲裁庭中的仲裁员作出决定。例如,确定开庭日期、地点,是否同意当事人提出的延期开庭请求等。

3. 根据案件需要,有权调查取证。仲裁庭仲裁案件是以事实为依据对案件作出裁决的。在仲裁程序中,当事人应对自己的主张提供证据加以证明,否则,当事人应承担相应的法律后果。但在仲裁过程中,有的仲裁案件,双方当事人提供的证据发生矛盾,仲裁庭无法确认到底谁的主张是合理的;有的仲裁案件,由于某些客观原因使当事人无法收集到证据,因此,为了确保作出裁决的公正性,仲裁员根据案情需要,有权到有关部门和纠纷发生地去调查取证。

4. 可以依法对当事人之间纠纷先行调解。根据我国仲裁法的规定,仲裁员有权对当事人之间的纠纷先行调解,在调解不成时,对仲裁案件作出裁决。因为,在仲裁程序中,用调解的方式解决合同纠纷或财产权益纠纷,既有利于纠纷的快速解决,又有利于当事人之间的团结。

5. 有权拒绝在裁决书中签名。根据仲裁法的规定,裁决是按多数仲裁员意见作出的,不能形成多数意见时,是按首席仲裁员的意见作出的。因此,对裁决保持不同意见的仲裁员,有权拒绝在裁决书中签名,这是仲裁员的基本权利。

6. 可以收取办理仲裁案件应得的报酬。仲裁报酬是仲裁机构向当事人收取仲裁费用时收取的,并用以给付仲裁员劳动报酬的。我国的仲裁员都是兼职的,其无论被当事人选定或指定,都不代表任何一方当事人的利益,也不能向当事人收取报酬,但其参加仲裁活动并不是无偿的,其有权获得工作报酬。

二、仲裁员的责任

仲裁员责任,是指仲裁员在行使仲裁权利、履行仲裁职责时,因违反行为规范而应承担的责任。一般来讲,责任有法律责任、道义责任和行业责任之分,法律责任又分为民事责任、行政责任和刑事责任。但对仲裁员来说,法律责任仅限于民事责任和刑事责任。

(一)仲裁员责任的构成

根据仲裁法的规定,仲裁员责任构成的条件有:

1. 仲裁员的行为违反了法律或行为规范的规定,如《仲裁法》第 38 条规定,仲裁员应当承担法律责任的行为有两种,即私自会见当事人、代理人或者接受当事人、代理人的请客送礼情节严重的行为和在仲裁案件时有索贿受贿、徇私舞弊、枉法裁判的行为。仲裁法把仲裁责任仅限制在这两种情况是不够的,还有一些重大的故意行为,如仲裁员泄密、仲裁员故意隐瞒回避的情形而未回避的,仲裁员故意拖延程序等行为,也应规定承担相应责任。

2. 违反法律或行为规范的行为属于仲裁员的职务行为,即仲裁员只有在仲裁程序中所实施的违反法律规定或行为规范规定的行为,才承担相应责任。

(二)仲裁员责任的理论

仲裁员责任问题是世界各国仲裁立法、司法实践及仲裁法学理论中存在很大分歧的问题,尤其是仲裁员应否承担民事责任问题。当事人选择仲裁员处理他们之间的争议,是基于对仲裁员专业知识和道德素质的信赖,如果仲裁员在仲裁过程中实施的故意或过失的行为,影响了裁决的公正性,给当事人的合法权益造成损失,仲裁员是否应对该损失承担民事责任的问题,分歧很大,其理论主要有以下几种:

1. 仲裁员责任豁免论。英美法系国家采取仲裁豁免论,其主要内容是:仲裁员的仲裁行为豁免民事责任,仲裁员对仲裁过程中因其过失或其他情况而导致的不公正裁决及给一方当事人带来的损失不承担任何个人责任。[4] 仲裁员责任豁免理论源自法官的"司法豁免论"。

2. 仲裁员责任论。一些大陆法系国家主张仲裁员应承担责任,其倾向性的理论基础是契约说,承担责任的形式为专业注意责任和公正责任。他们认为,仲裁员身份具有合同性,仲裁员所实施的仲裁行为是一种专业行为,其在从事专业时,应谨慎地履行职责;如果因为疏忽给当事人造成了损失,则要承担民事责任,这就是所谓的专业注意责任。仲裁员应当公正地履行职责,平等地对待

---

〔4〕 黄进、宋连斌、徐前权:《仲裁法学》,中国政法大学出版社 2007 年版,第 67 页。

各方当事人，不得接受贿赂，不得欺诈和滥用职权，否则，当事人可以申请撤销仲裁裁决或申请不予执行裁决，并可以要求仲裁员个人承担责任，这就是所谓的公正责任。[5]

3. 有限的仲裁员责任豁免论。[6]上述两种观点，都有其合理的成分，但又往往有失偏颇。为此，有学者提出了"有限的仲裁员豁免论"，即仲裁员在一定范围内可以享受责任豁免，超出一定范围则不免除责任。该理论吸收了上述两种理论的合理成分，不仅具有可操作性，而且具有现实性，固而已逐渐为一些国家所接受。如奥地利。1996 年英国颁布的仲裁法也开始采用"有限的仲裁员责任豁免论"。

为了使仲裁员能够不受司法干涉，独立行使权力，以提高仲裁的效率和质量，并增强裁决的终审效力，保留仲裁员的豁免权是很有必要的。但是，为了保证仲裁员能负责、公正地履行职责，减少仲裁员滥用职权的可能性，对于仲裁员的某些行为，如恶意欺诈、极不负责的敷衍行事、无正当理由的辞职甚至收受贿赂等，就不能给予豁免。在仲裁员享有有限责任豁免的情况下，仲裁员不仅对一些明显故意的不法行为承担责任，也应为一些重大过错行为承担责任。

（三）我国关于仲裁员责任的规定[7]

我国对仲裁员责任的规定，主要体现在《仲裁法》和《刑法修正案（六）》中。我国《仲裁法》第 38 条规定，仲裁员应当承担法律责任的行为有两种，即私自会见当事人、代理人或者接受当事人、代理人的请客送礼，情节严重的行为和在仲裁案件时有索贿受贿、徇私舞弊、枉法裁判的行为。根据仲裁法的这一规定可以看出，我国实际上承认有限的仲裁员责任豁免，即只有在发生有法定情形时，仲裁员才应当承担责任，法定情形之外，仲裁员的行为豁免于仲裁员责任。

我国 2006 年 6 月 29 日公布实施的《刑法修正案（六）》第 20 条规定，在刑法第 399 条后增加一款，作为第 399 条之一。该款规定："依法承担仲裁职责的人员，在仲裁活动中故意违背事实和法律作枉法裁决，情节严重的，处三年以下有期徒刑或者拘役；情节特别严重的，处三年以上七年以下有期徒刑。"这就是刑法所规定的"仲裁员枉法仲裁罪"。该规定的出台，使仲裁员应当承担刑事责

---

[5] 黄进、宋连斌、徐前权：《仲裁法学》，中国政法大学出版社 2007 年版，第 66 页。

[6] 谢石松主编：《商事仲裁法学》，高等教育出版社 2003 年版，第 193 ~ 194 页。

[7] 乔欣：《仲裁法学》，清华大学出版社 2008 年版，第 62 页。

任具有了法律依据。

当然,仲裁员的不当行为,使其在社会上的声誉会受到损害,会使人们对其品质的评价降低,使其被指定为仲裁员的机会减少,这就是其所承担的道义上的责任。另外,他还承担着行业上的责任,如可能会被决定回避,情节严重者,将被仲裁委员会除名等。

第五节 仲裁员行为的性质与规范

一、仲裁员行为的性质

仲裁员的行为,是指仲裁委员会仲裁员名册中的人,被指定为某一案件的仲裁庭成员以后,为仲裁案件,在仲裁程序中进行的职务行为。仲裁员的行为应该具有独立性、民间性和公正性。

(一)仲裁员行为的独立性

仲裁权有着与司法权不同的权力来源。根据仲裁法的规定,仲裁权来源于当事人的授权,仲裁机构只有在当事人自愿达成仲裁协议后,才有权受理仲裁案件。同样,仲裁员办理仲裁案件的权力也来源于当事人的选择和授予,而不是来源于仲裁机构。这就使得仲裁员仲裁纠纷时具有相当的独立性。

仲裁员虽然只有通过仲裁委员会的聘任,才能列入仲裁员名单,但是,仲裁委员会主任、副主任、委员、秘书长与仲裁员之间并不因为聘任就产生了领导与被领导或上级与下级的关系。通常情况下,仲裁员能否参加某一仲裁案件的审理,并不依赖于仲裁委员会,而是取决于当事人直接或间接的指定。仲裁庭对仲裁案件独立作出裁决,无须获得仲裁委员会的批准。仲裁委员会在仲裁案件中的作用,主要体现在对仲裁程序的管理和推动方面,如案件的受理、收费、各种通知和文件的送达、安排开庭设备和差旅等。仲裁员组成的仲裁庭作出的裁决,是以仲裁员个人的名义作出的,无须经仲裁委员会主任签发,而且裁决一经作出即发生法律效力,仲裁委员会无权变更或撤销。在裁决书发出前,仲裁机构一般也要求核阅裁决书草案,但仅仅是审核裁决书的形式,保证其符合法律的要求以便得到强制执行;对实体问题,仲裁机构在不影响仲裁员独立裁决的情况下,可提出建议。这种做法,中外仲裁机构基本相同。[8]

(二)仲裁员行为的民间性

仲裁员接受当事人直接或间接的指定,成为某一仲裁庭的成员后,就应当按照法律和仲裁规则的规定,以其专业知识、社会经验、办案经验和判断力独立地仲裁纠纷,并作出公正的裁决,其仲裁行为只依据事实和法律,而不受任何机关、社会团体和个人的干涉,甚至也不受仲裁委员会的干涉。从这个意义上理解,仲裁员的仲裁行为是在法律控制下的私人裁判行为,也可以说是民间性的行为。因为中国的《仲裁法》只规定了机构仲裁,而未规定临时仲裁。因此,在中国,仲裁委员会和仲裁员的关系是不可分割的,两者相互依存,缺一不可。如果没有仲裁员,根本就成立不了仲裁委员会;相反,如果没有仲裁委员会,任何人都不可能成为真正意义上的仲裁员。应该说,只有两者的有机结合,才能形成完整的仲裁制度,才能有仲裁制度的正常运作。从这个意义上讲,仲裁员的行为也应该是仲裁委员会的行为。《仲裁法》第 52 条、第 54 条规定,仲裁调解书、裁决书除仲裁员签名外,还应加盖仲裁委员会的印章。这实际上就是仲裁委员会对仲裁调解书、裁决书的一种程序上的确认,从而也是对仲裁员仲裁行为的确认。但这并不是说,仲裁委员会可以越俎代庖,代替仲裁员审理和裁决案件。因为,就仲裁的本意而言,当事人是授权仲裁员审理和裁决案件,而非授权仲裁委员会去审理和裁决案件。仲裁机构的职能只是组织仲裁、提供管理服务。所以,仲裁员的行为也好,仲裁委员会的行为也好,都不可能是国家裁判行为或行政行为,只能是民间性的行为。

(三)仲裁员行为的公正性

仲裁员的仲裁行为与代理人的代理行为不同。尽管表面上看指定仲裁员和委托代理人都体现了当事人的意志,但是,代理人在代理权限内实施代理行

---

[8] 《中国国际经济贸易仲裁委员会仲裁规则》(2000 年 10 月 1 日起施行文本)第 56 条规定:"仲裁员应在签署裁决前将裁决书草案提交仲裁委员会。在不影响仲裁员独立裁决的情况下,仲裁委员会可以就裁决书的形式问题提请仲裁员注意。"1998 年《国际商会仲裁规则》第 27 条规定:"仲裁庭应在签署裁决书之前,将其草案提交仲裁院。仲裁院可以对裁决书的形式进行修改,并且在不影响仲裁庭自主决定权的前提下,提请仲裁庭注意实体问题。"但《中国国际经济贸易委员会仲裁规则》(2005 年 5 月 1 日起施行文本)的规定,更强调仲裁委员会的作用。按照该规则第 45 条规定,仲裁庭应在签署裁决书之前将裁决书草案提交仲裁委员会核阅。在不影响仲裁庭独立裁决的情况下,仲裁委员会可以就裁决书的有关问题提请仲裁庭注意。

为,代表一方当事人的意志和利益,而仲裁员一经委任,即作为居中者,其不代表任何一方当事人的意志和利益;仲裁员必须在事实和法律的范围内以自己的名义独立公正地实施仲裁行为。显然,仲裁员的仲裁行为具有公正性,仲裁员在仲裁案件中应公正行事。

二、仲裁员的行为规范

仲裁员的仲裁行为只有得到国家法律的许可,其作出的裁决才具有拘束力和执行力,才能够彻底解决当事人之间的纠纷。因此,仲裁员不能滥用当事人的授予权。在仲裁过程中无论仲裁法和仲裁规则及当事人的约定如何详尽,总会有空白之处,因此,规范仲裁员的行为或引入仲裁员道德准则不失为可取之办法。对此,国际仲裁界都十分重视。早在20世纪70年代,美国仲裁协会和美国律师协会(ABA)就联合制定了《商事争议中仲裁员的行为道德规范》,[9]被普遍视为美国商事仲裁的指南;1986年国际律师协会(IBA)制定了《国际仲裁员行为准则》;[10]等等。仲裁的生命力在某种意义上是基于当事人相信仲裁员能公平行事,这就特别强调仲裁员应遵循一定的行为准则。这种准则如广为人知,在道义上有利于监督仲裁员,对仲裁员的司法监督也具有重大参考价值,从而有利于提高仲裁的公信力。所以规范仲裁员的行为,既是仲裁制度存在和发展的必然要求,也是保护当事人利益的体现,更是案件得以独立、公正、迅速仲裁的保证。

在中国,不仅没有一套全国通用的仲裁员道德行为准则,而且有些仲裁机构即使制定了仲裁员守则,也很少公开推广。这一状况不利于全社会对仲裁员应具备的操守有评判标准,不利于对仲裁员公正行事施加外在的道义约束。近年来,在北京仲裁委员会的推动下,关于仲裁员道德行为方面,中国仲裁界取得了一定成绩。[11]

参照仲裁实践,一般而言,中国仲裁员应当遵守的行为规范有:

1. 仲裁员应独立公正地仲裁案件。仲裁员在仲裁过程中应当根据事实和法律规定,公平合理地解决纠纷,平等地对待双方当事人;仲裁依法独立进行,不受行政机关、社会团体和个人的干涉。这是仲裁员必须遵守的一个最基本的

---

[9] 《仲裁与法律通讯》1993年第4期,第33~39页。

[10] 《仲裁与法律通讯》1993年第4期,第40~44页。

[11] 黄进、宋连斌、徐前权:《仲裁法学》,中国政法大学出版社2007年版,第63页。

行为规范。仲裁员在仲裁案件时，既不受外来因素的影响，也不受仲裁委员会的内部干涉，其不代表任何一方当事人的利益。仲裁庭应当根据事实，依照法律和合同规定，参照国际惯例，并遵循公平合理的原则，独立公正地作出裁决。当事人依法签订的有效合同，是仲裁庭处理合同纠纷的依据之一。由 3 名仲裁员组成的仲裁庭对案件进行裁决时，应当按照多数仲裁员的意见作出，仲裁庭不能形成多数意见时，应按首席仲裁员（即第 3 名仲裁员）的意见作出。

2. 仲裁员不得私自会见当事人及其代理人。仲裁员在仲裁案件时，私自与当事人、代理人接触，会使仲裁员在一定程度上先入为主，从而自觉或不自觉地偏向某一方当事人，影响到仲裁员作出公正性的裁决。至于仲裁员接受当事人、代理人的请客送礼，甚至索贿受贿，就更不允许了。

但仲裁员在调解案件过程中，如与一方当事人或代理人单独会见不在禁止之列，因为仲裁庭在调解前，必须征得双方当事人的同意。当事人一旦同意由仲裁庭主持调解，即是授权仲裁庭以适当的方式接触当事人，包括与一方当事人的单独会谈。但是，若调解不成功，任何一方当事人均不得在其后的仲裁程序、司法程序和其他任何程序中援引对方当事人或仲裁庭在调解过程中发表过的、提出过的、建议过的、承认过的以及当事人愿意接受过的或否定过的任何陈述、意见、观点或建议作为其请求、答辩及反请求的依据。[12]

关于禁止私自接触的问题，《中国国际经济贸易仲裁委员会仲裁员守则》第 3 条的规定更为严格：仲裁员名册中的任何人事先与一方当事人讨论过案件，或提出过咨询意见，即不得担任该案件的仲裁员。

3. 仲裁员应自觉披露可能有损独立公正裁决的任何情况并回避。仲裁员披露是一项被普遍接受的保证仲裁权主体公正性的原则。我国《仲裁法》第 34 条规定了仲裁员的回避制度，而没有使用“披露”二字。《北京仲裁委员会仲裁规则》（2004 年 3 月 1 日起施行）第 20 条及其仲裁员守则第 5 条明确规定了披露问题。仲裁员所应披露的事项一般包括：(1) 与仲裁结果有任何直接或间接的金钱方面或个人的利害关系的情由。(2) 可能影响公正或可能在程序上造成不公平或偏袒印象的所有现存的或以往的金钱、商业、职业、家庭或社交方面的关系。(3) 与案件有利害关系或其他关系，如直系亲属、债务、财产关系、业务关系等，而有可能影响公正裁决的。

---

〔12〕《中国国际经济贸易仲裁委员会仲裁规则》（2005 年 5 月 1 日起施行文本）第 40 条。

4. 仲裁员应维护仲裁程序的廉正和公平。仲裁员对仲裁程序廉正性和公平性的维护,是仲裁员最基本的行为规范。这一规范主要表现在:

(1)仲裁员不能自己谋求指定仲裁案件,只有当事人直接或间接指定后,其才应根据自身的情况、案件的性质等决定是否接受担任仲裁员的指定。

(2)在接受指定之后或担任仲裁员期间,应当避免与当事人或代理人之间有金钱、商业、职业、家庭或社会联系,因为这往往影响公平,并很可能造成不公平或偏袒的印象。

(3)仲裁员应不偏不倚地进行仲裁,公平、平等地对待所有当事人,除非适用的仲裁规则或当事人的协议中另有规定,否则仲裁员不应在另一方当事人不在场时与对方当事人讨论案件。同时,仲裁员也应尽力防止当事人或其他参与人拖延、纠缠或扰乱仲裁程序。在仲裁过程中不应超越或缩小授权,应按当事人协议中规定的仲裁程序或适用规则完全行使授权。

5. 仲裁员应审慎地履行职责。仲裁员应谨慎地根据自身情况和案件性质接受指定而出任某一案件的仲裁员。在仲裁过程中,仲裁员应该认真仔细地审阅案件的全部材料,找出纠纷的焦点。开庭前应参与仲裁庭讨论,交换意见,商定审理方案;首席仲裁员应当在开庭前提出庭审方案,供仲裁庭讨论;独任仲裁员在开庭前应该拟妥审理方案。开庭结束后,首席仲裁员应当主持合议,仲裁庭应及时提出进行下一步程序的意见或提出起草裁决书的意见、安排裁决书的起草,尽量在规定的期限内结案。独任仲裁员也应在规定的期限内结案。

6. 仲裁员应严格保守仲裁秘密。保密是仲裁制度的一项原则。《仲裁法》第40条规定,仲裁不公开进行,当事人协议公开的,可以公开进行,但涉及国家秘密的除外。这条规定的实质就是保密。保密是仲裁的一大优势,是吸引当事人运用仲裁方式解决纠纷的重要原因之一。保密可以使当事人的商业秘密和贸易活动不会在解决纠纷过程中被泄露,从而使其正常的商业活动不因仲裁受到不良影响。同时,仲裁不公开进行,在心理和情感上有助于当事人平和地解决纠纷。仲裁员应该保守仲裁秘密,不得向外界透露任何有关案件实体和程序情况,包括案情、审理过程、合议庭意见等情况。

7. 仲裁员应依法获得报酬。仲裁员受当事人的直接或间接指定担任仲裁庭成员仲裁案件,所付出的劳动理应得到相应的报酬。按照仲裁法的规定及各仲裁委员会的做法,向当事人收取仲裁费用和向仲裁员支付仲裁报酬,都应由仲裁委员会统一进行。仲裁员不得在仲裁委员会付给的报酬之外,另行收取当事人任何费用作为自己的所得。仲裁员办理仲裁案件,由仲裁委员会依其规定给付报酬,没有办理仲裁案件的,则不能取得报酬或者其他费用。

8.仲裁员应熟悉仲裁业务,提高仲裁水平。仲裁是一项专业性很强的工作,有其自身的特点和内在规律,仲裁员尽管可能是各部门、各行业的专家,但并不一定自然而然就是仲裁专家。仲裁委员会应该经常组织仲裁员进行培训、研讨或经验交流,仲裁员也应该积极参加此类活动,提高仲裁员业务水平、提高办案质量,维护仲裁的良好声誉。

仲裁员行为规范为仲裁员提供了全面而详尽的权力正当使用模式,其通过指导、约束和评价的方式促使仲裁员能够自律,尽可能避免权力的不当行使;同时,也为当事人和社会公众提供了评价依据,对司法监督具有一定的参考意义。

第六章 仲裁协议

重点提示

仲裁协议被誉为仲裁制度的基石,在仲裁理论和实务中占有十分重要的地位。本章应重点把握下列内容:仲裁协议的概念、特性和类型;仲裁协议的形式和内容;仲裁协议的效力及其认定以及仲裁条款独立性等问题。

引导案例

甲公司与乙公司于2013年8月签订了一份租赁合同,约定由甲公司进口一套医疗设备,租给乙公司使用,乙公司按年交付租金。A银行出具担保函,为乙公司担保。后来甲公司与乙公司因履行合同发生了争议。

1. 如果甲公司与乙公司签订的合同中约定了以下仲裁条款:"因本合同的履行所发生的一切争议,均提交×仲裁委员会仲裁。"甲公司因乙公司无力支付租金,向×仲裁委员会申请仲裁,将乙公司和A银行作为被申请人,请求裁决被申请人给付拖欠的租金。甲公司的行为是否正确?为什么?

2. 如果存在上述仲裁条款,甲公司能否向人民法院起诉乙公司和A银行,请求支付拖欠的租金?为什么?

3. 如果甲公司起诉了,法院依法应当如何处理?

第一节 仲裁协议概述

仲裁协议被誉为仲裁制度的基石。仲裁协议,既是当事人通过仲裁方式解决争议的依据,又是仲裁机构取得对案件的管辖权并排除法院管辖权的依据。换言之,没有仲裁协议,也就不可能有仲裁活动的发生。

仲裁协议是仲裁活动的前提和基础，对仲裁活动具有不可或缺的意义。因此，我国《仲裁法》第三章，对仲裁协议作了专门的规定。

一、仲裁协议的概念

仲裁协议，是指双方当事人采用书面的形式，将他们已经发生的或可能发生的合同争议以及其他财产权益争议，通过仲裁方式解决的共同意思表示。仲裁协议充分体现了当事人解决争议的意思自治。

关于什么是仲裁协议，法学界有不同的表述。如“仲裁协议，或称仲裁合同、仲裁契约，是指当事人自愿把他们之间业已发生或将来可能发生的特定争议交付仲裁解决的共同意思表示”。[1]“仲裁协议是指当事人双方达成的、自愿将他们之间可能发生或已经发生的争议提交仲裁的意思表示。”[2]“仲裁协议是双方当事人自愿将他们之间已经发生或可能发生的争议，提交仲裁解决的书面契约，是双方当事人所表达的采用仲裁方式解决纠纷意愿的法律文书，是将双方当事人之间的仲裁合意书面化、法律化的形式。”[3]“仲裁协议是指双方当事人合意签订的自愿将他们之间业已发生或将来可能发生的商事法律争议交付某仲裁机构仲裁解决的一种书面文件。”[4]“仲裁协议是指当事人自愿把他们之间已发生或者将来可能发生的合同纠纷和其他财产权益纠纷提交仲裁解决的意思表示合意。”[5]还有大量关于仲裁协议的不同表述，在此不一一列举。

尽管学者们对仲裁协议概念的表述有文字差异，但其共性不难发现：第一，均认为仲裁协议必须是当事人自愿订立的。第二，均认为仲裁协议的签订，是基于已经发生的或可能发生的争议。第三，均认为仲裁协议是当事人将争议提交仲裁解决的意思表示。第四，均认为仲裁协议应采用书面形式。而关于仲裁协议的认识和理解，学者之间没有本质的区别。

国际商事仲裁立法及商事规则中关于仲裁协议的定义也不尽相同，如 1995 年《联合国国际商事仲裁示范法》第 7 条第 1 款规定：“仲裁协议是指当事各方同意将他们之间的契约性或非契约性的特定法律关系中已经发生或可能发生

---

〔1〕 黄进、宋连斌、徐前权：《仲裁法学》（第三版），中国政法大学出版社 2007 年版，第 77 页。
〔2〕 张斌生主编：《仲裁法新论》（第三版），厦门大学出版社 2008 年版，第 65 页。
〔3〕 乔欣：《仲裁法学》，清华大学出版社 2008 年版，第 70 页。
〔4〕 谢松石主编：《商事仲裁法学》，高等教育出版社 2003 年版，第 110 页。
〔5〕 朱宣烨：《仲裁法实务精要与案例指引》，中国法制出版社 2015 年版，第 29 页。

的一切或某些争议提交仲裁的协议。”1998 年《荷兰仲裁协会仲裁规则》第 1 条规定：“仲裁协议是指当事人约定将产生于特定法律关系（无论契约性与否）的现存或将来的争议提交仲裁的协议（分别称协议或仲裁协议和仲裁条款）。”美国《1996 年仲裁法》第 6 条规定：“仲裁协议系指将现在或将来的争议（无论其为契约性与否）提交仲裁的协议。”

在实践中，有无仲裁协议，仲裁协议是否有效，以及仲裁协议的具体内容，都将决定或影响仲裁裁决的效力。若双方当事人没有订立仲裁协议，一方当事人向仲裁机构提出了仲裁申请，仲裁机构是无权受理的。

二、仲裁协议的特征

仲裁协议，也称仲裁契约或仲裁合同，但它与一般的契约或合同约定的内容和事项不同。它是当事人关于解决争议的仲裁约定，因而是一种特殊的契约、一种特殊的合同。与一般的民商事合同相比，仲裁协议具有以下特征：

1. 仲裁协议的书面性。一般合同的形式有书面和口头两种，而仲裁协议要求采用书面形式。因为当事人提交仲裁的事项，对于当事人而言，通常是比较重要的事项，所以采用书面形式，有利于当事人依法维护其合法权益。

2. 仲裁协议的独立性。仲裁协议不论是以仲裁条款的形式直接写入主合同，还是于主合同之外单独订立的补充条款，都是独立于主合同之外的独立的仲裁协议，故不受主合同效力的影响。具体而言，主合同的无效并不导致仲裁协议无效。因为主合同规定当事人的实体权利和义务，由实体法调整；而仲裁协议不直接规定当事人之间的实体权利义务，而是规定一种解决争议的方式，属于程序性规定，由程序法调整。所以说仲裁协议具有独立性，对此，我国《仲裁法》第 19 条明确规定：“仲裁协议独立存在，合同的变更、解除、终止或者无效，不影响仲裁协议的效力。”

3. 仲裁协议的主体性。从主体上看，仲裁协议包括两个方面的主体关系：一是仲裁协议双方当事人之间的关系；二是仲裁协议当事人和仲裁机构、仲裁员之间的关系。显然与一般合同关系不同。

4. 仲裁协议的条件性。仲裁协议签订后即对当事人产生约束力，当仲裁协议约定的事项发生争议且无法自行解决时，任何一方当事人均可依据仲裁协议申请仲裁。履行仲裁协议的条件，就是约定的仲裁事项发生争议。否则不必履行仲裁协议，也不会引起仲裁的发生。

5. 仲裁协议的同一性。即仲裁协议当事人的权利义务具有同一性。在大多数的民事合同中,由于交易双方以互利、共赢为目的,因而他们之间的权利和义务具有对等性,往往一方当事人的权利就是另一方当事人的义务,反之亦然。但在仲裁协议中,当事人拥有共同追求的目标,因而当事人具有同样的权利和义务。当发生争议时,双方当事人均有权向仲裁机构申请仲裁。

6. 仲裁协议的约束性。一般合同生效后,对双方当事人具有约束力。而仲裁协议的约束力表现为:一是约束双方当事人,即任何一方当事人不得就协议仲裁的事项向法院提起诉讼;二是约束法院,即法院不得受理当事人有仲裁协议的争议;三是对仲裁庭的约束,即仲裁庭只能在仲裁协议约定的事项内进行裁决。

三、仲裁协议的性质

关于仲裁协议的性质,学术界众说纷纭,代表性观点有以下几种。

1. 诉讼法契约说。此学说曾在德、日、意、法等国颇具影响。该说认为,仲裁协议是诉讼法规制的契约,而非一般契约。一般契约以实体权利义务的处置为内容,而仲裁协议则是当事人对诉讼权利的一种处理方式。其主要根据是:(1)仲裁协议规范的对象不是实体权利义务本身,而是解决实体权利义务的方式、方法及规则,是一种对争议解决程序的选择。其功能在于通过授意第三人处理争议,而使当事人之间的争议得到最终处理。就争议的内容而言,与诉讼程序相类似。(2)仲裁协议以排除当事人行使诉权为目的而排除法院对争议的管辖权,是当事人对诉权的一种处分方式,而诉权是诉讼法上的权利。(3)现今各国立法例,大多将仲裁规定在民事诉讼法中,使诉讼法和仲裁协议密不可分。

诉讼法契约说是仲裁司法化的必然结果。很多人认为仲裁是另一种意义上的司法或"准司法"。但仲裁和司法实际上有鲜明的区别:司法为国家公权活动,司法人员执法来源于国家的授权,诉讼法是公法,具有国家强制性;而仲裁是当事人意思自治的一种选择,是私法自治原则在纠纷解决领域的一种延伸,仲裁庭审理案件来源于当事人的授权,仲裁协议不具有诉讼法的公法性质。该学说不仅仅不符合当今各国仲裁制度的现实,也与仲裁制度的发展趋势相逆。因此,曾采纳这一学说的国家如日本已改变了初衷,转而采纳实体法契约说。

2. 实体法契约说。此说认为,仲裁协议实质上就是民商事契约的一种形态。其主要根据是:(1)尽管仲裁协议往往同仲裁制度一起规定在诉讼法中,但并不意味着仲裁协议是以诉讼法为其法律基础。实际上，仲裁协议的主体资格、协议的一般原则、形式以及法律效力问题都要适用民商事实体法的一般规定；诉讼法仅涉及仲裁协议的局部问题，且多为实体法的重复或具体展开。(2)仲裁制度是根据私法上契约自治原则而设计的私法纠纷自主解决制度，其创设目的在于使当事人对私法上的权利义务可以自力解决。仲裁协议体现着当事人对纠纷解决程序的选择，这种选择的积极社会效应决定着它不应受到过多的限制。若将其视为诉讼法上的契约，在公法固有的种种干预下，它必将无法充分发挥其预期的积极作用，这就违背了创设仲裁制度的初衷。(3)仲裁协议表面上是通过当事人的协议处分了诉权，本质上却是通过授权仲裁机构间接地、附条件地处置了实体权利义务。

综上可见，实体法契约说依托的理论是"私法自治说"。它将仲裁视为一般的私法行为，国家尽可能减少对仲裁活动的干预，让仲裁机构和当事人按一定的规则自主活动。从各国仲裁制度和仲裁实务的发展趋势看，实体法契约说代表各国的发展方向，已在日、美等国渐居主导地位。

3. 混合说。这是一种折中学说。该学说认为，仲裁协议兼有诉讼法上的契约和实体法上的契约的双重属性，它不仅会产生诉讼法上的效力，也会产生实体法上的效力。从理论上讲，该说实质上回避了对仲裁协议本质的回答；从实践上看，该说很难解决仲裁实务中遇到的问题。例如，在国际商事仲裁中，审查仲裁协议应适用哪国法律时，若视仲裁协议为实体法上的契约，则应按照当事人意思自治原则，选择当事人共同约定的国家的法律作为审查仲裁协议的准据法；若视仲裁协议为诉讼法上的契约，就应按照"诉讼行为适用诉讼行为地国法律的原则"适用仲裁进行地的法律。混合说没有清楚揭示仲裁协议的本质，因而在面对上述难题时只能束手无策。

4. 独立类型契约说。与混合说相反，该说认为，仲裁协议既不是诉讼法上的契约，也不是实体法上的契约，而是一种独立类型的新的契约，有必要针对这种新的契约形式建立一种新的法律体系。因为虽然仲裁协议在主体资格、形式、法律效力等方面受实体法的约束，但确实又是对当事人诉权的一种处分。从这个角度讲，仲裁协议又会受程序法相关规范的约束。当实体法和程序法不一致时，应通过制定专门具体的规范来解决仲裁实务中的问题。

四、仲裁协议的类型

一项有效的仲裁协议必须具有合法的形式。各国仲裁法关于仲裁协议的形式要求虽然规定不尽相同,但绝大多数国家的仲裁立法都规定仲裁协议必须采用书面形式。我国仲裁立法亦不例外。根据我国仲裁法的规定以及仲裁理论和实践的内容,仲裁协议有以下几种的类型。

(一)仲裁条款

仲裁条款,是指双方当事人在合同当中订立的,旨在表达对于未来可能发生的有关合同的争议,提交仲裁解决所作出的约定,是合同的组成部分,即合同的一个条款。

仲裁条款是仲裁协议最常见的形式,它订立于争议发生前,存在于合同当中,但与合同其他条款的性质和效力不同。由于仲裁条款订立于争议发生前,当事人无法预料到未来可能发生争议的情形,且文本上的仲裁条款只是合同的一个条款而已,不可能占有较大的篇幅,因此,仲裁条款往往规定得比较简单。另外,双方主体在签订合同时通常注重的是交易条款,即双方的实体利益,一般不重视解决争议的法律条款。当然,作为合作双方谁也不希望发生争议,或怀有侥幸的心理,所以,对订立仲裁条款容易达成一致的意见。

(二)仲裁协议书

仲裁协议书,是指双方当事人在争议发生之前或之后,在自愿的基础上订立的,同意将争议提交仲裁的书面协议。仲裁协议书在形式上是独立的契约,不受原合同内容或事项的约束,具有更大的独立性。

与仲裁条款相比,仲裁协议书的内容更为详尽,可能是对仲裁条款的补充或修订,也可能是为解决争议而专门订立的。虽然有的国家规定,仲裁协议书只能适用于已经发生的争议,但大多数国家没有限制,我国亦无限制。此外,仲裁协议书不仅适用于合同争议,而且适用于其他财产权益争议。对于其他财产权益争议,当事人如果想仲裁,签订仲裁协议为最佳方式。

(三)其他书面文件中包含的仲裁协议

其他书面文件中包含的仲裁协议,是指仲裁条款、仲裁协议书以外的,双方当事人对争议同意仲裁的书面文件。具体指双方当事人以合同书、信件和数据电文(包括电报、电传、传真、电子数据交换及电子邮件)等形式达成的请求仲裁的协议。

这种仲裁协议与前两类相比，一是其灵活性，它可以存在于争议发生的前、后，甚至产生于争议发生的过程；二是其必然性，它一般不集中表现于某一份文件中，可能是来来往往的多份文件，这就有了其存在的客观必然性。经济发展使得贸易的范围不断扩大，空间上的距离造成人们共同协商、签署协议等方面的不便，但通讯技术、电子商务解决了这一难题，为人们架起了沟通世界的桥梁。因此，在实践中，这种形式的仲裁协议也越来越多。

（四）适用其他仲裁条款或仲裁规定

除了上述三种类型的仲裁协议，在实践中，我们还要把握最高人民法院关于《仲裁法解释》第 11 条的相关规定，即“合同约定解决争议适用其他合同、文件中的有效仲裁条款的，发生合同争议时，当事人应当按照该仲裁条款提请仲裁。涉外合同应当适用的有关国际条约中有仲裁规定的，发生合同争议时，当事人应当按照国际条约中的仲裁规定提请仲裁”。

第二节　仲裁协议的形式和内容

一、仲裁协议的形式

仲裁协议在形式上分为明示和默示两种。所谓明示仲裁协议，是指当事人以书面或口头形式，明确表达仲裁意向的一种仲裁协议形式，如合同中订立的仲裁条款。所谓默示仲裁协议，是指当事人以其实际行为实施仲裁意向的一种仲裁协议形式，如一方提起仲裁申请，另一方未提出异议且应诉并参与仲裁活动。

对于仲裁协议的形式要求，各国规定不一。但大多数国家都规定仲裁协议须采用书面形式，如英国、法国、瑞士等国家的法律规定。

我国《仲裁法》第 16 条规定，仲裁协议应采用书面形式订立，口头仲裁协议是无效的。《仲裁法》的这一规定，与联合国 1958 年的《纽约公约》文本中所称的“仲裁协定”的要求是相同的。

法律规定仲裁协议采用书面形式的主要原因：一是我国加入了 1958 年的《纽约公约》，该公约对仲裁协议形式要求是书面的，并将此作为缔约国承认和执行仲裁协议的主要条件之一。按照国际公约中的统一规则优于国内法的原则,凡加入国际公约的缔约国,只要没有对公约的仲裁协议形式作保留声明,就应遵循其规定。二是要求仲裁协议必须采用书面形式,是为了证实各方当事人均有仲裁的明确意思表示,防止发生争议后,当事人可能因否认存在仲裁协议而引起争议。

允许仲裁协议采用口头形式订立的,如《欧洲国际商事仲裁条约》第 1 条规定,在法律不要求仲裁协议必须采用书面形式签订的国家,仲裁协议可依该国法律允许的形式订立。德国《民事诉讼法典》中关于仲裁协议的规定是,具有完全商人资格的当事人之间按照商事交易惯例订立仲裁协议,无须书面形式,如果当事人惯常在一个有关的贸易机构进行仲裁,可以口头形式订立仲裁协议,甚至可以默示该协议成立。在丹麦、日本等国家的仲裁立法中,对仲裁协议的形式没有作出要求。

尽管各国对仲裁协议的形式有不同的规定,但在国际社会中,一般要求仲裁协议采用书面形式。如 1958 年的《承认及执行外国仲裁裁决公约》(《纽约公约》)规定仲裁协议必须是书面的。很多国家都加入了该公约,我国也是该公约的成员国。1985 年联合国国际贸易法委员会《国际商事仲裁示范法》,对仲裁协议的书面形式也作出了规定。

但是,随着仲裁的发展,对于仲裁协议的书面要求,也应宽泛理解和把握。比如双方当事人有共同的仲裁愿望,希望通过仲裁解决他们之间的争议,若一方当事人申请仲裁,另一方当事人在仲裁机构的书面文件(如答辩通知书)上签字认可,并表示愿意接受仲裁,即可视为书面仲裁协议。这样有利于扩大仲裁的范围,充分发挥仲裁在解决当事人争议方面的作用,也有利于降低当事人解决争议的成本,提高解决争议的效率。

二、仲裁协议的内容

仲裁协议的内容至关重要,它直接关系到争议能否通过仲裁得到公平合理的解决,也关系到当事人的切身利益能否得到法律的保护。一份有效的仲裁协议必须具备法定的内容,否则仲裁协议不产生法律效力,即为无效的仲裁协议。

(一)仲裁协议内容的法律规定

我国《仲裁法》第 16 条第 2 款明确规定,仲裁协议应当具备下列内容:

1. 请求仲裁的意思表示

请求仲裁的意思表示，应当包含以下三层意思：

(1)请求仲裁必须是双方当事人共同的意思表示，无论是明示还是默示，而不是一方当事人的意思表示。

(2)请求仲裁必须是双方当事人协商一致后真实的意思表示，而不是在外界或一方当事人的欺骗、胁迫的情况下的虚假意思表示。

(3)请求仲裁必须是有利害关系的当事人之间的意思表示，而不是其他任何人的意思表示。

2. 仲裁事项

仲裁事项，指双方当事人在仲裁协议中约定的提请仲裁解决争议的范围，即双方当事人将何种情形的争议提交仲裁委员会仲裁。仲裁事项可分为概括的仲裁事项和具体的仲裁事项。当事人协议仲裁的是全部财产权益争议的，为概括的仲裁事项；当事人协议仲裁的是某项财产权益争议的，为具体的仲裁事项。在仲裁实践中，仲裁事项一般尽可能作广义理解。2006 年 9 月 8 日实施的最高人民法院《关于适用〈中华人民共和国仲裁法〉若干问题的解释》对此作了规定："当事人概括约定仲裁事项为合同争议的，基于合同成立、效力、变更、转让、履行、违约责任、解释、解除等产生的纠纷都可以认定为仲裁事项。"

通常情况下，当事人只有把订立于仲裁协议中的事项提交仲裁时，仲裁机构或仲裁员才有权受理案件，并且约定的仲裁事项必须是法律允许仲裁的事项。

仲裁事项是我国仲裁法明确规定的内容，没有约定的仲裁事项，就无法进行仲裁活动。仲裁协议中约定的仲裁事项，应具备两方面的条件：其一，争议的事项具有可裁性，即法律规定具有财产性质的争议，如合同争议。其二，仲裁事项具有明确性，即争议事项是明确的，这样才便于仲裁庭进行裁决。

3. 选定的仲裁委员会

根据我国《仲裁法》的规定，当事人在签订仲裁协议时，应当明确争议的事项由哪一个仲裁委员会进行仲裁，如果没有选定的仲裁委员会，仲裁协议则无法实施。仲裁机构要明确，是因为仲裁机构与审判机构不同，没有级别管辖和地域管辖的规定，完全按照当事人的意思表示来确定管辖，如果仲裁机构不明确，请求仲裁的意思表示就实现不了。

在我国，仲裁委员会是常设仲裁机构，当事人在仲裁协议中，应当明确仲裁机构的名称。如北京仲裁委员会、西安仲裁委员会等。在实践中,有些当事人约定的仲裁机构不够明确,但只要据此能够确定某个具体仲裁机构的,通常被认定为选定了仲裁机构。对于仲裁机构没有约定或约定不明的,当事人可以补充协议加以明确;对选择仲裁机构达不成协议的,仲裁协议归于无效。

(二)国内外著名仲裁机构推荐的仲裁协议及示范条款

1. 国际商会仲裁院推荐的仲裁协议

所有产生于或与本合同有关的争议均应按照国际商会仲裁规则由依该规则指定的一名或数名仲裁员终审解决。

2. 联合国国际贸易法委员会推荐的仲裁协议

由于本合同发生的与本合同有关的任何争议、争端或请求,或有关合同的违约、终止、无效,应按现行有效的联合国国际贸易法委员会仲裁规则予以解决。

当事人可以补充:

"任命机构应为……(机构或个人的名称或全名)";

"仲裁员人数应为……(一人或三人)";

"仲裁的地点应为……(城镇或国家)";

"仲裁程序中所用的一种或多种语言应为……"

3. 英国伦敦国际仲裁院推荐的仲裁协议

本合同发生的或与本合同有关的任何争议,包括合同的成立、有效性或终止等任何问题都根据《伦敦国际仲裁院仲裁规则》提交仲裁并作出最后裁决,该规则应被认为是通过关联并入了本条款。

4. 瑞典斯德哥尔摩商会仲裁院推荐的仲裁协议

任何与本协议有关的争议,均应根据《斯德哥尔摩商会仲裁院规则》通过仲裁最终解决。

仲裁院并建议当事人可根据需要对条款作如下补充:

"仲裁庭应由……名成员或独任仲裁员组成";

"协议规定的事项应受……法律支配";

"仲裁程序中应使用……语"。

5. 美国仲裁协会推荐的仲裁协议

由于或者关于本合同,或者违反本合同发生的任何争议或要求,都按美国仲裁协会的规则用仲裁的方法解决,仲裁员作成的裁决,可以送请任何有管辖权的法院执行。

6. 解决投资争端国际中心推荐的仲裁协议

当事人特此同意,将本协议有关的或因本协议发生的任何争议提交解决投资争端国际中心依《关于解决国家与他国国民之间的投资争端的公约》通过仲裁解决。

7. 香港国际仲裁中心推荐的仲裁协议

其本地仲裁示范条款为:"凡因本合同产生或与本合同有关的任何争议或分歧应提交香港国际仲裁中心并按其本地仲裁规则通过仲裁解决"。

其国际仲裁示范条款为:"凡因本合同或与本合同有关的任何争议、争执或索偿、违约终止或合同无效等均应通过仲裁解决。仲裁按目前有效的联合国国际贸易法委员会的仲裁规则进行"。

8. 中国国际经济贸易仲裁委员会推荐的仲裁协议

凡因本合同引起的或与本合同有关的任何争议,均应提交中国国际经济贸易仲裁委员会,按照申请仲裁时该会现行有效的仲裁规则进行仲裁。仲裁裁决是终局的,对双方均有约束力。

9. 北京仲裁委员会示范条款

因本合同引起的或与本合同有关的任何争议,均提请北京仲裁委员会/北京国际仲裁中心按照其仲裁规则进行仲裁。仲裁裁决是终局的,对双方均有约束力。

除了上述常见的仲裁协议外,中国当事人在对外经济贸易活动中常用的仲裁协议还有下列两种:

一是在被诉方国家仲裁协议,即"凡因执行本合同所发生的或与本合同有关的一切争议,双方应通过友好协商解决,如果协商不能解决,应提交仲裁。仲裁在被诉一方国家进行。如在中国,则由……仲裁委员会根据该会现行的仲裁规则进行仲裁。如在……国,则由……机构按该机构仲裁规则进行仲裁。仲裁裁决是终局的,对双方都有约束力"。

二是在第三国仲裁的仲裁协议,即"凡因执行本合同所发生的或与本合同有关的一切争议,双方应通过友好协商解决;如果协商不能解决,应提交……国……地……仲裁机构,按照其仲裁规则进行仲裁。仲裁裁决是终局的,对双方均有约束力"。

以上提到的仲裁协议均为在争议发生前在合同中订立的仲裁条款。争议发生后,如双方同意将其争议提交仲裁,仲裁协议并无固定的格式。在实践中当事人可以这样约定:

"我们双方愿意将争议提请……仲裁机构根据该机构的仲裁规则,解决如下争议:

1.……

2.……

仲裁地点在……国……地。我们同意仲裁裁决为终局裁决,对双方均有约束力。

当事人名称(或姓名)

地址

签字(或盖章)

……年……月……日"。

上面是一些常见的仲裁协议的格式,对具体从事经济贸易活动的当事人来讲,可根据自己的实际情况选择适当的仲裁协议。

我国《仲裁法》明确规定了仲裁协议的内容,国内各仲裁机构根据仲裁法的规定,也明确了仲裁的仲裁协议形式和内容,虽然要求简单,但只要明确选定了仲裁机构,仲裁地点和仲裁规则随之确定。

第三节　仲裁协议的效力

一、仲裁协议的有效要件

仲裁协议的有效要件,是指仲裁协议有效成立所应当具备的条件或不可缺少的要素。仲裁协议是否有效,直接决定了仲裁机构和仲裁庭是否有权对争议作出裁决,决定了当事人之间的争议能否以仲裁的方式予以解决,也决定了人民法院能否承认和执行仲裁裁决。可见,仲裁协议的有效性,是整个仲裁活动有效的前提。根据仲裁法的规定,仲裁协议如果有效,必须具备下列要件:

1. 仲裁协议应采用书面形式。这是仲裁协议的形式要求。尽管我们前面讲到各国仲裁法有不同的规定,但我国仲裁法明确规定,当事人申请仲裁,应当向仲裁委员会递交仲裁协议、仲裁申请书及副本。可见仲裁协议的书面形式是其法定形式。这样更能明确双方当事人请求仲裁的意思表示。

2. 仲裁协议的主体即双方当事人，必须具有完全的民事行为能力。仲裁协议是一种特殊的合同，所以仲裁协议的主体即双方当事人，应符合合同的一般要求，按照法律规定，必须具有完全的民事行为能力。反之，仲裁协议的当事人一方或双方在订立仲裁协议时无民事行为能力，该仲裁协议无效。对此绝大多数国家都有此规定。

3. 当事人约定仲裁的意思表示必须是真实的。约定仲裁必须是当事人的真实意思表示，这是仲裁协议有效的核心要件。当事人意思表示真实有两方面的要求：

其一，要求仲裁协议必须出自于当事人的自愿。自愿是意思自治原则的精髓，是“契约自由”原则的发展和完善，也是仲裁制度的灵魂。意思自治，要求当事人对是否签订仲裁协议以及签订的仲裁协议的内容都必须出自当事人的自愿，若一方当事人以恐吓、欺诈、胁迫等手段迫使对方与其签订仲裁协议，则该仲裁协议无效。

其二，要求仲裁协议的外在表示与当事人的内心意愿相一致，或者说当事人签订仲裁协议的主观愿望与对该意愿的客观表示相统一，否则仲裁协议无效。

4. 当事人约定的仲裁事项必须是法律允许仲裁的事项。当事人在仲裁协议中约定的仲裁事项，必须是国家法律允许仲裁解决的争议事项。如果当事人约定的仲裁事项，是法律所禁止仲裁的争议事项，则该仲裁协议无效。

（1）可仲裁的争议。根据我国《仲裁法》第 2 条规定：“平等主体的公民、法人和其他组织之间发生的合同纠纷和其他财产权益纠纷，可以仲裁。”

（2）不可仲裁的争议。根据我国《仲裁法》第 3 条规定，不可仲裁的争议有两类：一是婚姻、收养、监护、扶养、继承纠纷。该类纠纷涉及的是当事人无权处分的人身权利和基于身份关系而产生的财产权利，只能由法院依法予以确定；二是依法应当由行政机关处理的行政争议。如我国《商标法》第 39 条和《专利法》第 60 条规定，侵犯注册商标专用权或专利的纠纷，由行政管理部门处理或者通过司法途径解决，排除了当事人合意选择仲裁的可能性。此外，《仲裁法》第 77 条规定：“劳动争议和农业集体经济组织内部的农业承包合同纠纷的仲裁，另行规定。”当事人不能对此进行仲裁约定。

二、仲裁协议效力的表现

仲裁协议的效力，是指在仲裁活动中，有效的仲裁协议对争议的双方当事人、仲裁机构以及法院所产生的约束力。仲裁协议的效力不同于一般合同的效力：一般合同的效力，表现为对合同双方当事人的约束力；而仲裁协议的效力，则表现为对仲裁当事人、仲裁机构和法院三方的约束力。

（一）仲裁协议对当事人的约束力

当事人订立的仲裁协议一经合法有效，即对当事人产生法律上约束力，通常情况下，对签订仲裁协议以外的人没有约束力。但法律规定的特殊情形除外。如《最高人民法院关于适用〈中华人民共和国仲裁法〉若干问题的解释》第8条第1款和第2款规定："当事人订立仲裁协议后合并、分立的，仲裁协议对其权利义务的继受人有效。当事人订立仲裁协议后死亡的，仲裁协议对承继其仲裁事项中的权利义务的继承人有效。"

仲裁协议对当事人的约束力主要表现为：

1. 当事人只能选择仲裁方式解决争议。经仲裁协议约定的法律关系发生争议后，当事人只能申请仲裁，而不能就该争议向法院提起诉讼，即当事人丧失了向法院起诉的权利。仲裁与诉讼是"或裁或讼"的关系。

2. 当事人只能就仲裁协议中约定的事项提请仲裁。对于超出仲裁协议范围的争议事项，当事人不能请求仲裁，仲裁庭也无权对该项争议进行裁决。在具体的仲裁活动中，当事人有提异议和申请撤销仲裁裁决的权利。

3. 当事人只能向仲裁协议中约定的仲裁机构申请仲裁。当事人违背约定向其他仲裁机构申请的，其他仲裁机构无权受理。

4. 仲裁裁决对双方当事人有约束力。当事人之间的争议一经仲裁机构作出裁决，即对当事人产生效力，当事人应当自觉履行仲裁裁决所确定的义务。否则另一方当事人有权申请法院强制执行。

（二）仲裁协议对仲裁机构的约束力

当事人签订的仲裁协议发生效力后，除了对当事人自身产生约束力，还对仲裁机构有约束力。有效的仲裁协议对仲裁机构的约束力有以下三个方面的表现：

1. 对仲裁机构予以授权。仲裁协议是仲裁机构受理仲裁案件的基础,没有仲裁协议就没有仲裁活动的发生。所以说,仲裁机构对案件的仲裁权,来自当事人签订的有效的仲裁协议的授权。

2. 对仲裁范围予以限制。仲裁范围即仲裁机构审理案件的范围,它仅限于当事人在仲裁协议中约定的仲裁事项,仲裁机构无权超越当事人的约定进行裁决。当然,若仲裁机构越权裁决,不但违反仲裁法规定,而且对当事人没有约束力。

3. 对仲裁裁决效力予以保证。仲裁裁决是否有效,取决于仲裁协议是否有效。即仲裁机构只有依据有效的仲裁协议作出的裁决,才能产生法律效力,才能对当事人有约束力。若仲裁机构依据无效仲裁协议进行裁决,一是当事人有权提出异议;二即使当事人没有提出异议,其裁决也是错误的,当事人有权申请撤销。故仲裁协议的有效性为仲裁裁决的有效性提供了一定的保证。

(三)仲裁协议对法院的约束力

一份有效的仲裁协议,不但对当事人有约束力,对仲裁机构有约束力,还对法院有约束力。仲裁协议对法院的约束力表现为:

1. 仲裁协议排除了法院的司法管辖权。有效的仲裁协议可以排除法院对当事人约定的仲裁事项的司法管辖权,这是各国仲裁普遍遵行的准则。我国《仲裁法》第 5 条明确规定:“当事人达成仲裁协议,一方向人民法院起诉的,人民法院不予受理,但仲裁协议无效的除外。”第 26 条规定:“当事人达成仲裁协议,一方向人民法院起诉未声明有仲裁协议,人民法院受理后,另一方在首次开庭前提交仲裁协议的,人民法院应当驳回起诉,但仲裁协议无效的除外;另一方在首次开庭前未对人民法院受理该案提出异议的,视为放弃仲裁协议,人民法院应当继续审理。”

具体而言,任何一方当事人都不得随意撤销已经成立的仲裁协议,不得就仲裁协议中约定的仲裁事项向法院起诉。法院在仲裁协议有效的情况下,不能受理该案件,应告知原告向有管辖权的仲裁机构申请仲裁。也就是说,如果一方当事人违反仲裁协议,擅自向法院起诉,另一方当事人可以根据仲裁协议予以抗辩,向法院提出管辖权异议。人民法院应当对当事人的异议进行审查,认为仲裁协议有效的,则驳回原告的起诉,告知当事人向仲裁机构申请仲裁。若当事人放弃了提出异议的权利,则视为承认法院的管辖权,法院有权对案件继续审理。

最高人民法院关于《仲裁法》的司法解释第 13 条进一步规定:“依照仲裁法第二十条第二款的规定,当事人在仲裁庭首次开庭前没有对仲裁协议的效力提出异议,而后向人民法院申请确认仲裁协议无效的,人民法院不予受理。仲裁机构对仲裁协议的效力作出决定后,当事人向人民法院申请确认仲裁协议效力或者申请撤销仲裁机构的决定的,人民法院不予受理。”

2. 仲裁协议是保证仲裁裁决具有强制执行力的依据。仲裁的目的,就是使当事人之间的争议得到最终解决,为此,法律赋予了仲裁裁决具有可执行性,这样才能确保当事人的权利得以最终实现。若没有仲裁协议,或仲裁协议无效,或仲裁庭超范围仲裁,则仲裁裁决无效,也不能引起执行程序的发生。因此,有效的仲裁协议可以保证仲裁裁决得以有效执行。我国《仲裁法》第 63 条和《民事诉讼法》第 237 条规定,被申请人提出证据证明不存在仲裁协议或裁决事项不属于仲裁协议范围或仲裁机构无权仲裁的,经人民法院组成合议庭审查核实,裁定不予执行。

三、仲裁协议效力的异议

对仲裁协议效力的异议,是指当事人对仲裁协议是否具备法律效力提出不同的主张和意见。我国《仲裁法》第 20 条规定,当事人对仲裁协议的效力存在异议,可以请求仲裁委员会或法院进行处理。一方请求仲裁委员会作出决定,另一方请求人民法院作出裁定的,由人民法院裁定。人民法院作为国家的审判机关,相对于仲裁机构具有更高的权威性,且仲裁裁决的执行也依法由法院采取强制措施。因此,由法院对仲裁协议的效力作最终裁定,可以避免法院在仲裁裁决撤销及执行程序中作出与仲裁机构相反的裁定,从而有利于维护法律的尊严。

我国重视法院的裁判权,体现了司法管辖对仲裁管辖的监督与制约。但从另一方面看,司法对仲裁过多的监督不利于仲裁制度的完善和发展。在一些重要的国际条约和国际仲裁机构的仲裁规则中,均规定由仲裁庭行使裁量权来判定仲裁协议的效力。

当事人对于仲裁协议效力有异议的,根据我国仲裁法的规定,当事人应当在仲裁庭首次开庭前提出。当事人订立仲裁协议后,若双方都认为该仲裁协议无效的,即可解除该仲裁协议。如一方认为仲裁协议有效,另一方认为仲裁协议无效时,可以通过下列途径解决。

1. 双方当事人请求仲裁机构确认仲裁协议效力的,由仲裁机构做出决定。对于仲裁机构的决定,当事人不得再向法院提出确认仲裁协议效力之诉。

2. 双方当事人请求法院确认仲裁协议效力的,由法院作出裁定。对于该裁定当事人不得上诉。

3. 一方请求仲裁机构确认,另一方请求法院确认,由法院最终确认仲裁协议的效力。对于法院确认仲裁协议效力的裁定,当事人不得上诉且必须执行。

当事人向仲裁机构申请仲裁,如果仲裁机构认为仲裁协议无效而不予受理的,当事人可以向法院起诉。如果法院裁定仲裁协议有效的,则仲裁机构应当受理该案。

四、仲裁协议效力的确认机构

根据有关国际条约、国内立法和司法解释以及仲裁实践,在我国,有权认定仲裁协议效力的机构主要是仲裁机构和受诉法院。

(一)仲裁机构

前面我们讲过,仲裁协议是仲裁机构取得仲裁权的前提,仲裁协议是否有效,关系到仲裁裁决是否有效。为了避免无效的仲裁协议带来无效的仲裁裁决之后果,根据仲裁法的规定,仲裁机构有权对仲裁协议的效力进行确认,只有被确认为有效的仲裁协议后,仲裁机构才能据此对案件进行审理并依法作出裁决。

(二)受诉法院

双方当事人已经达成仲裁协议的,如果一方当事人对仲裁协议有异议向法院起诉,受诉法院有权确认该仲裁协议的效力。如果受诉法院查明该仲裁协议是无效的,即可受理此案;反之,则不能受理,应当告知当事人向有管辖权的仲裁机构申请仲裁。

五、仲裁协议的无效

在仲裁活动中,由于出现法定原因或其他原因,而导致仲裁协议无效或失效。

(一)无效仲裁协议

无效仲裁协议是指不具备法律规定的有效要件,不受国家法律保护的仲裁协议。

我国《仲裁法》第17条规定,有下列情形之一的,仲裁协议无效:

1. 约定的仲裁事项超出法律规定的仲裁范围的。根据仲裁法的规定,仲裁的范围应为平等主体的公民、法人和其他组织间的合同纠纷或其他财产权益纠纷,即当事人只能对法律允许仲裁的纠纷进行约定;对法律规定不属于仲裁范围的争议,当事人不能约定仲裁,如离婚争议就不能约定仲裁。若当事人约定的仲裁事项超出了法律规定的范围,则仲裁协议无效。

2. 无民事行为能力人或限制民事行为能力人订立的仲裁协议。民事行为能力,是民事主体从事民事活动所必需具备的条件。只有达到一定年龄的人,才有能力处理自己的事务。订立仲裁协议是一项重大的民事法律行为,只有具有完全民事行为能力的人,才有可能保证仲裁协议的合法有效。根据我国《民法通则》的规定,自然人满18周岁具有完全民事行为能力,已满16周岁不满18周岁,以自己的劳动收入为主要生活来源的,视为具有完全民事行为能力;法人自注册成立之日起即具有完全民事行为能力。除此之外的无民事行为能力人或限制民事行为能力人,不具备独立进行民事活动的能力,因此,他们所订立的仲裁协议是无效的。

3. 一方采取胁迫手段,迫使对方订立仲裁协议的。仲裁是以双方当事人自愿为基础的。仲裁协议也必须是双方当事人共同意思的表示,不允许一方当事人用胁迫手段,迫使对方订立仲裁协议。

这里的胁迫是指威胁、强迫。胁迫的主要特征是:(1)要有胁迫的故意。即胁迫出自一方的主观故意和恶意。(2)要有胁迫的行为。即胁迫方实施了具体的胁迫行为,它既可以是以将来发生的危害相威胁,也可以是以正在发生危害相逼迫。如欲以或者实施伤害、损害名誉、毁坏财产、加害亲属等危害,恐吓或者强迫被胁迫人,以达到使其订立仲裁协议的目的。(3)胁迫行为是非法的,合法行为不能构成民法所说的胁迫。构成受胁迫,一应有受胁迫的实施;二被胁迫人在思想上心理上产生了恐惧;三被迫签订了仲裁协议。(4)胁迫行为与签订仲裁协议之间有因果关系。

仲裁协议是当事人平等协商的共同意思表示,一方当事人采取胁迫手段,使对方订立的仲裁协议,违背了平等原则,违背了意思自治原则,因而是无效的仲裁协议。

(二)实践中常见的无效仲裁协议

在实践中,我们经常会遇到当事人订立的仲裁协议无效,较常见的有下列几种情况:

1. 当事人订立的仲裁协议模棱两可,常见的有:

(1)当事人在仲裁协议中,同时选择了仲裁和诉讼两种解决争议的方式。这种协议在实践中通常被认定为无效。但一方向仲裁机构申请仲裁,另一方未在法定时间内提出异议的除外。

(2)当事人在仲裁协议中,同时选择了两个或两个以上的仲裁机构。对于这种协议,当事人可以选择其中的一个仲裁机构进行仲裁,但当事人不能就其中的一个仲裁机构达成一致意见的,该仲裁协议无效。

(3)当事人在仲裁协议中,只约定了应当适用的仲裁规则,而没有约定仲裁机构。这种协议在实践中一般被认为没有约定仲裁机构,但是当事人通过达成补充协议,或者根据仲裁规则能够确定仲裁机构的除外。

(4)当事人在仲裁协议中,对仲裁机构的名称约定不明。即当事人约定的仲裁机构名称不准确,如当事人约定争议由"北京市海淀区仲裁委员会"仲裁。但根据协议能够确定具体仲裁机构的,通常认为当事人选定了仲裁机构。如此"北京市海淀区仲裁委员会"可以认定为"北京仲裁委员会"。

(5)当事人在仲裁协议中,仅仅约定了仲裁地点。比如当事人约定争议在广东仲裁,而广东有广州仲裁委委员会、深圳仲裁委员会、惠州仲裁委员会等等,若当事人不能协商确定其中一个仲裁机构的,该仲裁协议无效。若当事人约定在某地仲裁且该地只有一家仲裁机构,该仲裁机构视为当事人约定的仲裁机构。如当事人约定争议在西安市仲裁,而西安市只有西安市仲裁委员会一家仲裁机构,则西安市仲裁委员会即为双方当事人之约定。

2. 当事人订立的仲裁协议无法实现。如有的仲裁协议约定,争议发生后,由中国国内某仲裁机构根据美国仲裁协会的仲裁规则进行仲裁。由于中国各仲裁机构的仲裁规则均明确规定,在该机构进行仲裁时,只能适用该机构的仲裁规则,故上述仲裁协议往往无法实现。

3. 当事人在仲裁协议中约定的仲裁机构不存在。例如,有的仲裁协议规定,争议由某地的仲裁机构仲裁,事实上,该地没有设立仲裁机构,根据该协议也不能确定相应的仲裁机构的,该仲裁协议无效;但如果当事人同意由临近的仲裁机构仲裁,则仲裁协议成立。

4. 当事人在仲裁协议中的约定违反了一裁终局的制度。如有的仲裁协议规定,发生争议后协商解决,协商不成的,由甲仲裁机构仲裁,对甲仲裁机构的裁决不服,可以请求已仲裁机构仲裁。这样的仲裁协议显然违反了法律规定,因而无效。

5. 在格式合同中,当事人没有在两个备用的仲裁条款中作出选择。实践中,有的格式合同或标准合同印有两个或多个仲裁条款供当事人签订合同时选择,但当事人在签订合同时并没有作出选择,争议发生后,当事人事实上是没有仲裁协议的。在这种情况下,当事人就没有选择仲裁的依据了。

六、仲裁协议的失效

仲裁协议的失效,是指有效的仲裁协议因发生了特定的事由,而丧失了原有的法律效力。仲裁协议的失效与仲裁协议的无效有着本质区别:前者属于有效的仲裁协议,是在出现特定事由后丧失了原有的效力;而后者是因为缺乏法律规定的某一要件而无效,且自始至终都是无效的协议。

仲裁协议的失效,在我国《仲裁法》中未作出明确的规定,我们可以从仲裁协议的性质角度理解和掌握。

仲裁协议不同于一般意义上的合同。一般意义上的合同如买卖合同,其是对双方实体权利义务关系作出约定的合同。仲裁协议是对双方争议的解决方式作出约定的合同,其性质是合同,所以合同有失效的情形,仲裁协议也可以失效。如签订仲裁协议后放弃、有效期间届满;还有一些特殊情形,如仲裁裁决被法院撤销、被法院裁定不予执行,则原仲裁协议失效。

仲裁协议的失效有下列几种情形:

1. 仲裁协议中约定的事项得以彻底解决。当事人依据有效的仲裁协议提请仲裁后,仲裁庭依法对案件进行调解或裁决,解决了当事人的争议,并且,调解协议或仲裁裁决得以全面履行和执行,原有的仲裁协议即失效。

2. 当事人协商放弃原先订立的仲裁协议。当事人可以协商订立仲裁协议,也可以协商放弃或变更仲裁协议。若当事人协商放弃或变更原生效的仲裁协议,原协议失效。具体表现为明示和默示两种行为。明示就是双方通过书面协议的形式,明确放弃原来的仲裁协议或变更了纠纷的解决方式;默示就是根据《仲裁法》第26条的规定,当事人达成了仲裁协议,一方当事人向法院起诉而未声明有仲裁协议,法院受理后,另一方当事人未提出异议且应诉答辩的,视为放弃仲裁协议。

3. 仲裁裁决被法院裁定撤销或裁定不予执行。根据《仲裁法》第9条第2款规定,仲裁裁决被法院裁定撤销或不予执行的,当事人就该纠纷可以根据重新达成的仲裁协议申请仲裁,也可以向法院起诉。由此,仲裁裁决被法院裁定撤销或不予执行后,原仲裁协议失效。

4. 附期限的仲裁协议期限届满。有的仲裁协议在签订时,当事人约定了申请仲裁的期限,若该期限届满,则仲裁协议失效。如当事人约定仲裁协议签订后的一年内有效,在此期间发生的争议可申请仲裁。如果超过了约定的期限,则签订的仲裁协议失效。

仲裁协议失效所产生的法律后果包括:当事人不再受原仲裁协议的约束;可以重新选择解决争议的方式;可以直接向法院起诉。

第四节 仲裁协议的独立性

一、仲裁协议独立性的内涵

仲裁协议的独立性问题,主要是针对合同中的仲裁条款的独立性问题。实践中,当事人请求仲裁所依据的仲裁协议,大多数是以仲裁条款形式,即合同中的一个条款的形式出现的。既然仲裁条款是合同的一个条款,亦是合同组成的一部分,那么它是否与合同相分离而独立存在,此乃仲裁协议的独立性问题。

所谓仲裁协议的独立性,或称仲裁条款的独立性,在国际贸易仲裁中,也称作仲裁协议的可分割性或自治性问题。我国仲裁法和最高人民法院的司法解释中,都明确规定了仲裁协议具有独立性。具体内容见下表:

名称	内容	时间
中华人民共和国仲裁法	第19条规定："仲裁协议独立存在,合同的变更、解除、终止或者无效,不影响仲裁协议的效力。"	第八届全国人民代表大会常务委员会第九次会议于1994年8月31日通过,自1995年9月1日起施行。
最高人民法院关于适用《中华人民共和国仲裁法》若干问题的解释	第10条规定："合同成立后未生效或者被撤销的,仲裁协议效力的认定适用仲裁法第十九条第一款的规定。当事人在订立合同时就争议达成仲裁协议的,合同未成立不影响仲裁协议的效力。"第11条规定："合同约定解决争议适用其他合同、文件中的有效仲裁条款的,发生合同争议时,当事人应当按照该仲裁条款提请仲裁。涉外合同应当适用的有关国际条约中有仲裁规定的,发生合同争议时,当事人应当按照国际条约中的仲裁规定提请仲裁。"	2005年12月26日由最高人民法院审判委员会第1375次会议通过,自2006年9月8日起施行。

二、仲裁条款独立性原则的确立和适用

(一)仲裁条款独立性原则的确立

仲裁条款是双方当事人在争议发生前所订立的合同中的一个条款,约定了合同发生争议后,通过仲裁的方式予以解决。仲裁条款相对合同而言,具有附属性。因此,习惯上将仲裁条款所依附的合同称之为主合同或基础合同。

传统观点认为,仲裁条款是合同不可分割的一部分,如果主合同无效,仲裁条款就失去了其依存的条件和基础,随主合同的无效而无效。如果当事人对合同的有效性提出异议,仲裁条款的有效性则须交由法院确定,而不是由仲裁员来决定。这是传统的英国法所持的单一合同论。随着仲裁条款意思自治原则的确立和现代商事仲裁制度的发展,仲裁条款的独立性在世界大多数国家,包括中国在内的仲裁法律以及国际仲裁机构的仲裁规则中得以确立。

(二)仲裁条款独立性原则的适用

根据我国《仲裁法》和最高人民法院关于《仲裁法解释》的规定,仲裁协议有独立的法律效力,合同的变更、解除、终止和无效,债权债务的转让、合同未生效或者被撤销,均不影响仲裁条款的效力。具体而言:

1. 仲裁条款独立于合同的变更。合同变更是指合同订立后,尚未履行或尚未履行完毕,双方当事人依法协商改变原合同的全部或部分内容意思表示。

合同变更后,当事人的权利和义务也随之发生变更,原有的仲裁条款是否有效,取决于双方当事人对争议解决方式是否重新约定。如果双方修订了原仲裁条款,则新的仲裁条款对双方产生约束力;如果双方协商取消了原仲裁条款,则原仲裁条款失效;如果双方当事人只对合同其他条款变更,而没有修改原仲裁条款,则原仲裁条款的独立性依然存在并继续有效。

2. 仲裁条款独立于合同的解除。合同的解除是指合同订立后,当事人尚未履行或者尚未完全履行的情况下,停止或取消了原有的合同关系。合同的解除有单方解除和双方协商解除两种情形。

合同解除主要针对的是双方的实体权利义务关系,除非双方解除了仲裁条款,否则仲裁条款具有独立性,双方因解除合同发生的争议,仍可通过仲裁予以解决。

3. 仲裁条款独立于合同的终止。合同的终止是指合同双方的法律关系因法定原因归于消灭。合同终止的原因主要有:债权债务已按合同执行完毕;合同被解除;债务已相互抵消;债务人依法提存了标的物;债权人免除了债务人的债务;以及当事人约定终止合同关系等。

合同终止后,如果双方当事人因合同终止引起的争议,原合同中的仲裁条款依然有效。

4. 仲裁条款独立于合同的转让。合同的转让是指合同订立后,当事人履行完毕之前,一方或双方将合同的全部或部分债权债务转让给第三方的意思表示。

合同依法转让受法律保护,也是当事人意思自治的体现。合同的转让只是合同的主体的改变,合同的内容并没有发生改变,因此,合同中的仲裁条款依然有效,除非当事人另有约定。如最高人民法院的《仲裁法解释》第 9 条规定,债权债务全部或部分转让的仲裁协议对受让人有效,但当事人另有约定或受让人明确反对或不知有单独的仲裁协议的除外。

5. 仲裁条款独立于合同的无效。合同无效是指合同不具备有效要件而不发生法律效力。通常情况是合同无效则合同的条款无效。仲裁条款作为合同的一个条款,其效力问题,长期以来,从理论到实践一直存有争议。但在现代商事仲裁活动中,已经明确了仲裁条款具有独立性,所以合同无效,仲裁条款依然有效，我国仲裁法对此也作了明确的规定。

6. 仲裁条款独立于合同未生效。合同未生效是指合同成立后，不具备生效的条件而没有产生法律上的效力。一般来说，合同已经成立就生效，即成立与生效的时间是一致的。但这并不是绝对的，有些合同其成立与生效是存在时间差的。这些存在时间差的合同也就是未生效合同。根据我国《合同法》的规定，未生效合同有以下几种类型：

(1)须批准、登记的合同。如《合同法》第 44 条第 2 款规定："法律、行政法规规定应当办理批准、登记等手续生效的，依照其规定。"也就是说，批准登记是这类合同的生效要件，不具备此要件的合同是未生效合同。

(2)附生效条件的合同。如《合同法》第 45 条规定："当事人对合同的效力可以约定附条件。附生效条件的合同，自条件成就时生效。"反之则不生效。

(3)附期限的合同。《合同法》第 46 条规定："当事人对合同的效力可以约定附期限。附生效期限的合同，自期限届至时生效。"即期限没到合同未生效。

(4)效力未定的合同。比如《合同法》规定的，限制民事行为能力人订立的合同、无权代理人订立的合同、无权处分人订立的合同都属于效力未定的合同。效力未定的合同具备有效要件后生效，反之则不生效。

上述几种未生效合同，都需要具备特定的条件，条件不具备的，合同不生效。但因此引起的争议，可以通过合同中订立的仲裁条款进行仲裁，这也是最高人民法院《仲裁法解释》中明确规定的仲裁条款的独立性问题。

7. 仲裁条款独立于合同被撤销。合同被撤销，顾名思义是指当事人订立的合同具有法定撤销情形的，依法被撤除、消灭了合同的效力。

根据我国《合同法》第 54 条的规定，可撤销的合同包括：因重大误解订立的合同；订立时显失公平的合同；一方以欺诈、胁迫的手段订立的合同；乘人之危订立的合同。并且根据《合同法》第 56 条的规定，合同被依法撤销后，自始没有法律约束力。

通常情况，一旦合同被撤销，当事人之间的合同关系就不存在了，原来的合同对当事人也不再具有任何约束力，合同的条款也随之失去了效力。但当事人因合同撤销引起的争议，可以根据合同中订立的仲裁条款依法仲裁，这也是仲裁条款的独立性问题并在司法解释中得以明确的规定。

—— 司法考试试题 ——

一、单项选择题

1. 武当公司与洪湖公司签订了一份钢材购销合同，同时约定，因合同效力或合同的履行发生纠纷提交 A 仲裁委员会或 B 仲裁委员会仲裁解决。合同签订后，洪湖公司以本公司具体承办人超越权限签订合同为由，主张合同无效。关于本案，下列哪一说法是正确的？（2012年）

A. 因当事人约定了 2 个仲裁委员会，仲裁协议当然无效

B. 因洪湖公司承办人员超越权限签订合同导致合同无效，仲裁协议当然无效

C. 洪湖公司如向法院起诉，法院应当受理

D. 洪湖公司如向法院起诉，法院应当裁定不予受理

【答案】 C

【考点】 仲裁协议无效的法定情形；仲裁协议无效、失效的法律后果。

【解析】 最高人民法院《关于适用〈中华人民共和国仲裁法〉若干问题的解释》（以下简称《仲裁法解释》）第 5 条规定，仲裁协议约定两个以上仲裁机构的，当事人可以协议选择其中的一个仲裁机构申请仲裁；当事人不能就仲裁机构选择达成一致的，仲裁协议无效。据此，武当公司与洪湖公司之间的仲裁协议，因不能就仲裁机构选择达成一致而致无效，洪湖公司如向法院起诉，法院应当受理，故 C 项正确。

2. 大成公司与华泰公司签订投资合同，约定了仲裁条款：如因合同效力和合同履行发生争议，由 A 仲裁委员会仲裁。合作中双方发生争议，大成公司遂向 A 仲裁委员会提出仲裁申请，要求确认投资合同无效。A 仲裁委员会受理。华泰公司提交答辩书称，如合同无效，仲裁条款当然无效，故 A 仲裁委员会无权受理本案。随即，华泰公司向法院申请确认仲裁协议无效，大成公司见状，向 A 仲裁委员会提出请求确认仲裁协议有效。关于本案，下列哪一说法是正确的？（2015 年）

A. 仲裁委员会无权确认投资合同是否有效

B. 投资合同无效，仲裁条款即无效

C. 仲裁条款是否有效，应由法院作出裁定

D. 仲裁条款是否有效，应由 A 仲裁委员会作出决定

【答案】 C

【考点】 仲裁协议的法律效力。

【解析】 《仲裁法》第 20 条第 1 款规定：“当事人对仲裁协议的效力有异议的，可以请求仲裁委员会作出决定或者请求人民法院作出裁定。一方请求仲裁委员会作出决定，

另一方请求人民法院作出裁定的，由人民法院裁定。”所以，C 项正确。

二、不定项选择题

1. 兴源公司与郭某签订钢材买卖合同，并书面约定本合同一切争议由中国国际经济贸易仲裁委员会仲裁。兴源公司支付 100 万元预付款后，因郭某未履约依法解除了合同。郭某一直未将预付款返还，兴源公司遂提出返还货款的仲裁请求，仲裁庭适用简易程序审理，并作出裁决，支持该请求。由于郭某拒不履行裁决，兴源公司申请执行。郭某无力归还 100 万元现金，但可以收藏的多幅字画提供执行担保。担保期满后郭某仍无力还款，法院在准备执行该批字画时，朱某向法院提出异议，主张自己才是这些字画的所有权人，郭某只是代为保管。

请回答第(1)—(3)题。(2013 年)

(1)关于仲裁协议的表述，下列选项正确的是：

A. 买卖合同虽已解除，但仲裁条款具有独立性，兴源公司可以据此申请仲裁

B. 兴源公司返还货款的请求是基于不当得利请求权，与买卖合同无关，不应据此申请仲裁

C. 仲裁协议未约定适用简易程序，仲裁庭不应适用简易程序审理

D. 双方选择的中国国际经济贸易仲裁委员会是涉外仲裁机构，本案不具有涉外因素，应当重新选择

【答案】 A

【考点】 仲裁协议的法律效力。

【解析】 《仲裁法》第 19 条规定：“仲裁协议独立存在，合同的变更、解除、终止或者无效，不影响仲裁协议的效力。”所以 A 项正确。

(2)本案适用简易程序审理后，关于仲裁委员会和仲裁庭可以自行决定的事项，下列选项正确的是

A. 指定某法院的王法官担任本案仲裁员

B. 由一名仲裁员组成仲裁庭独任审理

C. 依据当事人的材料和证据书面审理

D. 简化裁决书，未写明争议事实

【答案】 BC

【考点】 中国国际经济贸易仲裁委员会的简易程序。

【解析】 《中国国际经济贸易仲裁委员会仲裁规则》第 58 条规定，适用简易程序的案件，依照本规则第 28 条的规定成立独任仲裁庭审理案件。据此，仲裁委员会和仲裁庭有权自行决定由一名仲裁员组成独任仲裁庭进行仲裁。所以，B 项表述正确。

(3)假设在执行过程中，郭某向法院提出异议，认为本案并非合同纠纷，不属于仲裁协议约定的纠纷范围。法院对该异议正确的处理方式是：

A. 裁定执行中止

B. 经过审理，裁定不予执行仲裁裁决的，同时裁定终结执行

C. 经过审理，可以通知仲裁委员会重新仲裁

D. 不予支持该异议

【答案】 D

【考点】 执行仲裁裁决的条件。

【解析】 《仲裁法》第19条第1款规定："仲裁协议独立存在，合同的变更、解除、终止或者无效，不影响仲裁协议的效力。"所以，本案中的买卖合同虽已解除，但仲裁协议仍然有效。所以，D项是正确的。

2. 住所地在H省K市L区的甲公司与住所地在F省E市D区的乙公司签订了一份钢材买卖合同，价款数额为90万元。合同在B市C区签订，双方约定合同履行地为W省Z市Y区，同时约定如因合同履行发生争议，由B市仲裁委员会仲裁。合同履行过程中，因钢材质量问题，甲公司与乙公司发生争议，甲公司欲申请仲裁解决。因B市有两个仲裁机构，分别为丙仲裁委员会和丁仲裁委员会（两个仲裁委员会所在地都在B市C区），乙公司认为合同中的仲裁条款无效，欲向有关机构申请确认仲裁条款无效。

请回答第（1）—（3）题。（2016年）

（1）依据法律和司法解释的规定，乙公司可以向有关机构申请确认仲裁条款无效。关于确认的机构，下列选项正确的是：

A. 丙仲裁委员会

B. 丁仲裁委员会

C. B市中级法院

D. B市C区法院

【答案】 ABC

【考点】 仲裁协议概述、仲裁协议的内容、仲裁条款的独立性、仲裁协议的效力。

【解析】 《仲裁法》第20条规定："当事人对仲裁协议的效力有异议的，可以请求仲裁委员会作出决定或者请求人民法院作出裁定。一方请求仲裁委员会作出决定，另一方请求人民法院作出裁定的，由人民法院裁定。"

根据最高人民法院《仲裁法解释》的规定："当事人向人民法院申请确定仲裁协议效力的案件，由仲裁协议约定的仲裁机构所在地的中级人民法院管辖；仲裁协议约定的仲裁机构不明确的，由仲裁协议签订地或被申请人住所地的中级人民法院管辖。"

本题甲、乙公司约定仲裁条款发生纠纷由B市仲裁委员会仲裁，因B市有两个仲裁委员会，分别是丙和丁仲裁委员会，所以丙和丁仲裁委员会有管辖权，且仲裁协议约定的仲裁机构所在地的B市中级法院有管辖权。所以A、B、C项三项正确。

（2）如相关机构确认仲裁条款无效，甲公司欲与乙公司达成协议，确定案件的管辖法院。

关于双方可以协议选择的管辖法院,下列选项正确的是:

A. H 省 K 市 L 区法院

B. F 省 E 市 D 区法院

C. B 市 C 区法院

D. W 省 Z 市 Y 区法院

【答案】 ABCD

【考点】 协议管辖。

【解析】 《民事诉讼法》第 34 条规定:"合同或者其他财产权益纠纷的当事人可以书面协议选择被告住所地、合同履行地、合同签订地、原告住所地、标的物所在地等与争议有实际联系的地点的人民法院管辖,但不得违反本法对级别管辖和专属管辖的规定。"

A 项:H 省 K 市 L 区法院是原告甲公司住所地法院,可以协议管辖。所以 A 项正确。

B 项:F 省 E 市 D 区法院是被告乙公司住所地法院,可以协议管辖。所以 B 项正确。

C 项:B 市 C 区法院是合同签订地法院,可以协议管辖。所以 C 项正确。

D 项:W 省 Z 市 Y 区法院是合同履行地法院,可以协议管辖。所以 D 项正确。

(3) 如仲裁条款被确认无效,甲公司与乙公司又无法达成新的协议,甲公司欲向法院起诉乙公司。关于对本案享有管辖权的法院,下列选项正确的是:

A. H 省 K 市 L 区法院

B. F 省 E 市 D 区法院

C. W 省 Z 市 Y 区法院

D. B 市 C 区法院

【答案】 BC

【考点】 民事诉讼主管、管辖概述。

【解析】 《民事诉讼法》第 21 条第 2 款规定:"对法人或者其他组织提起的民事诉讼,由被告住所地人民法院管辖"。故 H 省 K 市 L 区法院是原告甲公司住所地法院没有管辖权,F 省 E 市 D 区法院是被告乙公司住所地法院有管辖权。所以 B 项正确,A 项错误。

《最高人民法院关于适用〈中华人民共和国民事诉讼法〉的解释》第 18 条规定:"合同约定履行地点的,以约定的履行地点为合同履行地。合同对履行地点没有约定或者约定不明确,争议标的为给付货币的,接收货币一方所在地为合同履行地;交付不动产的,不动产所在地为合同履行地;其他标的,履行义务一方所在地为合同履行地。即时结清的合同,交易行为地为合同履行地。合同没有实际履行,当事人双方住所地都不在合同约定的履行地的,由被告住所地人民法院管辖。"W 省 Z 市 Y 区法院是合同履行地法院有管辖权,B 市 C 区法院是合同签订地法院没有管辖权。所以 C 项正确,D 项错误。

3. 甲市L区居民叶某购买了住所在乙市M区的大亿公司开发的位于丙市N区的商品房一套,合同中约定双方因履行合同发生争议可以向位于丙市的仲裁委员会(丙市仅有一家仲裁机构)申请仲裁。因大亿公司迟迟未按合同约定交付房屋,叶某向仲裁委员会申请仲裁。大亿公司以仲裁机构约定不明,向仲裁委员会申请确认仲裁协议无效。经审查,仲裁委员会作出了仲裁协议有效的决定。在第一次仲裁开庭时,大亿公司声称其又向丙市中级法院请求确认仲裁协议无效,申请仲裁庭中止案件审理。在仲裁过程中仲裁庭组织调解,双方达成了调解协议,仲裁庭根据协议内容制作了裁决书。后因大亿公司不按调解协议履行义务,叶某向法院申请强制执行,而大亿公司则以调解协议内容超出仲裁请求为由,向法院申请不予执行仲裁裁决。

请回答第(1)—(3)题。(2016年)

(1)大亿公司向丙市中级法院请求确认仲裁协议无效,对此,正确的做法是:

A. 丙市中级法院应予受理并进行审查

B. 丙市中级法院不予受理

C. 仲裁庭在法院就仲裁协议效力作出裁定之前,应当中止仲裁程序

D. 仲裁庭应继续开庭审理

【答案】 BD

【考点】 仲裁协议的效力、仲裁协议的无效与失效。

【解析】 《仲裁法》第18条规定:"仲裁协议对仲裁事项或者仲裁委员会没有约定或者约定不明确的,当事人可以补充协议;达不成补充协议的,仲裁协议无效。"题中双方约定的仲裁机构为丙市的仲裁委员会(丙市仅有一家仲裁机构),不视为仲裁委员会约定不明确,故仲裁协议有效,丙市中级法院不予受理该案件,仲裁庭应继续开庭审理。所以BD项正确。

(2)双方当事人在仲裁过程中达成调解协议,仲裁庭正确的结案方式是:

A. 根据调解协议制作调解书

B. 应当依据调解协议制作裁决书

C. 将调解协议内容记入笔录,由双方当事人签字后即发生法律效力

D. 根据调解协议的结果制作裁决书

【答案】 AD

【考点】 仲裁协议的效力。

【解析】 《仲裁法》第51条第2款规定:"调解达成协议的,仲裁庭应当制作调解书或者根据协议的结果制作裁决书。调解书与裁决书具有同等法律效力。"故双方达成调解协议的,可以制作调解书也可以制作裁决书,而不是应当制作判决书。所以A、D两项正确。

(3)大亿公司以调解协议超出仲裁请求范围请求法院不予执行仲裁裁决,法院正确的做法是:

A. 不支持,继续执行

B. 应支持,并裁定不予执行

C. 应告知当事人申请撤销仲裁裁决,并裁定中止执行

D. 应支持,必要时可通知仲裁庭重新仲裁

【答案】 A

【考点】 仲裁裁决的执行的不予执行。

【解析】 《民事诉讼法》第237条第2款规定:"被申请人提出证据证明仲裁裁决有下列情形之一的,经人民法院组成合议庭审查核实,裁定不予执行:(一)当事人在合同中没有订有仲裁条款或者事后没有达成书面仲裁协议的;(二)裁决的事项不属于仲裁协议的范围或者仲裁机构无权仲裁的;(三)仲裁庭的组成或者仲裁的程序违反法定程序的;(四)裁决所根据的证据是伪造的;(五)对方当事人向仲裁机构隐瞒了足以影响公正裁决的证据的;(六)仲裁员在仲裁该案时有贪污受贿,徇私舞弊,枉法裁决行为的。"以调解协议超出仲裁请求范围请求不属于上述六种情形,故法院不支持,继续执行。所以A项正确。

第七章　仲裁中的证据

重点提示

证据在仲裁活动中如同诉讼活动同等重要。没有证据，仲裁庭则没有审理案件和作出裁决的依据，当事人的主张也得不到法律的保护。本章应重点把握的内容包括证据的种类、举证责任、证据的收集和提交、仲裁证据的保全以及仲裁证据的审查和判断等。

引导案例

2001 年 9 月，申请人郑某以被申请人某材料加工企业（以下简称 A 企业）向其借款 12 万元逾期不还为由向仲裁委员会申请仲裁。申请人郑某称：2000 年 7 月他曾借给被申请人 A 企业人民币 12 万元整，这笔钱是在被申请人 A 企业财务室由申请人郑某亲自交给 A 企业财务人员的，当时无其他人在场，双方亦未立文字契约，现要求 A 企业归还。被申请人 A 企业承认收到申请人所述之款，但辩称此款是郑某拟参股 B 企业，托其交给 B 企业的参股款，不是借款，故不同意郑某的请求。对上述情况，A 企业未能提供证据。经仲裁庭审理查明，B 企业承认 2008 年确实收到 A 企业的人民币 12 万元，但称其不熟悉郑某，A 企业当时也未言明此款是郑某的参股款。郑某与 B 企业之间无参股协议。

在裁决此案的过程中，围绕举证责任分担以及对案件的处理产生了两种不同的意见：一种意见认为，举证责任应在原告郑某，其既未提供借据，又未能提供其他证据，仅凭被申请人 A 企业承认接收过该款项还不足以认定双方存在借贷关系，所以应驳回郑某的仲裁请求。另一种意见认为，由于被申请人 A 企业承认收到郑某所交之款，免除了其就借贷关系存在这一事实的举证责任，而 A 企业必须对代理关系的存在负举证责任，在企业举不出证据的情况下，只能由其承担不利后果。[1]

本案应如何分配举证责任？

第一节　证 据 概 述

证据是当事人参与仲裁的前提条件，是仲裁机构查明事实、分清是非，正确审理案件的基础，是保护当事人合法权益的有力武器。在仲裁实践中，证据虽然不是万能的，但没有证据是万万不能的。因此，依靠证据解决双方当事人之间的争议，是仲裁机构作出公正裁决的重要保障。

一、证据的概念及特征

我国《仲裁法》对仲裁证据的规定相对简单，但在各仲裁机构的仲裁规则中有较完备可行的规定。仲裁规则中有关仲裁证据的内容，除依据《仲裁法》的规定外，主要是根据《民事诉讼法》及司法解释的规定制定的。

仲裁证据是指在仲裁活动中，能够证明仲裁案件真实情况的客观事实。判断某一事实是不是仲裁的证据，主要看这一事实是否具备以下特征，即证据的特征。

1. 客观性。证据的客观性，是指证据必须是客观存在的事实，而不是主观臆造、凭空想出来的“事实”。当事人申请仲裁的案件，即双方当事人之间的争议，必须有其发生的时间、地点，还有人物和事件等客观事实。仲裁庭在审理案件时，也必须依据客观事实，只有这样，才能保证仲裁裁决的客观公正。

2. 关联性。证据的关联性，是指证据必须与待证事实有内在的联系，并能够证明待证事实的全部或一部。

在仲裁实践中，仲裁庭可能会收到双方当事人提供的种种证据，但这些证据不一定都与案件有直接的或牵连的关系，也不一定都是真实的证据，即使这些证据都是真实的，也需要由仲裁庭逐一加以审查认定，排除那些与本案无关或关联性不大的事实，将与案件有密切联系的事实作为审理的依据，从而保证

---

〔1〕　蒋新苗等编著：《仲裁案件举证技巧》，湖南人民出版社 2006 年版，第 152 ~ 153 页。

仲裁案件的公正解决。

3. 合法性。证据的合法性,具体而言是指证据的内容和形式都必须符合法律的要求。内容合法,是指双方当事人发生的合同争议或其他财产权益争议的内容,是受法律所保护的内容。如当事人因赌博引起的债权债务争议,其内容不合法而不被法律保护。形式合法,一是指当事人收集证据的程序应当合法,如私自录音录像侵犯他人合法权益的视听资料即不合法;二是指应具备法律规定的特定形式,不具备该形式的不合法,如口头保证合同不合法。

二、证据在仲裁中的作用

1. 证据是仲裁的基础。证据在仲裁活动中的重要性是毋庸置疑的。在具体案件中,无论是仲裁庭还是当事人及其他仲裁活动的参与人,都或多或少地与证据发生联系。

(1)当事人与证据的联系。当事人无论是申请人还是被申请人,无论是请求还是反请求,都必须以事实为根据。换言之,当事人有证据才能提请求,否则其请求不成立。故证据是当事人请求仲裁的基础。

(2)仲裁庭与证据的联系。仲裁庭依法对案件行使裁决权,其裁决的依据是:以事实为根据,以法律为准绳。事实即案件真实情况的依据,就是我们说的证据,所以证据亦是仲裁庭裁决的基础。

(3)仲裁参与人与证据的联系。仲裁参与人包括证人、鉴定人、勘验人等,他们参与仲裁活动的目的是协助仲裁庭查明事实。在仲裁活动中,证人的证言、鉴定人的鉴定结论、勘验人的勘验笔录都是证明案件真实情况的依据,是证据,是仲裁的基础。

2. 证据是正确处理仲裁案件的前提。仲裁是当事人约定的解决争议的方式,仲裁权是当事人授予仲裁庭的权利。为了及时、公正地解决当事人之间的争议,仲裁庭必须查明案件的事实真相,而真相离不开证据。仲裁庭只有对证据予以充分把握、准确判断的基础上,才能正确处理案件。所以说,证据是正确处理案件的前提。

3. 证据是彻底解决仲裁争议的保障。当事人之间的争议能否得到彻底的解决,关键还在于证据。由于争议滞后于事实,如何证明当事人争议的真实情况,是一个复杂的过程。仲裁庭需要依法、合理地分配举证责任,合法地调查收集证据并对证据准确分析和判断,才能公正裁决并彻底解决争议。反之,事实不清,证据不足,其裁决当事人有权申请撤销或不予执行,由此当事人之间的争议并没有得到彻底的解决。

三、证据的种类

根据仲裁法的规定,对于仲裁法没有规定的,可适用《民事诉讼法》的有关规定。因此,仲裁证据的种类参照《民事诉讼法》第 63 条的规定,有下列八种:

(一)当事人陈述

当事人陈述,是指当事人在仲裁过程中,就案件的事实向仲裁庭所作出的陈述。一般情况下,双方当事人在各自对案件的陈述中虚虚实实,需要仲裁庭认真听取,予以判断。

当事人陈述包括当事人对案情的陈述和对案件事实的承认。当事人对案件事实的承认,在证据学理论上称为自认。最高人民法院《关于民事诉讼证据的若干规定》第 8 条第 2 款对自认证据作了比较明确的规定。对于一方当事人在仲裁中自认的事实,另一方当事人无须提供证据加以证明。2015 年 2 月 4 日,最高人民法院《关于适用〈中华人民共和国民事诉讼法〉的解释》(以下简称《民诉法解释》)第 92 条第 1 款对自认也作出了明确的规定:“一方当事人在法庭审理中,或者在起诉状、答辩状、代理词等书面材料中,对于己不利的事实明确表示承认的,另一方当事人无须举证证明。”上述规定,在仲裁中也是适用的。

(二)书证

书证是指以文字、符号、图形等书面形式记载和反映的内容证明案件真实情况的证据。仲裁中常见的书证有:合同、各类单据、票据、文件、电报、信函等。原始书证有较强的证明力。

(三)物证

物证是指以自身存在的形状特征、质量等证明案件真实情况的一切物品。在仲裁中当事人若提供物证,其证明力较强。

(四)视听资料

视听资料是采用现代科学技术,利用录音、录像及电脑等储存的数据和资料来证明案件的真实情况的证据。如录音带、录像带、传真资料、雷达扫描资料以及电脑储存的数据和资料等。视听资料由于其载体小、容量大等优势越来越被广泛运用于仲裁活动中。

(五)电子数据

电子数据即电子证据,是2012年民事诉讼法修改新增加的一种证据形式。它是指以电子形式存在的,作为证据使用的一切材料及其派生物,是通过电子技术和设备而形成的证据。[2] 具体而言,是指与案件事实有关的电子邮件、网上聊天记录、电子签名、网络访问记录等电子形式的证据。电子证据的主要特征包括:存储信息的载体是电子介质;呈现的方式是电子设备;具有信息量大、传播速度快的特性。在当今经济全球化、信息化和互联网快速发展的时代,电子数据对于证明案件事实的作用会越来越重要,特别是仲裁的国际化发展趋势和在"一带一路"发展中,随着各种交往的发生,争议也在所难免的,在解决各类争议的过程中,仲裁的案件也会增多,电子数据的应用必不可少。

(六)证人证言

证人对自己耳闻目睹的案件事实,依法向仲裁庭如实作出的口头或书面的陈述,即证人证言,以此来证明案件的真实情况。按照仲裁规则的规定,证人应当出庭作证,证人因特殊原因不能出庭的,经仲裁庭同意,可以提交书面证言。如《西安仲裁委员会仲裁规则》第35条的规定。

(七)鉴定意见

鉴定意见,是指鉴定部门或鉴定人对仲裁中遇到的专门性问题进行分析、检验、鉴别后作出的书面意见。

《仲裁法》第44条规定,仲裁庭对专门性问题认为需要鉴定的,既可以交由当事人约定的鉴定部门鉴定。也可以由仲裁庭指定的鉴定部门鉴定。根据当事人的请求或者仲裁庭的要求,鉴定部门应当派鉴定人参加开庭。当事人经仲裁庭许可,可以向鉴定人提问。

仲裁实践中,各仲裁机构的仲裁规则中对鉴定作出了具体的规定。如《西

---

〔2〕 何家弘主编:《电子证据法研究》,法律出版社2002年版,第5页。

安仲裁委员会仲裁规则》(2008 年 2 月 1 日起实行)第 33 条规定:当事人申请鉴定且经仲裁庭同意的,或者仲裁庭认为需要鉴定的,由仲裁庭通知当事人在仲裁庭限定的期限内共同选定鉴定机构。当事人在期限内不能达成一致意见的,由仲裁委员会指定鉴定机构。当事人应当向鉴定机构提供或者出示鉴定所需的相关资料,当事人拒绝提供或出示的,应当承当由此造成的不利后果。

《北京仲裁委员会仲裁规则》(2015 年 4 月 1 日起施行)第 34 条对鉴定作出了以下规定:"(一)当事人申请鉴定且仲裁庭同意,或者当事人虽未申请鉴定但仲裁庭认为需要鉴定的,可以通知当事人在仲裁庭规定的期限内共同选定鉴定人。当事人不能达成一致意见的,由仲裁庭指定鉴定人。(二)当事人应当按照约定或者仲裁庭确定的比例预交鉴定费用。不预交的,仲裁庭有权决定不进行相关鉴定。(三)仲裁庭有权要求当事人,而且当事人也有义务向鉴定人提供或出示鉴定所需的任何文件、数据、财产或其他物品。当事人与鉴定人之间就鉴定所需的文件、资料、财产或其他物品是否与案件有关有争议的,由仲裁庭作出决定。(四)鉴定人应当提出书面鉴定意见,鉴定意见的副本,应当送交当事人。当事人有权对鉴定意见发表意见。(五)仲裁庭认为必要或者根据当事人的请求,可以通知鉴定人参加开庭。当事人经仲裁庭许可,可以就鉴定意见的有关事项向鉴定人提问。(六)鉴定期间不计算在本规则第四十七条、第五十八条及第六十八条规定的期限内。"

《上海仲裁委员会仲裁规则》(2013 年 1 月 1 日起施行)第 41 条对鉴定的规定如下:"当事人申请鉴定且经仲裁庭同意,或者当事人未申请鉴定但仲裁庭认为需要鉴定的,应当提交相应的法定鉴定机构鉴定,未有明确法定鉴定机构的,可以通知双方当事人在规定的期限内共同选定鉴定机构或者鉴定人。当事人不能达成一致的,由仲裁庭指定鉴定机构或者鉴定人。当事人应当按照仲裁庭的决定在规定的期限内预缴鉴定费。鉴定费的最终承担,由仲裁庭在裁决时作出决定。鉴定机构既可以是中国机构,也可以是外国机构;鉴定人可以是中国专家,也可以是外国专家。鉴定报告的副本,应当在开庭前送交双方当事人。当事人可以对鉴定报告提出书面意见。当事人申请并经仲裁庭同意,鉴定人应当出庭接受当事人质询。鉴定人确因特殊原因无法出庭的,经仲裁庭同意,可以书面答复当事人的质询。鉴定人出庭所需费用由提出申请的一方当事人先行支付。对需要鉴定事项负有举证责任的当事人,在规定的期限内未预缴鉴定费或者在规定的期限内应提供而未提供与鉴定有关的文件、资料和其他物品致鉴定不能进行的,应当承担举证不能的后果。”

(八)勘验笔录

勘验笔录,是指在仲裁活动中,为了查明案件的事实,仲裁机构或仲裁庭指派专门人员,对与案件有关的现场和物品进行查验、拍照、测量后的如实记录。

仲裁实践中的具体做法是:当事人申请对物证或现场进行勘验并经仲裁庭同意的,或者仲裁庭认为需要进行勘验的,由仲裁庭组织勘验。仲裁庭组织勘验,应当通知当事人到场,一方或者双方当事人未到场的,不影响勘验的进行。仲裁庭应当对勘验的情况和结果制作笔录,由勘验人员、当事人和被邀请参加的人员签名。勘验笔录应当送交当事人。根据当事人或者仲裁庭的要求,勘验人应当参加仲裁庭审活动。[3]

第二节 举证责任

根据《仲裁法》第43条第1款的规定,当事人应当对自己的主张提供证据。该规定确立了仲裁举证责任的一般原则,即“谁主张,谁举证”。此外,最高人民法院《关于民事诉讼证据的若干规定》也适用于仲裁案件。

一、举证责任的含义

举证责任有双重含义,即行为意义上的举证责任和结果意义上的举证责任。

所谓行为意义上的举证责任,是指在仲裁活动中,当事人应当对其主张的事实提供证据加以证明。比如,一方当事人主张对方违约,就需要对对方违约的事实提供证据加以证明。

所谓结果意义上的举证责任,是指在仲裁活动中,当事人因举证不能或者举证不足而致使案件事实真伪不明时,主张该事实的当事人应承担由此产生的不利的仲裁后果。如一方当事人主张对方当事人违约,但没有证据或证据不足

---

〔3〕《西安仲裁委员会仲裁规则》(2008年2月1日起实施)第34条规定。

以证明违约的事实,则要承担败诉的后果。

二、仲裁中举证责任的原则

(一)举证责任的一般原则

仲裁实行"谁主张,谁举证",这是仲裁举证的一般原则。具体而言,是指当事人对自己提出的仲裁请求所依据的事实或者反驳对方的请求所依据的事实,有责任提供证据加以证明。没有证据或者证据不足以证明当事人的请求成立的,由负有举证责任的一方当事人承担不利的仲裁后果。

在举证责任的规定上,我们借鉴了罗森贝克的法律要件分类说的观点。该学说是一种比较成熟的举证责任分配理论,在许多国家居于通说的地位,在我国也有一定的理论基础和实践基础。实践中,许多审判人员包括仲裁员,都自觉不自觉地运用该学说进行举证责任的分配。即要求主张权利或者法律关系存在的一方当事人,对权利或者法律关系存在的事实进行举证,要求否定一方对权利或者法律关系不存在的事实进行举证。实践中,也可参考《民诉法解释》第 91 条的规定:"人民法院应当依照下列原则确定举证证明责任的承担,但法律另有规定的除外:(一)主张法律关系存在的当事人,应当对产生该法律关系的基本事实承担举证证明责任;(二)主张法律关系变更、消灭或者权利受到妨害的当事人,应当对该法律关系的变更、消灭或者权利受到妨害的基本事实承担举证证明责任。"

另外,《民诉法解释》第 93 条关于免证事实的规定,也适用于仲裁案件,即"下列事实,当事人无须举证证明:(一)自然规律以及定理、定律;(二)众所周知的事实;(三)根据法律规定推定的事实;(四)根据已知的事实和日常生活经验法则推定出的另一事实;(五)已为人民法院发生法律效力的裁判所确认的事实;(六)已为仲裁机构的生效裁决所确认的事实;(七)已为有效公证文书所证明的事实。前款第二项至第四项规定的事实,当事人有相反证据足以反驳的除外;第五项至第七项规定的事实,当事人有相反证据足以推翻的除外"。

(二)举证责任的特殊原则

举证责任的特殊原则,即在法律规定的特殊类型案件中实行举证责任倒置。根据《民事诉讼法》和最高人民法院《关于民事诉讼证据的若干规定》中的规定,实行举证责任倒置的案件有下列八种:

1. 因新产品制造方法发明专利引起的专利侵权诉讼,由制造同样产品的单位或者个人对其产品制造方法不同于专利产品的制造方法承担举证责任。

2. 高度危险作业致人损害的侵权诉讼,由加害人就受害人故意造成损失的事实承担举证责任。

3. 因环境污染引起的损害赔偿诉讼,由加害人就法律规定的免责事由及其行为与损害结果之间不存在因果关系承担举证责任。

4. 建筑物或者其他设施以及建筑物上的搁置物、悬挂物发生倒塌、脱落、坠落致人损害的侵权诉讼,由所有人或者管理人对其无过错承担举证责任。

5. 饲养动物致人损害的侵权诉讼,由动物饲养人或者管理人就受害人有过错或者第三人有过错承担举证责任。

6. 因缺陷产品致人损害的侵权诉讼,由产品的生产者就法律规定的免责事由承担举证责任。

7. 因共同危险行为致人损害的侵权诉讼,由实施危险行为的人就其行为与损害结果之间不存在因果关系承担举证责任。

8. 因医疗行为引起的侵权诉讼,由医疗机构就医疗行为与损害结果之间不存在因果关系及不存在医疗过错承担举证责任。

关于医疗纠纷举证责任的分配方式,我国大致经历了三个阶段:第一阶段,2002 年 3 月 1 日之前的"谁主张,谁举证"阶段;第二阶段,2002 年 4 月 1 日《证据规定》施行以后至 2010 年 6 月 30 日以前的"举证责任倒置"阶段,医方就医疗行为没有过错及没有因果关系进行举证;第三阶段,2010 年 7 月 1 日侵权责任法施行以后,医疗纠纷举证责任实行区分类型确定举证责任的制度,一般由患者证明医方存在过错,医方在特定情况下就医疗行为没有过错进行举证。

此外,有关法律对侵权案件的举证责任有特殊规定的,从其规定。

上述关于举证责任倒置的规定,适用于仲裁案件。

(三)合同争议的举证责任

根据《证据规定》第 5 条的规定,在合同纠纷案件中,主张合同关系成立并生效的一方当事人对合同订立和生效的事实承担举证责任;主张合同关系变更、解除、终止、撤销的一方当事人对引起合同变动的事实承当举证责任。对合同是否履行发生争议的,由负履行义务的当事人承担举证责任;对代理权发生争议的,由主张有代理权的一方当事人承担举证责任。

(四)法律没有明确规定的案件的举证责任

根据《证据规定》第7条的规定,在法律没有具体规定,依本规定及其他司法解释无法确定举证责任的负担时,可以根据公平原则和诚实信用原则,综合当事人的举证能力等因素确定举证责任的承担。

第三节　证据的收集、调查、保全、审查及判断

一、仲裁证据的收集与调查

仲裁证据的收集,是指在当事人或者仲裁庭根据案件的需要,依照法定的程序,发现和提取证据的活动。

仲裁证据的调查,是指仲裁庭认为有必要调查的证据,依照法定的程序予以提取、固定的活动。

对于当事人而言,收集、提交证据,是其履行举证责任的重要方式;对于仲裁庭而言,收集、调查必要的证据,则能更好地实现仲裁的目的。

(一)仲裁证据提交的期限

根据举证责任的要求,当事人对自己的主张承担举证证明的责任,否则要承担不利的仲裁后果。当事人举证应当在多长时间内完成,是否需要规定举证的期限,这个问题在仲裁理论和实践中一直存在争议。根据最高人民法院的《证据规定》,民事诉讼当事人的举证期限不得少于30日,一般是由法院根据案件的具体情况为当事人指定举证的期限,但在具体操作过程中并没有达到法定的效果。

仲裁法没有直接规定举证期限,根据最高人民法院《证据规定》的内容,各仲裁机构在其仲裁规则中有不同的规定。

如《北京仲裁委员会仲裁规则》第32条对证据提交作出了如下规定:"(一)当事人对自己的主张承担举证责任。(二)仲裁庭有权要求当事人在一定期限内提交证据材料,当事人应当在要求的期限内提交;逾期提交的,仲裁庭有权拒绝接受。当事人另有约定或者仲裁庭认为有必要接受的除外。(三)当

事人未能在规定的期限内提交证据，或者虽提交证据但不能证明其主张的，负有举证责任的当事人承担因此产生的不利后果。（四）当事人对自己提交的证据材料应当装订，标明序号和页码，并附证据清单，简要写明证据材料的名称、证明对象，签名盖章并注明提交日期。（五）一方当事人对另一方当事人提交的复制品、照片、副本、节录本的真实性没有表示异议，可以视为与原件或者原物一致。（六）除非当事人另有约定或者本规则另有规定，提交的外文证据材料和书面文件应当附有中文译本。仲裁庭认为必要时，可以要求当事人提供其他语言的译本。”

《西安仲裁委员会仲裁规则》第 29 条规定：“当事人应当自收到受理通知书或参加仲裁通知书之日起 20 日内提交证据材料。当事人在上述举证期限内提交证据材料确有困难的，可以在期限届满 7 日前书面申请延长举证期限；是否准许，由仲裁庭决定。当事人没有申请延期或者在延期届满以后提交的证据材料是否接收，由仲裁庭决定。”

当事人向仲裁庭提交证据的情况包括两种：一是主动提交；二是应仲裁庭的要求提交。

在仲裁实践中，针对有些当事人不了解法律的规定，也不知道自己负有举证的责任，更不知道该向仲裁庭提交哪些证据的实际情况，仲裁机构备有举证须知等文件，以引导当事人合理举证。通常是在仲裁机构受理案件后，向当事人送达举证须知，告知当事人在指定的期限内提交证据以及不提交证据的后果。这样做的好处是：一是有利于确保当事人认真履行其举证的责任；二是有利于仲裁庭能够及时准确地作出裁决。

（二）仲裁庭收集调查证据的范围

我国《仲裁法》第 43 条第 2 款规定，“仲裁庭认为有必要收集的证据，可以自行收集。”这实际上是一条弹性极大的自由裁量权规范，因为法律并没有明确在哪些情况下的证据是属于仲裁庭有必要收集的。

在仲裁活动中，首先，应当强调当事人的举证责任。其次，仲裁庭的主要责任是审查核实证据，只有仲裁庭认为有必要时，才会自行收集。仲裁庭通常在下列情况下可考虑主动收集证据：(1) 当事人各自向仲裁庭提供的证据相互对立，而根据已有的证据仲裁庭又无法作出判断。(2) 有些关键性的证据，当事人没有提交，或者当事人知晓线索，但是由于客观原因无法收集。例如有些文件或统计资料掌握在有关政府部门或金融机构手中,这些材料又不能交给当事人,只能由仲裁庭通过一定的途径去收集。(3)专门性的问题,仲裁庭需要交由当事人约定的或仲裁庭指定的鉴定机构或鉴定人进行鉴定。[4]

对于仲裁庭自行收集证据,仲裁机构的仲裁规则中均有规定。如《北京仲裁委员会仲裁规则》第33条关于"仲裁庭自行调查事实、收集证据"规定:(1)当事人申请且仲裁庭认为必要,或者当事人虽未申请,但仲裁庭根据案件审理情况认为必要时,仲裁庭可以自行调查事实、收集证据。仲裁庭调查事实、收集证据时,认为有必要通知当事人到场的,应当及时通知。经通知,当事人未到场,不影响仲裁庭调查事实和收集证据。(2)仲裁庭自行收集的证据应当转交当事人,由当事人发表质证意见。

再如《西安仲裁委员会仲裁规则》第31条规定:"当事人因客观原因不能收集的证据,可以申请仲裁庭收集;仲裁庭认为有必要时,可以自行收集或进行必要的调查。仲裁庭收集的证据,应当组织当事人进行质证。"

值得注意的是,由于仲裁机构属于民间性质的机构,仲裁庭在对案件的调查取证方面有一定的局限性。因为《仲裁法》第43条第2款只规定了仲裁庭可以自行收集证据,而不像《民事诉讼法》第67条第1款的规定:"人民法院有权向有关单位和个人调查取证,有关单位和个人不得拒绝。"显然,仲裁庭的调查权比法院的调查权要弱很多。尽管如此,当仲裁庭向有关单位和个人收集证据时,有关单位和个人应当予以协助。

二、仲裁证据保全

(一)仲裁证据保全的概念及条件

仲裁证据保全,是指在仲裁活动中,证据存在可能灭失或者以后难以取得的情形时,根据仲裁当事人的申请,由法院对该证据采取强制性的保护措施。

我国《仲裁法》第46条规定:"在证据可能灭失或者以后难以取得的情况下,当事人可以申请证据保全。当事人申请证据保全的,仲裁委员会应当将当事人的申请提交证据所在地的基层人民法院。"《仲裁法》设立证据保全制度的目的,就是为了防止证据灭失或者以后难以取得,从而有效地保护能够证明仲裁案件真实情况的证据,正确及时地审理案件和解决争议。

---

[4] 黄进、宋连斌、徐前权:《仲裁法学》(第三版),中国政法大学出版社2007年版,第129～130页。

在仲裁中，当事人申请证据保全应当符合下列条件：

1. 证据有可能灭失。如能够证明案件真实情况的证人身患疾病，可能面临死亡；作为证据的物品可能变质、腐坏或者灭失等，在此情况下，若不及时采取保全措施，就无法发挥该证据的作用。

2. 证据以后难以取得。如能够证明案件真实情况的证人即将出国留学、定居，若不及时采取证据保全措施，就难以发挥该证据的作用。

3. 当事人申请保全的证据应当是决定案件性质的关键证据，若不采取保全措施，会导致对案件的正确定性和裁决。

4. 仲裁证据保全应当由当事人向仲裁机构提出书面的申请。

如《北京仲裁委员会仲裁规则》第 16 条关于“仲裁保全”的规定：“（一）一方当事人因另一方当事人的行为或者其他原因，可能使裁决难以执行或者造成当事人其他损害的，可以提出申请，要求对另一方当事人的财产进行保全、责令其作出一定行为或者禁止其作出一定行为。（二）证据可能灭失或者以后难以取得的情况下，当事人可以提出证据保全申请。（三）当事人提出上述申请的，本会将当事人的申请提交至有管辖权的法院。（四）因情况紧急，不立即申请保全将会使其合法权益受到难以弥补的损害或者证据可能灭失或以后难以取得的情况下，当事人可以在申请仲裁前提出上述申请。”

按照仲裁法及仲裁规则的有关规定，证据保全须由当事人向仲裁机构提出申请，仲裁机构无权擅自决定对证据进行保全。当事人也不能直接向法院提出证据保全的申请，如果当事人直接向法院提出申请的，人民法院不予受理。

（二）仲裁证据保全程序

在仲裁过程中，当事人申请证据保全的，按照下列程序进行：

1. 当事人向仲裁机构提交证据保全申请书。申请书应写明下列事项：需要保全的证据内容，证据及证人所在地；需要保全的证据与案件的关联性；采取证据保全措施的理由。

2. 仲裁机构收到当事人的申请书后，将申请书提交给证据所在地的基层人民法院。

3. 法院收到申请书后，应及时进行审查，认为有必要保全的，作出证据保全的裁定。裁定中应明确：在何时、何地、以何种方法保全何种证据，存卷保管，以便仲裁庭调查使用。如果法院审查认为当事人的申请不符合证据保全的条件，则裁定驳回并说明理由，同时通知仲裁机构和当事人。

4. 采取保全措施。人民法院作出证据保全的裁定后，应当及时采取保全措施并通知仲裁机构和当事人。人民法院进行证据保全时，可以要求当事人或其诉讼代理人到场。[5]

此外，有关证据保全的其他事项，参照我国《民事诉讼法》的相关规定。

三、仲裁证据的审查与判断

在仲裁程序中，仲裁庭只有对仲裁证据进行严格的审查和判断后，才能对案件的事实予以确认，才能作出公正的裁决。

（一）审查判断证据的含义

对证据的审查和判断是既有区别又有联系的两个内容，即审查核实证据和判断认定证据。审查核实证据，是指仲裁庭在审理案件的过程中，对所有证据进行审查、鉴别、核实，以确定证据的真伪及合法性的一种活动。判断认定证据，是指仲裁庭依法对所有证据的证明力进行推断，确认证据的价值，从而对证据作出合理的认知以形成定案依据的一种活动。

审查证据和判断证据的主要区别是：（1）对证据的审查核实，决定着证据的取舍，其实质是排除证据材料自身、证据材料之间以及证据材料与待证事实之间的矛盾，是对证据客观性和合法性的判定。而判断认定证据的实质在于解决证据的证明力问题。（2）仲裁庭审查核实证据主要是在庭审阶段进行，当事人及仲裁参与人均参与该项活动。而判断认定证据则是仲裁庭人员独立思维的认识过程。

在仲裁活动中，审查证据和判断证据密不可分。只有经过审查核实的证据，才能进一步判断其证明力的有无及大小，才能决定其能否作为仲裁庭判断事实和裁决案件的依据。也就是说，审查核实证据的目的是确定证据的证明力；而对证据证明力的判断，又必须以审查核实的证据为基础。二者统一于仲裁庭认定案件事实的过程中。

（二）审查判断证据的标准

我国现行立法没有明确规定审查判断证据的标准。长期以来，司法实践

---

〔5〕 乔欣：《仲裁法学》，清华大学出版社2008年版，第121～122页。

中,将“客观真实”作为审查判断证据的标准。但要达到这一标准对很多案件来说是难以实现的。第一,我们无法将真实的情况与裁决认定的事实完全对应起来。案件的事实总是发生于争议和仲裁之前,不能再现原来的情形,只能通过证据规则、逻辑推理和日常生活经验,对案件事实是否符合实体法和程序法规定进行认定。第二,由于当事人保留证据的意识、收集证据的能力以及仲裁员认识的差异,加之举证期限、审限等因素的影响,都有可能使仲裁认定的事实偏离客观事实。基于上述原因,将“客观真实”作为审查判断证据的标准是不合实际的。

经过司法改革的探索,法学界形成了共识,即用“法律真实”代替“客观真实”。法律真实就是运用证据认定的案件事实达到法律所要求的程度,即可认为该事实成立。反之该事实不成立。如最高人民法院《证据规定》第 72 条规定:“一方当事人提出的证据,另一方当事人认可或者提出的相反证据不足以反驳的,人民法院可以确认其证明力。一方当事人提出的证据,另一方当事人有异议并提出反驳证据,对方当事人对反驳证据认可的,可以确认反驳证据的证明力。”第 73 条规定:“双方当事人对同一事实分别举出相反的证据,但都没有足够的依据否定对方证据的,人民法院应当结合案件情况,判断一方提供证据的证明力是否明显大于另一方提供证据的证明力,并对证明力较大的证据予以确认。因证据的证明力无法判断导致争议事实难以认定的,人民法院应当依据举证责任分配的规则作出裁判。”

显然,有关“法律真实”的标准,已包含在最高人民法院的司法解释中,并在司法活动和仲裁活动中得以具体实施。

值得注意的是,法律真实与客观真实并非对立的关系。客观真实是司法最高的境界,应当成为法院和仲裁机构追求的最高目标。虽然在具体案件中,审查判断证据只能到达法律真实,但仲裁庭应当尽量追求法律真实与客观真实的一致性。

(三)审查判断证据的方法

审查判断证据是仲裁活动的关键环节,也是仲裁员分析能力与业务能力的集中表现。仲裁庭必须对当事人收集提交的证据以及仲裁庭自行调查收集的证据,进行审查和作出判断,审查判断的方法主要包括对单个证据的审查认定和综合若干证据进行审查认定。

按照最高人民法院《证据规定》的要求,对单个证据可以从以下几个方面进行审查:(1)证据是否原件、原物,复印件、复制品是否与原件、原物相符;(2)证据与本案事实是否相关;(3)证据的形式和来源是否符合法律规定;(4)证据的内容是否真实;(5)证人或者提供证据的人,与当事人有无利害关系。

但有时候仅对单个证据进行审查,无法或难以认定案件的事实,必须将若干证据综合在一起,通过比较、对照、分析确定它们能否成为定案的事实依据。对案件的全部证据还应当进行综合审查判断,即应当从各证据与案件事实的关联程度、证据与证据之间的联系等方面进行审查和判断。[6]

总之,只有遵循法律的原则和规定,对证据进行全面的、科学的审查和判断,才能正确地认定案件的事实,才能正确地作出裁决。

司法考试试题

多项选择题

甲县的佳华公司与乙县的亿龙公司订立的烟叶买卖合同中约定,如果因为合同履行发生争议,应提交A仲裁委员会仲裁。佳华公司交货后,亿龙公司认为烟叶质量与约定不符,且正在霉变,遂准备提起仲裁,并对烟叶进行证据保全。关于本案的证据保全,下列哪些表述是正确的?(2014年)

A. 在仲裁程序启动前,亿龙公司可直接向甲县法院申请证据保全

B. 在仲裁程序启动后,亿龙公司既可直接向甲县法院申请证据保全,也可向A仲裁委员会申请证据保全

C. 法院根据亿龙公司申请采取证据保全措施时,可要求其提供担保

D. A仲裁委员会收到保全申请后,应提交给烟叶所在地的中级法院

【答案】 AC

【考点】 仲裁中的证据保全。

【解析】 根据《民事诉讼法》第81条第2款的规定,因情况紧急,在证据可能灭失或者以后难以取得的情况下,利害关系人可以在提起诉讼或者申请仲裁前向证据所在地、被申请人住所地或者对案件有管辖权的人民法院申请保全证据。本案中,在仲裁程序启动前,亿龙公司可直接向甲县法院申请证据保全。所以,A项正确。

根据《民事诉讼法》第100条第2款的规定,人民法院采取保全措施,可以责令申请人提供担保,申请人不提供担保的,裁定驳回申请。本案中,法院根据亿龙公司申请采取证据保全措施时,可要求其提供担保。所以,C项正确。

---

〔6〕 江伟主编:《民事诉讼法学》,高等教育出版社2005年版,第199页。

第八章 仲裁程序

重点提示

仲裁程序是仲裁活动的保障,是解决仲裁案件的步骤和方式。本章应重点把握的内容包括:仲裁当事人与代理人的权利与义务;仲裁申请的条件、仲裁答辩与反请求;仲裁财产保全条件和程序;仲裁员回避的情形和仲裁员的违法责任;仲裁审理的原则及程序;仲裁裁决的效力等。还应了解仲裁调解和仲裁裁决的关系以及仲裁裁决的种类。

引导案例

甲机械进出口公司(以下简称甲公司)和乙机械铸造厂(以下简称乙厂)于2012年3月订立了一份精密配件买卖合同。合同约定:乙厂向甲公司提供用于出口的精密仪器配件3万只,并约定了仲裁条款:因本合同所发生的纠纷,由双方当事人协商解决,协商不成,由A仲裁委员会仲裁。后双方在履行合同的过程中因为精密配件的质量问题发生纠纷。甲公司向A仲裁委员会提出了仲裁申请,要求乙厂赔偿由于其所供应的货物不符合合同约定而给自己造成的损失。A仲裁委员会受理了此案。在仲裁的过程中,双方当事人自行和解,订立了和解协议。甲公司随即向A仲裁委员会申请撤回仲裁申请,A仲裁委员会决定同意撤回。但乙厂反悔,拒不履行和解协议,并且将甲公司作为被告向人民法院提起了诉讼。甲公司进行了应诉答辩并且参与了庭审。庭审结束前,甲公司向法院提出:双方当事人之间存在有效的仲裁协议,人民法院无权受理该案,人民法院应当中止诉讼程序。对此,法院驳回了甲公司的请求。法院做出判决后,甲公司又向A仲裁委员会提出了仲裁申请。

1. 在仲裁的过程中,甲公司和乙厂订立的和解协议是否具有强制执行效力?

2. 在乙厂反悔拒不履行和解协议的情况下,甲公司可以采用何种方式来维护自己的权益？

3. 乙厂能否向法院起诉？为什么？

4. 对于甲机公司在庭审结束前提出的要求，法院的处理是否正确？为什么？

5. 对于甲机公司在法院做出判决后提出的仲裁申请，仲裁委员会应当如何处理？为什么？

6. 假设本案中甲公司没有向仲裁委员会申请撤回仲裁申请，而是由仲裁庭依据双方达成的和解协议的内容做出了仲裁裁决，此时和解协议的内容是否具有可强制执行的效力？该仲裁裁决做出后，双方当事人可否再向人民法院起诉？

第一节　仲裁当事人和代理人

一、仲裁当事人的概念及特征

仲裁当事人，是指因民商事权益发生争议，根据双方达成的仲裁协议，以自己的名义参加仲裁活动，并受仲裁裁决约束的公民、法人和其他组织。在具体的仲裁案件中，仲裁当事人指的是申请人和被申请人。

仲裁当事人的基本特征是：

1. 仲裁当事人的法律地位是平等的。这是由仲裁案件的性质决定的。根据《仲裁法》的规定，能够申请仲裁的案件都是民商事争议案件，而民商事法律关系最重要的一个特点，就是双方的法律地位必须是平等的，这一特点也决定了他们在解决争议过程中的地位平等。因此，在仲裁活动中，仲裁当事人双方的法律地位是平等。

2. 仲裁当事人必须是以自己的名义进行仲裁。仲裁当事人无论是申请人还是被申请人，都要以自己的名义进行仲裁活动。如果以他人的名义进行仲裁，则只能是仲裁代理人而不是仲裁当事人。

3. 仲裁当事人以订立有效仲裁协议为前提。依据有效的仲裁协议提请仲裁或参加仲裁，是法律赋予仲裁当事人的权利。因而说有效仲裁协议是仲裁的前提和基础。没有仲裁协议，当事人则不能申请仲裁；仲裁协议无效，仲裁也无法进行。仲裁程序不发生也就无所谓仲裁当事人。

4. 仲裁当事人提请仲裁的事项须符合法律规定。不是所有的争议都可以仲裁。当事人提请仲裁的事项必须符合仲裁法的规定,属于仲裁范围内的事项。也就是说,当事人提请仲裁的事项若不符合法律规定,就不能引起仲裁程序的发生,也就不会有仲裁当事人之存在。

5. 仲裁当事人受仲裁裁决的拘束。依照法律的规定,仲裁庭对案件作出的裁决具有法律效力,当事人必须履行,这是仲裁当事人的义务。因此,仲裁庭根据双方当事人的仲裁协议作出的裁决,对仲裁当事人均有法律上的约束力。

二、仲裁当事人的称谓

仲裁当事人在不同的程序中,有不同的称谓。不同的称谓表明当事人不同的身份和不同的权利义务。在仲裁审理程序中,仲裁当事人通常被称为申请人和被申请人;在申请撤销仲裁裁决的程序中,仲裁当事人被称为申请撤销人和被申请撤销人;在执行程序中,仲裁当事人被称为申请执行人和被申请执行人等。

仲裁当事人不同于仲裁参加人和仲裁参与人。仲裁参加人包括仲裁当事人和仲裁代理人;仲裁参与人包括仲裁参加人(仲裁当事人、仲裁代理人)、证人、鉴定人、勘验人、翻译人员等。关于仲裁中是否存在第三人的问题,我国《仲裁法》和大多数国家的仲裁法一样没有规定。仲裁程序中是否像民事诉讼程序一样有第三人,一直存在争议。但是有一点是明确的,仲裁的当事人必须有仲裁协议,没有仲裁协议就不是仲裁的当事人;仲裁庭无权追加第三人为当事人,这是缺乏法律依据的。

三、仲裁当事人的权利和义务

(一)仲裁当事人的权利

在仲裁中,当事人的权利是仲裁法赋予的,是当事人用以维护其合法权益的法律手段。根据《仲裁法》的规定,当事人在仲裁中主要享有以下权利:

1. 请求仲裁保护权。即当事人有申请仲裁的权利和反驳对方当事人请求的权利,有增加、变更仲裁请求的权利,也有提出反请求的权利。

2. 委托代理权。即当事人、法定代理人有权委托律师或其他代理人代为进行仲裁活动。

3. 选择仲裁员的权利。即在仲裁中，仲裁庭由 3 名仲裁员组成的，当事人有权各自选择一名或委托仲裁委员会主任指定一名仲裁员，共同选定或者共同委托仲裁委员会主任指定第三名仲裁员，即首席仲裁员。仲裁庭由一名仲裁员组成的，当事人有权共同选定或者共同委托仲裁委员会主任指定一名仲裁员为独任仲裁员。

4. 申请回避的权利。为了保证仲裁的公正性，仲裁当事人有权申请具有法定回避情形的仲裁员和其他人员回避，即有权要求仲裁机构更换仲裁员及其他有利害关系的人员。

5. 收集、提供证据的权利。即当事人为了维护自己的合法权利，使仲裁委员会作出正确的裁决，任何一方当事人均有权依法收集证据和向仲裁机构提交证据。

6. 质证权。即当事人有权对证据质证，以维护自己的合法权利。

7. 辩论权。即当事人有权以口头或者书面的方式，与对方当事人就案件的实体和程序等问题进行辩论。

8. 请求调解的权利。即当事人有权请求仲裁庭对双方的争议进行调解。

9. 和解权。即当事人在仲裁程序进行的过程中，有权选择自行和解。只要当事人达成的和解协议不违反国家法律的规定，仲裁庭应当允许。

10. 申请撤销仲裁裁决的权利。即当事人认为仲裁裁决具有法定可撤销的情形时，在法定期限内，有权向法院申请撤销仲裁裁决。

11. 申请执行仲裁裁决的权利。即当事人有权就生效的仲裁裁决申请法院强制执行。

以上是仲裁当事人在仲裁中，依法享有的权利，除此之外当事人还有一些权利，如查阅复印仲裁资料、阅读庭审笔录、申请对专门问题的鉴定等。

(二)仲裁当事人的义务

仲裁当事人依法享有权利的同时，还应当承担、履行相应的义务。仲裁当事人有义务维护仲裁程序、保证仲裁活动有序的进行。依照《仲裁法》及仲裁规则的规定，当事人在仲裁活动中应承担下列义务：

1. 依法行使仲裁权利。仲裁中的权利是用来保护当事人合法权益的，如果滥用，不仅达不到保护自己合法权益的目的，还会给对方当事人的合法权益造成损害，影响仲裁程序的顺利进行。

2. 遵守仲裁程序,维护仲裁秩序。良好的仲裁环境和秩序需要大家共同维护,同时,良好的仲裁秩序有利于仲裁程序的顺利开展,因此当事人应当自觉遵守仲裁庭的纪律,保障仲裁的秩序。

3. 自觉履行生效的裁决书和调解书。生效的仲裁裁决书和调解书对当事人具有法律上的约束力,当事人应当自觉履行。否则,一方当事人不履行生效裁决书或者调解书中的义务,另一方当事人有权申请法院强制执行。

仲裁当事人的权利和义务是对立统一的关系。在仲裁过程中,只有正确行使权利,履行义务,才能保证仲裁程序的顺利进行,才能实现当事人的合法权益。因此,仲裁机构及仲裁庭既要尊重当事人的仲裁权利,又要监督当事人防止滥用仲裁权利和正确履行仲裁义务。

四、仲裁代理人

(一)仲裁代理人的概念及特征

根据法律的规定或者当事人的授权委托,在仲裁程序中以仲裁当事人的名义进行的仲裁活动,称为仲裁代理。代理当事人进行仲裁活动的权限,称为仲裁代理权。行使仲裁代理权的人,则称为仲裁代理人。

仲裁代理是在仲裁程序中维护被代理人的合法权益,保证仲裁程序顺利进行的一项仲裁制度。仲裁代理人有以下特征:

1. 仲裁代理人必须以被代理的仲裁当事人的名义参加仲裁活动。仲裁代理人对当事人所争议的法律关系,并不享有民事权利,也不承担民事义务,所以不能以自己的名义进行仲裁活动,只能以被代理的当事人的名义参加仲裁活动。

2. 仲裁代理人参加仲裁的目的,是维护被代理的仲裁当事人的合法权益。因此,为了更好地履行代理职责,仲裁代理人只能代理一方当事人,而不能在同一个案件中代理双方当事人。

3. 仲裁代理人必须在代理权限范围内进行仲裁活动。代理权限是指仲裁代理人在仲裁程序中能够行使代理权的范围。仲裁代理人只有依法行使代理权,其代理才对当事人有效。仲裁代理人越权代理所产生的后果,由仲裁代理人自行承担。

4. 仲裁代理人进行仲裁的后果,由被代理的仲裁当事人承担。仲裁代理人在代理权限内所为的一切行为,对被代理的仲裁当事人有效,由此而产生的法律后果由仲裁当事人承担。

（二）仲裁代理人的种类及权限

仲裁代理人基于代理权限的来源不同可分为两种：即法定仲裁代理人和委托仲裁代理人。

1. 法定仲裁代理人

法定仲裁代理，是基于法律的规定、当事人的亲权或监护权而产生的一种代理。法定仲裁代理的对象是无民事行为能力人和限制民事行为能力人。

法定仲裁代理人，就是指根据法律规定，代理无民事行为能力人和限制民事行为能力人进行仲裁活动的人。在仲裁中，法定代理人的代理权限由法律规定，非常广泛，其法律地位近似于其所代理的当事人。

2. 委托仲裁代理人

委托仲裁代理，是基于仲裁当事人、仲裁法定代理人的委托而产生的一种代理。我国《仲裁法》第29条规定："当事人、法定代理人可以委托律师和其他代理人进行仲裁活动。委托律师和其他代理人进行仲裁活动的，应当向仲裁委员会提交授权委托书。"

委托仲裁代理人，就是指根据仲裁当事人、仲裁法定代理人的授权委托，代理当事人进行仲裁活动的人。基于当事人的不同授权，委托仲裁代理分为两种：即一般代理和特别代理。一般代理的事项与特别代理的事项不同，一般代理人的权限小于特别代理人的代理权限，特别代理委托书中必须明确特别代理的事项。有关委托仲裁代理人的权限和人数，《仲裁法》没有具体规定。实践中，各仲裁机构的仲裁规则有自己的规定，如下表所示：

名称	内　容
《北京仲裁委员会仲裁规则》	第17条　代理人 当事人委托代理人进行仲裁活动的，应当向本会提交载明具体委托事项和权限的授权委托书。
《上海仲裁委员会仲裁规则》	第22条　委托代理 当事人可以委托代理人参加仲裁活动。委托代理人参加仲裁活动的，应当向仲裁委员会提交授权委托书及委托代理人的身份证明文件。授权委托书应当载明委托代理的事项和权限。

续表

名称	内　　容
《广州仲裁委员会仲裁规则》	第 27 条　委托代理人 (1)当事人或者其法定代理人可以委托一至三人作为仲裁代理人。经当事人申请,仲裁庭同意的,可以适当增加代理人的人数。 (2)代理人人数超过两名的,应当向仲裁庭确定一名代理人作为主要发言人。 (3)当事人委托代理人进行仲裁活动的,应当向本会提交载明代理事项和权限的授权委托书以及委托代理人的身份证明文件。
《西安仲裁委员会仲裁规则》	第 17 条　仲裁代理人 当事人可以委托 1—3 名仲裁代理人,仲裁代理人超过 3 名的须经本会同意。 当事人委托仲裁代理人,应当向本会提交授权委托书。授权委托书应当由委托人签字或盖章,并载明具体明确的代理事项和代理权限。

(三)仲裁中的律师代理

律师职业,就是为当事人提供专业的法律服务,维护当事人的合法权益和法律的正确实施,维护社会的公平和正义。在仲裁实践中,仲裁当事人委托律师代理进行仲裁活动,是比较普遍的做法。律师代理仲裁案件应当履行以下职责:

1. 律师在接受申请人委托时,应当做好以下工作:

(1)审查当事人之间是否订有仲裁协议。如果发现当事人之间没有订立仲裁协议,或者订立的仲裁协议不完备,应当征得当事人同意,协助其订立和完善仲裁协议。

(2)帮助当事人明确具体的仲裁请求、事实和理由。在仲裁中,当事人的仲裁请求是否明确合理,争议的事实是否清楚,证据是否有力,申请仲裁的理由是否充足等问题,都将决定当事人的仲裁请求能否得到仲裁庭的支持,且是实体性、决定性的因素。律师应对当事人的争议全面了解,提出合理合法的建议和判断;对当事人不合理的请求或者缺乏证据支持的请求,也应提出法律意见,帮助当事人作出正确的选择。

(3)审查当事人仲裁请求的事项,是否属于符合仲裁法的规定,是否属于仲裁委员会的受案范围。

同样的,律师在接受被申请人委托时,也要审查仲裁协议;针对申请人的请求,做好认真、充分的答辩;若对仲裁协议、仲裁管辖有异议,应及时提出;积极收集提交证据,做好开庭的各项准备工作;如果有反请求,也应提醒和帮助当事人及时提出,以维护当事人的合法权益。

2. 律师在仲裁程序中,应当协助当事人充分行使仲裁权利。

仲裁最大的特点在于仲裁当事人意思自治,包括是否申请仲裁、仲裁庭的组成、仲裁员的选择等。律师应当根据自己的专业知识,为当事人提供合理的意见和建议。应当根据案件的性质、难易程度、标的多少等具体案情,向当事人建议仲裁庭的组庭方式,从仲裁员名册中选择专业对口、能力强、公正的仲裁员等。对于附期限附条件的权利,帮助当事人正确、及时地行使,避免失权的不利后果。

3. 对于裁决错误的,律师应协助当事人申请撤销仲裁裁决或申请不予执行仲裁裁决。《仲裁法》第58条规定,当事人提出证据证明裁决有法定撤销情形之一的,可以向法院申请撤销;《仲裁法》第63条规定,被申请人提出证据证明裁决有民事诉讼法规定的不予执行仲裁裁决的情形之一的,可以申请法院不予执行。

对于上述法律规定,撤销仲裁裁决的情形和不予执行仲裁裁决的情形,都需要证据加以证明。而对此权利的正确行使,是律师擅长的法律专业问题,律师应当为当事人提供应有的法律服务,以维护法律的正确实施。

4. 当一方当事人不履行生效的仲裁裁决时,律师可协助当事人申请执行仲裁裁决。根据《仲裁法》的规定,仲裁裁决书自作出之日发生法律效力。当事人收到仲裁裁决书后,应当及时履行。一方当事人不履行义务的,另一方当事人有权申请法院强制执行。对于如何实现裁决中的权利以及不履行生效裁决的法律后果,也是律师为当事人提供法律帮助的内容。

第二节　仲裁的申请和受理

一、仲裁的申请

(一)申请仲裁的条件

仲裁的申请,是指公民、法人和其他组织,因合同争议或者其他财产权益争议,根据双方当事人签订的仲裁协议,依法提请仲裁委员会仲裁,从而维护自己合法权益的行为。

根据《仲裁法》第21条的规定,当事人申请仲裁应当符合下列条件:

1. 有仲裁协议。这是当事人申请仲裁的首要条件，是仲裁的基础。没有仲裁协议，当事人就没有申请仲裁的依据，当事人之间的争议就不能通过仲裁的方式解决。

2. 有具体的仲裁请求、事实和理由。这是当事人申请仲裁的核心内容。请求不明、事实不清、理由不足都将导致仲裁难以进行，甚至无法裁决，最终导致当事人的合法权益无法得到法律的维护。

3. 属于仲裁委员会的受理范围。这也是仲裁必备的一个条件。当事人之间的争议，必须是属于仲裁法规定的仲裁范围内的争议，超出仲裁范围的争议，仲裁委员会无权仲裁。

以上三个条件是当事人申请仲裁时必须具备的法定条件，缺一不可。

在仲裁法的基础上，根据仲裁规则的规定，当事人申请仲裁时，应向仲裁委员会提交有关的材料。如下表所示：

名称	内　　容
《北京仲裁委员会仲裁规则》	第7条第1款规定： 申请仲裁，应当提交： 1. 仲裁协议； 2. 写明下列内容的仲裁申请书： (1)申请人、被申请人的姓名或者名称、住所、邮政编码、电话号码、传真、电子邮件以及其他可能的快捷联系方式；法人或者其他组织法定代表人或主要负责人的姓名、职务、住所、邮政编码、电话号码、传真、电子邮件以及其他可能的快捷联系方式； (2)仲裁请求和所根据的事实、理由； 3. 仲裁申请所依据的证据或者其他证明文件； 4. 申请人身份证明文件。
《上海仲裁委员会仲裁规则》	第10条规定： 申请人申请仲裁时，应当提交仲裁申请书及下列材料： (1)当事人主体资格证明文件； (2)仲裁协议、合同文本及其附件； (3)相关的证据材料、证明文件。 申请人应当根据约定或本规则规定的仲裁庭组成人数和被申请人人数，提交仲裁申请书副本及前款所列的材料和文件。 申请人委托代理人提交仲裁申请书时，应当提交授权委托书及委托代理人的身份证明文件。

（二）申请仲裁的方式

《仲裁法》第22条规定："当事人申请仲裁，应当向仲裁委员会递交仲裁协议、仲裁申请书及副本。”这一规定表明：在我国，当事人申请仲裁的方式只能采用书面形式，口头申请仲裁是无效的，即口头申请仲裁不能引起仲裁程序的发生。

以书面方式申请仲裁，是国际通行的做法。不允许口头方式申请仲裁，是因为申请仲裁是当事人的一项重要权利，是关系到当事人合法利益如何得到法律保护的严肃活动。法律规定申请仲裁采用严格的书面形式，既有利于当事人更清晰无误地阐明仲裁请求、事实和理由，也有利于仲裁案件的受理和审理。

（三）仲裁申请书

仲裁申请书，是指当事人申请仲裁时，依法向仲裁委员会提交的书面请求文件。申请人向仲裁委员会提交申请书时，还应当根据被申请人的人数及仲裁庭的组成人数提交相应的副本。

根据《仲裁法》第23条的规定，仲裁申请书应载明下列事项：

1. 当事人的基本情况。包括申请人、被申请人的姓名或者名称、住所、邮政编码、电话号码、传真以及其他可能的快捷联系方式；法人或者其他组织法定代表人或主要负责人的姓名、职务、住所、邮政编码、电话号码、传真以及其他可能的快捷联系方式。

当事人由法定代理人代为仲裁的，或者委托律师、其他人代为仲裁的，还应说明法定代理人或委托代理人的基本情况。

2. 仲裁请求和所依据的事实、理由。仲裁申请书中的仲裁请求要明确、具体。请求所依据的事实和理由应实事求是，于法有据，简明概括。仲裁申请书中勿使用含混不清、模棱两可、虚拟假设的词语。

3. 证据和证据的来源、证人的姓名和住所。争议的事实是否存在，当事人的请求能否满足，都有待于证据的证明。因此，当事人在提出仲裁请求的同时，应当向仲裁委员会提供证明事实和主张成立的各种证据以及证据的来源，提供证人时，应写明证人的姓名和住址，以备查证。

另外，仲裁申请书还应写明申请书送达的仲裁委员会的名称、提交申请书的日期，申请人还应签名、盖章。

仲裁申请书的具体格式和要求，以深圳仲裁委员会的样本为例，申请人应按照如下格式打印仲裁申请书：[1]

---

〔1〕 参见深圳仲裁委员会官网：仲裁申请。

仲裁申请书

申请人：

(自然人格式)身份证号码：

(法人或其他组织格式)组织机构代码证：

住所：　　　　　　　　电话：

(法人或其他组织格式)法定代表人/负责人：　　　　　职务：

委托代理人：　　　　单位：　　　　　　　　联系电话：

被申请人：

(自然人格式)身份证号码：

(法人或其他组织格式)组织机构代码证：

住所：　　　　　　　　电话：

(法人或其他组织格式)法定代表人/负责人：　　　　　职务：

联系电话：

仲裁依据：

……

(应写明仲裁协议名称或仲裁条款所属合同名称、具体内容)

仲裁请求：

一、

二、

……

事实与理由：

……

(此部分应写明争议合同的签订情况、与仲裁请求有关的条款内容、双方履行合同的事实及依据、提出仲裁请求的合同依据及法律依据等。)

此致

深圳仲裁委员会

申请人：(签名或盖章)

年　　月　　日

应注意的事项：

（1）申请人或被申请人为两人以上的，应按照格式分列“第一申请人”、“第二申请人”或“第一被申请人”、“第二被申请人”，依此类推。

（2）申请人应提供被申请人的联系地址及联系电话，被申请人有多个联系地址或电话的，可在申请书中逐一列明，或提交送达地址确认书。

（3）申请人如提出利息、违约金之类的主张，应在仲裁请求中明确该项主张的具体起算和截止日期、计算标准，如果该项主张不是从申请仲裁之日起算，还应明确截止申请仲裁之日的暂计数额。

（4）除仲裁费外，申请人的各项给付性请求均应写明具体金额，如律师费、差旅费等。

二、仲裁的受理

仲裁的受理，是指仲裁委员会对当事人的仲裁申请，经过审查认为符合法定的条件，依法立案进行仲裁的行为。仅有当事人的仲裁申请，仲裁程序并没有真正开始，只有当事人的仲裁申请与仲裁委员会的仲裁受理相结合，才能引起仲裁程序的开始。

（一）受理仲裁申请的法律规定

我国《仲裁法》第24条规定，仲裁委员会收到仲裁申请书之日起5日内，认为符合受理条件的，应当受理，并通知当事人；认为不符合受理条件的，应当书面通知当事人不予受理，并说明理由。

仲裁法这一规定说明：

1. 仲裁委员会应当对当事人的仲裁申请予以审查后，才能决定是否受理。审查的主要内容是：当事人的仲裁申请，是否符合仲裁法规定的申请仲裁的条件、方式和要求。经过审查，仲裁委员会认为符合受理条件的，应当受理；反之则不予受理。

2. 仲裁委员会应当在法定期限内审查并作出受理或不受理的决定。根据《仲裁法》的规定，受理的期限为5日，该期限为法定期限，仲裁委员会应当严格执行。

3. 仲裁委员会对当事人的仲裁申请审查后，无论是否受理，均应通知当事人。对于决定不予受理的案件，还应当书面通知当事人并说明理由。

对于如何受理仲裁案件，仲裁机构的仲裁规则都有较具体的规定。如下表所示：

名称	内　容
《北京仲裁委员会仲裁规则》	第8条 (1)收到仲裁申请后,本会认为符合受理条件的,自当事人预交仲裁费用之日起5日内予以受理。 (2)仲裁申请不符合本规则第1条第1款规定的,当事人应当在本会规定的时间内予以补正;未补正的,视为当事人未提出仲裁申请。 (3)仲裁程序自本会受理仲裁申请之日开始。
《上海仲裁委员会仲裁规则》	第12条 仲裁委员会认为收到的仲裁申请符合受理条件的,应通知申请人预缴仲裁费。申请人预缴仲裁费后,仲裁委员会应在5日内予以受理,并向申请人发送仲裁受理通知书及附件、仲裁委员会的仲裁规则和仲裁员名册。 认为不符合受理条件的,书面通知申请人不予受理,并说明理由。 认为申请人提交的材料不全的,可以要求申请人限期补全;申请人在限期内补全材料的,视为符合受理条件;申请人逾期不补全的,视为未申请仲裁。
《西安仲裁委员会仲裁规则》	第12条 本会收到仲裁申请书后5日内进行审查并决定是否受理,认为符合受理条件的予以受理并通知当事人;认为不符合受理条件的,应当书面通知当事人,并说明理由。 本会收到仲裁申请书后,认为需要补充有关文件或资料的,可以要求申请人限期补充;申请人在期限内未补充的,本会不予受理。本会收到申请人补充的有关文件或材料之后,审查受理的期限重新计算。 本会决定受理后,申请人应当按照本会制定的收费标准和收费办法预交仲裁费用,不预交的,视为撤回仲裁申请。

从上面列出的一些仲裁机构的仲裁规则规定来看,各有特色。其共同之处是:均规定受理仲裁申请,应符合仲裁法规定的条件。此外,将预交仲裁费也作为受理案件的条件之一。

(二)仲裁受理后的准备工作

我国《仲裁法》第25条规定:"仲裁委员会受理仲裁申请后,应当在仲裁规则规定的期限内将仲裁规则和仲裁员名册送达申请人,并将仲裁申请书副本和仲裁规则、仲裁员名册送达被申请人。

被申请人收到仲裁申请书副本后,应当在仲裁规则规定的期限内向仲裁委员会提交答辩书。仲裁委员会收到答辩书后,应当在仲裁规则规定的期限内将答辩书副本送达申请人。被申请人未提交答辩书的,不影响仲裁程序的进行。"

据此，仲裁机构受理案件后，应做好以下准备工作：

1. 向当事人送达仲裁文件。仲裁委员会受理当事人的仲裁申请后，应当依法向双方当事人发送仲裁有关的文件。但何时向当事人发送相关的仲裁文件，仲裁法没有统一规定，各仲裁机构在其仲裁规则中有不同的规定。如下表所示：

名称	内　容
《北京仲裁委员会仲裁规则》	第9条 本会自受理案件之日起10日内，将受理通知、本规则和仲裁员名册发送申请人；将答辩通知连同仲裁申请书及其附件、本规则、仲裁员名册发送被申请人。
《上海仲裁委员会仲裁规则》	第13条 仲裁委员会发出仲裁受理通知书后，应在5日内向被申请人发送仲裁通知书及附件、仲裁委员会的仲裁规则和仲裁员名册，并随同发送仲裁申请书副本及其附件。
《西安仲裁委员会仲裁规则》	第13条 本会收到申请人预交的仲裁费用后5日内将仲裁受理通知书、仲裁规则和仲裁员名册等有关文件发送申请人，并将参加仲裁通知书、仲裁申请书副本和仲裁规则、仲裁员名册等有关文件发送被申请人。

2. 仲裁答辩。仲裁答辩，是指仲裁案件的被申请人，为了维护自己的合法权益，对申请人提出的仲裁请求和所依据的事实和理由，进行答复、辩解和反驳的行为。至于被申请人何时进行答辩，《仲裁法》并无统一规定。对此，各仲裁委员会的仲裁规则作出了明确的规定。

名称	内　容
《北京仲裁委员会仲裁规则》	第10条 (一)被申请人应当自收到答辩通知之日起15日内提交下列文件： 1. 写明下列内容的答辩书： (1)被申请人的姓名或者名称、住所、邮政编码、电话号码、传真电子邮件以及其他可能的快捷联系方式；法人或者其他组织法定代表人或主要负责人的姓名、职务、住所、邮政编码、电话号码、传真、电子邮件以及其他可能的快捷联系方式； (2)答辩意见所依据的证据或者其他证明文件； 2. 证据和证据来源并附清单，证人姓名和住所； 3. 被申请人身份证明文件。 (二)本会自收到答辩书之日起10日内，将答辩书及其附件发送申请人。 (三)被申请人未提交答辩书的，不影响仲裁程序的继续进行。

续表

名称	内　容
《上海仲裁委员会仲裁规则》	第18条 被申请人应当在仲裁通知书送达之日起15日内,向仲裁委员会提交答辩书及相关的材料,同时提交主体资格的证明文件。 仲裁委员会在收到被申请人提交的答辩书及相关的材料、证明文件后,应将答辩书副本及其附件发送申请人。 被申请人未提交答辩书的,不影响仲裁程序的进行。
《西安仲裁委员会仲裁规则》	第13条第2款 被申请人收到申请书副本后,应当在15日内向本会提交答辩书。本会收到答辩书后5日内将答辩书副本发送申请人。被申请人未提交答辩书的,不影响仲裁程序的进行。

三、仲裁反请求

仲裁请求是申请人的一项仲裁权利,仲裁反请求则是被申请人的一项仲裁权利。我国《仲裁法》第27条规定,申请人可以放弃或者变更仲裁请求,被申请人可以承认或者反驳仲裁请求,有权提出反请求。

仲裁反请求,是指在仲裁程序中,被申请人针对申请人的仲裁请求而提出的独立请求。被申请人提出的反请求与申请人的请求有一定的联系,但它是独立存在的。

仲裁反请求的主要特征是:

1. 反请求是针对申请人的请求提出来的,提出反请求的目的是为了抵消和吞并申请人的仲裁请求,或者使其失去意义,从而维护自己的合法权益。如在租赁合同中,申请人(出租方)提出仲裁请求,要求仲裁庭裁决被申请人(承租方)按照合同缴纳租金;而被申请人则提出仲裁反请求,要求申请人修缮房屋。

2. 仲裁法规定被申请人可以提出反请求,其目的在于简化仲裁程序。由于反请求与请求有联系,并且是针对仲裁请求提出的,两个请求出自于同一法律关系,系同一法律关系引起的争议,当事人也相同,这种情况下依法合并审理,有利于保护当事人的合法权益,也有利于争议及时、彻底得到解决。

3. 仲裁反请求是独立的请求,申请人撤回请求的,不影响反请求的成立,反请求依然存在,仲裁庭应继续审理并裁决。

《仲裁法》对反请求何时提出没有具体规定。各仲裁委员会的仲裁规则有不同的规定。如下表所示:

名称	内 容
《北京仲裁委员会仲裁规则》	第11条 (1)被申请人如有反请求,应当自收到答辩通知之日起15日内提交反请求申请书。逾期提交的,仲裁庭组成前由本会决定是否受理;仲裁庭组成后由仲裁庭决定是否受理。 (2)本会或者仲裁庭决定是否受理逾期提出的反请求时,应当考虑反请求与本请求合并审理的必要性、逾期提出的时间、是否会造成程序的不必要拖延以及其他有关因素。 (3)反请求的提出和受理参照本规则第7条和第8条的规定。 (4)自受理反请求申请之日起10日内,本会将反请求答辩通知连同反请求申请书及其附件发送申请人。 (5)申请人按照本规则第十条的规定提交答辩书。 (6)本规则对反请求的其他事项未作出规定的,参照本规则关于仲裁请求的相关规定办理。
《上海仲裁委员会仲裁规则》	第19条 被申请人有权提出反请求。 被申请人在反请求申请书中,应当写明反请求的具体请求和所根据的事实、理由,并附有关的证据材料、证明文件。 被申请人应当在仲裁通知书送达之日起15日内,向仲裁委员会提交反请求申请书。逾期提交反请求申请书的,除被反请求人同意外,不予受理。 被申请人提出反请求的仲裁事项,应当限于仲裁协议范围之内;被反请求人必须是仲裁请求案的仲裁申请人。 仲裁委员会认为收到的反请求申请符合受理条件的,应通知反请求人预缴仲裁费。反请求人预缴仲裁费后,仲裁委员会应在5日内予以受理,同时将反请求受理通知书发送反请求人,并将反请求仲裁通知书,以及反请求申请书副本及其附件发送被反请求人。 被反请求人应当在反请求仲裁通知书送达之日起10日内,向仲裁委员会提交仲裁反请求答辩书;未提交答辩书的,不影响仲裁程序的进行。 仲裁请求案与仲裁反请求案合并审理。
《广州仲裁委员会仲裁规则》	第19条 (1)被申请人有权依据同一仲裁协议提出反请求。反请求的当事人限于仲裁请求的当事人。 (2)被申请人提出反请求的,应当自收到仲裁通知之日起15日内向本会提交反请求申请书。逾期提交的,应当向本会另案申请,但反请求被申请人同意或者仲裁庭认为有必要受理的除外。 (3)反请求的提出和受理,参照本规则第14条和第15条规定办理。 (4)同一纠纷的请求和反请求应当合并审理。 (5)本会应当自受理反请求申请之日起5日内,将反请求申请书副本发送反请求被申请人。反请求被申请人应当按照本规则第十八条第1款规定向本会提交答辩书及有关材料。未提交答辩书的,不影响仲裁程序进行。 (6)本条对反请求的其他事项未作规定的,参照本规则关于仲裁请求的相关规定办理。

续表

名称	内容
《西安仲裁委员会仲裁规则》	第14条 被申请人有反请求的,应当在仲裁庭首次开庭前提出。逾期提交的,由仲裁庭决定是否受理。仲裁庭决定受理的,应当及时将有关材料转交本会。 被申请人提出反请求应当提交的材料,适用本规则第11条的规定。 本会或仲裁庭处理反请求的程序,适用本规则第12条的规定。 申请人对反请求的答辩及本会对答辩书的处理,适用本规则第13条第2款的规定。

第三节 仲裁保全

一、仲裁保全的概念和条件

仲裁保全,是指当事人申请仲裁前或仲裁案件受理后,为保证将来仲裁裁决得以实现,一方当事人向仲裁委员会提出申请,仲裁委员会将申请提交到有管辖权的法院,由法院对另一方当事人的财产或争议标的物采取强制措施的制度。我国《仲裁法》第28条规定:一方当事人因另一方当事人的行为或者其他原因,可能使裁决不能执行或者难以执行的,可以申请财产保全。《民事诉讼法》第101条规定:"利害关系人因情况紧急,不立即申请保全将会使其合法权益受到难以弥补的损害的,可以在提起诉讼或者申请仲裁前向被保全财产所在地、被申请人住所地或者对案件有管辖权的人民法院申请采取保全措施。申请人应当提供担保,不提供担保的,裁定驳回申请。人民法院接受申请后,必须在四十八小时内作出裁定;裁定采取保全措施的,应当立即开始执行。申请人在人民法院采取保全措施后三十日内不依法提起诉讼或者申请仲裁的,人民法院应当解除保全。"

根据法律的规定,仲裁保全应当符合下列条件:

1. 当事人申请仲裁保全的,应有符合法律规定的原因。即因一方当事人的行为或者其他原因,可能使将来的仲裁裁决不能执行或难以执行,或者情况紧急,不立即申请保全将会使权利人的合法权益受到难以弥补的损害。如一方当事人擅自转移、隐匿财产的行为,或者争议的财产系鲜活物品,不易保管,或者因不可抗力,可能导致争议财产灭失等原因。这是当事人申请财产保全的前提条件。

2. 当事人申请仲裁保全,可以在申请仲裁前也可以在仲裁程序进行中提出。仲裁前申请保全的,应当提供担保。

3. 当事人申请仲裁保全的,应当向仲裁委员会提出书面申请。

二、仲裁中财产保全的范围和措施

我国《仲裁法》对财产保全的范围和措施没有直接作出规定。根据《仲裁法》28 条第 2 款的规定,当事人申请财产保全的,仲裁委员会应当将当事人的申请依照民事诉讼法的有关规定提交人民法院。仲裁法这一规定表明,仲裁中的财产保全适用民事诉讼法的规定。

我国《民事诉讼法》第 102 条和第 103 条分别规定了财产保全的范围和措施。

名称	内　容
《民事诉讼法》	第 102 条 保全限于请求的范围,或者与本案有关的财物。
	第 103 条 财产保全采取查封、扣押、冻结或者法律规定的其他方法。人民法院保全财产后,应当立即通知被保全财产的人。财产已被查封、冻结的,不得重复查封、冻结。

基于上述规定,仲裁保全的范围是:限于当事人仲裁请求的范围或者与仲裁案件有关的财物。仲裁保全的措施是:查封、扣押、冻结或者法律规定的其他方法。

三、仲裁保全的程序

1. 仲裁当事人必须提出仲裁保全的申请。仲裁保全,必须由仲裁当事人提出申请。仲裁当事人应当向仲裁委员会递交保全申请书。按照仲裁程序,仲裁当事人不能直接向人民法院递交财产保全申请书,而必须将仲裁保全申请书递交仲裁委员会。

名称	内　容
《北京仲裁委员会仲裁规则》	第 16 条 (1)一方当事人因另一方当事人的行为或者其他原因,可能使裁决难以执行或者造成当事人其他损害的,可以提出申请,要求对另一方当事人的财产进行保全、责令其作出一定行为或者禁止其作出一定行为。 (2)证据可能灭失或者以后难以取得的情况下,当事人可以提出证据保全申请。 (3)当事人提出上述申请的,本会将当事人的申请提交至有管辖权的法院。 (4)因情况紧急,不立即申请保全将会使其合法权益受到难以弥补的损害或者证据可能灭失或以后难以取得的情况下,当事人可以在申请仲裁前提出上述申请。
《上海仲裁委员会仲裁规则》	第 21 条 一方当事人因另一方当事人的行为或者其他原因,可能使仲裁裁决不能执行或者难以执行的,可以申请财产保全。当事人申请财产保全的,由仲裁委员会依照相关法律规定将其申请提交有管辖权的法院。
《广州仲裁委员会仲裁规则》	第 26 条 (1)一方当事人因另一方当事人的行为或者其他原因,可能使裁决不能执行或者难以执行的,可以申请财产保全。 (2)在证据可能灭失或者以后难以取得的情况下,当事人可以申请证据保全。 (3)当事人申请财产保全或者证据保全的,本会应当自收到当事人申请书之日起 5 日内,将当事人的申请书提交有管辖权的人民法院。 (4)因情况紧急,不立即申请保全将会使其合法权益受到难以弥补的损害或者证据可能灭失、以后难以取得的情况下,当事人可以在申请仲裁前提出保全申请。申请人应当在人民法院采取保全措施后 30 日内依法申请仲裁。
《西安仲裁委员会仲裁规则》	第 18 条 当事人申请财产保全或证据保全的,本会自收到申请书之日起 5 日内将其提交有管辖权的人民法院并通知当事人,当事人在人民法院自行办理有关手续。

2. 仲裁委员会依法将当事人的仲裁申请提交法院。仲裁委员会收到当事人仲裁保全申请书后,应当按照民事诉讼法的有关规定,将当事人的申请提交有管辖权的法院,而不能自行采取措施。

在我国,无论是仲裁保全还是诉讼保全,一律由人民法院采取强制措施,法院以外的仲裁机构无权采取财产保全措施。

在国外,仲裁保全措施并非是法院的特权,仲裁机构有权处理当事人的申请。如《美国仲裁协会国际仲裁规则》第 22 条规定了临时性的保全措施:“1. 应任何一方当事人的要求,仲裁庭认为有必要时,得对争议标的采取任何临时性措施,包括对本争议标的货物的保管在内,诸如将货物交由第三者保管或出售易腐坏的货物。2. 这种临时性措施得以用中间裁决的方式,仲裁庭可要求为这些措施的费用提供担保。3. 当事人中任何一方向司法当局要求采取临时性措施,不得认为与仲裁协议的规定有抵触,或认为系对该协议的放弃。"[2]

3. 法院审查仲裁当事人的仲裁保全申请并进行裁定。法院依照民事诉讼法的规定,对仲裁当事人的保全申请进行审查,并裁定是否采取保全措施以及采取何种措施。

4. 法院可以责令当事人提供担保。根据《民事诉讼法》第 100 条的规定,人民法院采取保全措施,可以责令申请人提供担保,申请人不提供担保的,裁定驳回申请。

据此,法院对于当事人的仲裁保全申请审查后,在采取保全措施前,认为有必要的,可以责令申请人提供必要的担保,若申请人不提供担保,法院有权裁定驳回当事人的保全申请。所以,当事人应当按照法院的要求提供担保,否则,申请不能成立。当事人提供担保的数额应相当于请求保全财产的数额。

5. 当事人申请复议。《民事诉讼法》第 108 条规定:"当事人对保全或者先予执行的裁定不服的,可以申请复议一次。复议期间不停止裁定的执行。"据此规定,仲裁当事人对人民法院保全的裁定不服的,可以向人民法院申请复议一次,这里的"复议"指的是向作出裁定的法院申请,并不是向上一级法院申请,且复议期间不停止裁定的执行。

6. 解除对当事人的财产保全。解除对当事人的财产保全主要有以下情形:

(1)法律明确规定的解除情形。《民事诉讼法》第 104 条规定:"财产纠纷案件,被申请人提供担保的,人民法院应当裁定解除保全。"

(2)依申请人撤回申请而解除。在实践中,如果仲裁当事人撤回了保全的申请,法院应当解除保全措施。当事人撤回保全的申请应当向仲裁机构提出,再由仲裁机构提交法院。

7. 申请保全错误的赔偿。《民事诉讼法》第 105 条和《仲裁法》第 28 条第 3 款,均对申请保全错误的后果作了规定。即申请有错误的,申请人应当赔偿被申请人因保全所遭受的损失。因此,在实践中,仲裁当事人申请财产保全的,应严格依法进行,避免对己不利的后果发生。

---

[2] 上海仲裁委员会网页:国外仲裁法之《美国仲裁协会国际仲裁规则》。

第四节 仲裁庭组成及仲裁员信息披露

一、仲裁庭组成

仲裁委员会受理案件后，依法成立仲裁庭，由仲裁庭对案件审理并进行裁决。

根据《仲裁法》第30条的规定，仲裁庭有两种形式：即合议仲裁庭和独任仲裁庭。仲裁庭由3名仲裁员组成的为合议仲裁庭；仲裁庭由1名仲裁员组成的为独任仲裁庭。合议仲裁庭设1名首席仲裁员，其他两名仲裁员为边裁。

（一）合议仲裁庭

在仲裁中，当事人可以约定仲裁庭的组成方式，当事人没有约定的，按照该仲裁委员会的仲裁规则确定。

根据《仲裁法》第31条第1款的规定，当事人约定由3名仲裁员组成仲裁庭的，应当各自选定或者各自委托仲裁委员会主任指定1名仲裁员，第3名仲裁员由当事人共同选定或者共同委托仲裁委员会主任指定。第3名仲裁员为首席仲裁员。

关于仲裁员的选择以及合议仲裁庭的组成，各仲裁机构的仲裁规则中有更加具体的规定。如《北京仲裁委员会仲裁规则》第19条规定："（一）除非当事人另有约定或本规则另有规定，仲裁庭由三名仲裁员组成。（二）双方当事人应当自收到仲裁通知之日起15日内分别选定或者委托主任指定一名仲裁员。当事人未在上述期限内选定或者委托主任指定仲裁员的，由主任指定。（三）双方当事人应当自被申请人收到仲裁通知之日起15日内共同选定或者共同委托主任指定首席仲裁员。双方当事人也可以在上述期限内，各自推荐一至三名仲裁员作为首席仲裁员人选；经双方当事人申请或者同意，本会也可以提供五至七名首席仲裁员候选名单，由双方当事人在第（二）款规定的期限内从中选择一至四名仲裁员作为首席仲裁员人选。推荐名单或者选择名单中有一名相同的，为双方当事人共同选定的首席仲裁员；有一名以上相同的，由主任根据案件具体情况在相同人选中确定，确定的仲裁员仍为双方当事人共同选定的首席仲裁员;推荐名单或者选择名单中没有相同的人选,由主任在推荐名单或者选择名单之外指定首席仲裁员。(四)双方当事人未能依照上述规定共同选定首席仲裁员的,由主任指定。(五)案件有两个或者两个以上的申请人或者被申请人时,申请人方或者被申请人方应当共同协商选定或者共同委托主任指定一名仲裁员;未能自最后一名当事人收到仲裁通知之日起 15 日内就选定或者委托主任指定仲裁员达成一致意见的,由主任指定。(六)在追加当事人的情况下,被追加的当事人可与申请人或被申请人作为一方选定仲裁员;未能共同选定该方仲裁员的,则仲裁庭全部成员均由主任指定。(七)当事人选择居住在北京以外地区的仲裁员的,应当承担仲裁员因审理案件必需的差旅费。如果未在本会规定的期限内预交的,视为未选定仲裁员。主任可以根据本规则的规定代为指定仲裁员。(八)仲裁员拒绝接受当事人的选定或者因疾病以及其他可能影响正常履行仲裁员职责的原因不能参加案件审理的,当事人应当自收到重新选定仲裁员通知之日起 5 日内重新选定仲裁员。未能在该期限内重新选定仲裁员的,由主任指定。”

《上海仲裁委员会仲裁规则》第 27 条规定了仲裁庭组成形式:“仲裁庭可以由一名仲裁员或者三名仲裁员组成。仲裁庭由三名仲裁员组成的,设首席仲裁员。”

第 28 条规定了仲裁员的选定:“争议金额超过人民币 100 万元或者争议金额虽在人民币 100 万元以下但当事人约定由三名仲裁员组成仲裁庭的,各方当事人应当在仲裁受理通知书或者仲裁通知书规定的期限内,在仲裁员名册中各自选定一名仲裁员作为仲裁庭的组成人员;一名首席仲裁员由当事人共同选定。当事人也可以在仲裁委员会推荐的首席仲裁员名单中提名一至三人为首席仲裁员。推荐名单中有一名仲裁员被当事人提名重名的,该仲裁员视为被当事人选定为首席仲裁员;有两名或者两名以上仲裁员被当事人提名重名的,由仲裁委员会主任在该重名人选中确定首席仲裁员;当事人未提名或虽提名但未重名的,视为当事人未共同选定首席仲裁员。当事人一方为二人或二人以上的,应当共同选定仲裁庭的一名仲裁员或首席仲裁员。当事人约定或本规则规定由一名仲裁员组成仲裁庭的,各方当事人应当在规定的期限内在仲裁员名册中或仲裁委员会仲裁员推荐名单中共同选定一名仲裁员。”

《西安仲裁委员会仲裁规则》第 20 条规定:“仲裁庭可以由 3 名仲裁员或者 1 名仲裁员组成。由 3 名仲裁员组成仲裁庭的,设首席仲裁员。除非当事人另有约定,争议金额不超过 10 万元或者本会认为事实清楚、争议不大的案件,仲裁庭由 1 名仲裁员组成。”

第 21 条规定了仲裁员的确定:“本会向当事人提供仲裁员名册,由当事人从中选定仲裁员。当事人约定在仲裁员名册以外选定仲裁员的,须经本会主任审定。由 3 名仲裁员组成仲裁庭的,当事人应当各自选定或者各自委托本会主任指定 1 名仲裁员,第 3 名仲裁员为首席仲裁员。首席仲裁员按照下列方式之一产生:(一)由双方当事人共同选定;(二)由双方当事人书面委托各自选定的仲裁员共同选定;(三)由双方当事人共同委托本会主任指定(四)由双方当事人各自推荐 1 至 5 名仲裁员作为首席仲裁员人选。推荐名单中有 1 名相同的,为双方当事人共同选定的首席仲裁员;有 1 名以上相同的,或者没有相同人选的由本会主任指定。”

同时,第 22 条规定了组成仲裁庭的期限,即“当事人应当自收到本会送达的仲裁员名册之日起(以送达最后一方之日为准)5 日内约定仲裁庭的组成方式并选定仲裁员,在此期限内没有约定仲裁庭的组成方式并选定仲裁员的,由本会主任指定”。

上面列举的仲裁委员会的仲裁规则中,关于仲裁员的选定和仲裁庭的组成方式虽不相同,但其共同之处在于:尽可能体现当事人的意思自治,突出了仲裁的特点。

(二)独任仲裁庭

对于独任仲裁庭的组成,我国《仲裁法》第 31 条第 2 款明确规定,当事人约定由 1 名仲裁员成立仲裁庭的,应当由当事人共同选定或者共同委托仲裁委员会主任指定仲裁员。

(三)仲裁庭与仲裁委员会的关系

仲裁庭不同于仲裁委员会。仲裁委员会是独立于行政机关,依法成立的,独立开展仲裁工作的常设性仲裁机构。仲裁委员会不直接办理某一具体的仲裁案件;而仲裁庭则是根据当事人的意愿随时成立的临时性的办案组织,案件处理完毕即告解散。仲裁庭要在仲裁委员会的领导和监督下依法开展办案活动。

二、仲裁员信息披露

仲裁员信息披露,是指仲裁员将自己与案件有关的信息向当事人和仲裁机构予以公开的行为。关于仲裁员的信息披露,仲裁法虽然没有直接规定,但这是保障仲裁公正性、提高仲裁员诚信度的重要环节。应仲裁实践的需要,各仲裁机构的仲裁规则均对仲裁员信息披露做出了规定。

《北京仲裁委员会仲裁规则》第21条规定:"(一)仲裁员任职后,应当签署保证独立、公正仲裁的声明书,声明书由秘书转交各方当事人。(二)仲裁员知悉与案件当事人或者代理人存在可能导致当事人对其独立性、公正性产生合理怀疑的情形的,应当书面披露。(三)当事人应当自收到仲裁员书面披露之日起10日内就是否申请回避提出书面意见。(四)当事人以仲裁员披露的事项为由申请仲裁员回避的,适用本规则第二十二条第(一)、(二)、(四)、(五)、(六)款的规定。(五)当事人在上述第(三)款规定的期限内没有申请回避的,不得再以仲裁员曾经披露的事项为由申请回避。"

《广州仲裁委员会仲裁规则》第32条规定:"(一)被选定或者指定的仲裁员应当签署保证独立、公正仲裁的声明书。(二)仲裁员知悉与案件当事人或者代理人存在可能导致当事人对其公正性和独立性产生合理怀疑情形的,应当向当事人书面披露或者当庭披露。"

《西安仲裁委员会仲裁规则》第24条规定:"被选定或者指定的仲裁员应当在收到仲裁庭组成通知后5日内主动披露与案件有利害关系,或者可能影响案件公正裁决的事实或情况,并签署保证其独立、公正仲裁的声明书。在仲裁过程中出现上述情形的,仲裁员应当随时予以披露。"

在仲裁活动中,仲裁员披露了自己的信息后,当事人若认为仲裁员与案件有法律规定的回避情形或认为有可能影响公正裁决的,可以申请其回避;若仲裁机构认为该仲裁员不宜担任该案件的仲裁员可以予以更换。仲裁员的回避或更换依法进行。

第五节　仲裁的审理和裁决

一、仲裁审理

(一)仲裁审理的含义及任务

仲裁审理在整个的仲裁程序中占据十分重要的地位。它是指仲裁庭成立后，以一定的方式和程序收集调取证据并予以审核，对当事人、证人、鉴定人、勘验人进行询问，对当事人争议的事项进行实质审查的仲裁活动。

仲裁审理的主要任务是：审查、核实证据，查明仲裁案件的事实，分清当事人的责任，正确适用法律，确认当事人之间的权利义务关系，解决当事人之间的争议，维护和谐的经济秩序和社会秩序。

（二）仲裁审理的方式

在仲裁活动中，仲裁审理的方式有两种：一是开庭审理；二是书面审理。

1. 开庭审理

开庭审理是仲裁审理的主要方式。《仲裁法》第 39 条第 1 款规定，仲裁应当开庭进行。开庭审理，是指在仲裁庭的主持下，在双方当事人以及其他仲裁参与人的共同参加下，按照法定的程序，围绕争议进行审理并作出裁决的活动。

按照《仲裁法》第 40 条的规定，仲裁实行不公开审理的原则，除非当事人协议公开审理的，但涉及国家秘密的除外。仲裁的这一原则，与诉讼有本质的区别，诉讼坚持公开审理的原则。这主要是因为仲裁案件与当事人的商业秘密和商业利益有直接的关系。

由于仲裁实行不公开审理原则，因此，在仲裁中要求有关人员应当保守保密。如《北京仲裁委员会仲裁规则》第 25 条规定："（一）仲裁不公开审理。当事人协议公开的，可以公开，但涉及国家秘密、第三人商业秘密或者仲裁庭认为不适宜公开的除外。（二）不公开审理的案件，当事人及其代理人、证人、仲裁员、仲裁庭咨询的专家和指定的鉴定人、本会的有关人员，均不得对外界透露案件实体和程序进行的情况。"

《上海仲裁委员会仲裁规则》第 45 条第 3 款规定："开庭审理不公开进行。当事人及其代理人、证人、仲裁员、仲裁庭咨询的专家或指定的鉴定人、仲裁委员会的有关人员，均负有保密义务，不得对外界透露案件实体和程序进行的情况，但法律另有规定的除外。"

2. 书面审理

书面审理与开庭审理不同，是指仲裁庭根据当事人的约定，在当事人和其他仲裁参与人无须到庭的情况下，对当事人的申请书、答辩书以及其他材料进行审查核实并作出裁决的活动。我国《仲裁法》第 39 条第 2 款对此作出规定。

书面审理体现了仲裁的灵活、高效、经济等特点,既节省了解决争议的成本,又提高了解决争议的效率。但在仲裁实践中,当事人协议书面审理的情况比较少,它仅仅是开庭审理的一种辅助形式,通常是一些争议金额小,争议的事实比较简单明了的案件。

（三）仲裁审理前的准备

仲裁审理前的准备,就是仲裁庭为开庭审理所做的准备工作,主要包括下列内容:

1. 向当事人送达仲裁文书、仲裁规则和仲裁员名册。根据《仲裁法》第25条的规定,仲裁委员会受理仲裁申请后,应当在仲裁规则规定的期限内将仲裁规则和仲裁员名册送达申请人,并将仲裁申请书副本和仲裁规则、仲裁员名册送达被申请人。

被申请人收到仲裁申请书副本后,应当在仲裁规则规定的期限内向仲裁委员会提交答辩书。仲裁委员会收到答辩书后,应当在仲裁规则规定的期限内将答辩书副本送达申请人。被申请人未提交答辩书的,不影响仲裁程序的进行。

向当事人送达仲裁文书,有利于当事人了解彼此请求的事实和反驳对方的事实,为开庭举证、质证、辩论做好准备。

向当事人送达仲裁规则,便于当事人按照仲裁规则的规定参与仲裁,以及明确自己应如何参与仲裁活动。

向当事人送达仲裁员名册,便于当事人选择专业性强、值得信任的仲裁员,更好地实现仲裁当事人的意思自治。

2. 书面通知当事人仲裁庭的组成。仲裁庭承担案件审理、裁决的职责。仲裁庭依法成立后,仲裁委员会应当及时告知当事人,以便当事人行使申请回避的权利。

如何告知当事人仲裁庭的组成,《仲裁法》第33条规定,仲裁庭组成后,仲裁委员会应当将仲裁庭的组成情况书面通知当事人。在仲裁委员会的仲裁规则中亦做了明确的规定。如下表所示:

名称	内　容
《北京仲裁委员会仲裁规则》	第 20 条　组庭通知 自仲裁庭组成之日起 5 日内，本会将组庭情况通知当事人。秘书在组庭后应当及时将案卷移交仲裁庭。
《上海仲裁委员会仲裁规则》	第 31 条　仲裁庭的组成通知 仲裁庭组成后，仲裁委员会将仲裁庭组成通知书发送各方当事人及仲裁庭的组成人员。
《广州仲裁委员会仲裁规则》	第 31 条　组庭通知 本会自仲裁庭组成之日起五日内，将仲裁庭的组成书面通知当事人和仲裁员。
《西安仲裁委员会仲裁规则》	第 23 条　仲裁庭组成后的通知 最后一名仲裁员确定之日为仲裁庭组成之日。 仲裁庭组成后 5 日内，本会将仲裁庭的组成方式和组成人员书面通知当事人和仲裁员。

3. 确定开庭的时间和地点并通知当事人。将开庭的时间和地点通知当事人，便于当事人准时参加仲裁庭开庭审理活动。《仲裁法》第 41 条规定，仲裁委员会应当在仲裁规则规定的期限内将开庭日期通知双方当事人。当事人有正当理由的，可以在仲裁规则规定的期限内请求延期开庭。是否延期，由仲裁庭决定。

根据仲裁法的这一规定，各仲裁委员会的仲裁规则规定了明确的操作要求。如下表所示：

名称	内　容
《北京仲裁委员会仲裁规则》	第 27 条　开庭地点 (1)开庭审理在本会所在地进行。当事人另有约定的，从其约定。 (2)当事人约定在本会所在地以外的其他地点开庭的，承担由此发生的费用。当事人应当在本会规定的期限内按照约定或者仲裁庭确定的比例预交上述费用。未预交的，在本会所在地开庭。 第 30 条　开庭通知 (1)开庭审理的案件，仲裁庭应当于开庭 10 日前将开庭日期通知当事人；经商当事人同意，仲裁庭可以提前开庭。当事人有正当理由请求延期开庭的，应当在开庭 5 日前提出；是否延期，由仲裁庭决定。 (2)再次开庭以及延期后开庭日期的通知，不受 10 日期限限制。

续表

名称	内　容
《上海仲裁委员会仲裁规则》	第45条第5款 开庭审理地点由仲裁委员会决定。当事人另有约定或当事人共同要求并经仲裁委员会同意的,可以在其他地点进行。由此增加的费用,由当事人负担。 第47条　开庭通知 首次开庭的通知书应在开庭日的10日前发送双方当事人。 首次开庭的日期,经双方当事人协商一致并经仲裁庭同意的可以提前,开庭通知书的发送时间不受前款限制。 当事人有正当理由请求延期开庭的,应当在开庭日的5日前向仲裁委员会提交延期开庭的书面请求并说明理由。是否延期开庭由仲裁庭决定。 再次开庭日期的通知,不受本条第一款发送时间的限制。
《广州仲裁委员会仲裁规则》	第53条　开庭地点 (1)本会或者分会管理的案件,应当在本会或者分会开庭审理;仲裁庭认为必要的,经本会主任或者分会会长同意,也可以在其他地点开庭审理。 (2)当事人约定在本会或者分会以外的其他地点开庭的,从其约定,但当事人应当承担由此增加的费用。当事人未在本会或者分会规定的期限内预交上述费用的,在本会或者分会开庭。 第30条　开庭通知 (1)开庭审理的案件,仲裁庭应当于开庭10日前将开庭日期通知当事人;经商当事人同意,仲裁庭可以提前开庭。当事人有正当理由请求延期开庭的,应当在开庭5日前提出;是否延期,由仲裁庭决定。 (2)再次开庭以及延期后开庭日期的通知,不受10日期限限制。
《西安仲裁委员会仲裁规则》	第45条　开庭的时间和地点 开庭的时间由仲裁庭决定。 当事人可以约定开庭的时间。当事人约定的开庭时间应当征得仲裁庭同意。 经双方当事人要求并经仲裁庭同意,或者仲裁庭提议并经双方当事人同意,可以提前开庭。 当事人可在开庭3日前书面请求延期开庭,并说明延期的理由,是否延期,由仲裁庭决定。 本会及其分会和其他分支机构受理的案件,应当在受理案件的本会及其分会和其他分支机构的所在地点审理,如仲裁庭认为必要,经本会主任同意,也可在其他地点审理。当事人对开庭地点另有约定,并经本会准许的从其约定,由此增加的费用由当事人承担。 第46条　开庭通知 开庭时间确定后,仲裁庭应在首次开庭5日前(当事人中有一方在陕西省境外的,应在开庭前7日)通知双方当事人。通知代理人的,视为通知当事人。 首次开庭以后的开庭日期通知不受前款规定期限的限制。

4. 审核仲裁申请书、仲裁答辩书等材料，调查收集必要的证据。审核当事人的仲裁申请书、答辩书以及其他材料，是仲裁庭为开庭所做的必要准备工作。通过审阅这些材料，帮助仲裁庭了解当事人的请求和理由是什么，有哪些事实和证据，还需要向仲裁庭提交哪些证据等；了解被申请人的主张和理由，有何事实证据，还需要提交何种证据等。另外，通过审阅材料，发现是否存在专门性问题，是否需要鉴定，有无需要勘验的事实等。如果发现有需要鉴定和勘验的，应当在开庭之前完成。

在仲裁庭的准备过程中，如果发现当事人提交的材料不足时，可以责令当事人补正补充。如仲裁申请书有错误的可要求补正；证据不足的可责令补充。此外，在遵循当事人举证的同时，还应发挥仲裁庭的作用，对于当事人收集不到的证据尽可能予以调查，为开庭做较全面的准备。

（四）开庭审理的步骤

1. 庭审前的准备工作。庭审前需要做的准备是：由仲裁秘书（案件记录员）查明当事人和仲裁参与人是否准时到庭，能否按时开庭审理，向首席仲裁员或独任仲裁员报告仲裁庭开庭是否准备就绪。

2. 宣布开庭。一切准备就绪后，进入开庭环节。首席仲裁员或独任仲裁员按下列顺序进行：(1)宣布开庭和案由；(2)宣布仲裁庭组成人员，询问当事人是否申请回避；(3)核对当事人身份和代理人的身份和代理权限；(4)宣读开庭纪律和程序；(5)告知当事人仲裁权利和义务。

3. 仲裁庭调查。庭审调查，就是指仲裁庭依照法定程序调查案件的事实，审核各种证据的活动。当事人举证、质证活动是庭审调查的主要内容。《仲裁法》第45条规定，证据应当开庭时出示，当事人可以质证。当事人举证，就是当事人向仲裁庭出示收集到的所有证据的活动。当事人质证，是指一方当事人对另一方当事人出示的证据，进行质询和辨认，并对证据的真实性、关联性、合法性发表意见。具体而言，庭审调查包括下列内容：

(1)由申请人陈述申请仲裁的事实、理由和请求，被申请人进行答辩；如果被申请人有反请求的，由被申请人陈述反请求的事实、理由和反请求，由申请人进行答辩。

(2)由申请人举证，被申请人质证；然后由被申请人举证，申请人质证。仲裁实践中，当事人举证质证的方式可以根据案件的实际情况决定，既可以“一证一质”,也可以“一组一质”,还可以由一方当事人将所有证据全部出示完,另一方当事人再一一进行质证。前两种方法适合案情复杂、证据多的案件,后一种方法适合案情简单、证据较少的案件。

(3)仲裁庭可以就争议的事实向双方当事人提问,当事人之间也可以相互提问。

(4)仲裁庭须查明争议发生的时间、地点、经过,对争议的焦点即“争点”进行整理。

4. 仲裁庭辩论。仲裁庭辩论就是双方当事人之间的辩论,是指在仲裁庭的主持下,双方当事人依据在庭审调查中审查核实的事实和证据,就如何认定事实,如何适用法律等问题,提出自己的主张和意见,与对方当事人进行辩论。辩论阶段的主要任务,是通过双方当事人及代理人的口头辩论,达到查明事实、分清是非的目的。辩论的一般顺序是:先由申请方发表意见并阐明观点,然后由被申请方发表意见并阐明观点,接下来双方就争议的实质性问题互相辩论。辩论终结时,双方当事人有最后陈述意见的权利,首席仲裁员或者独任仲裁员应当征询双方当事人的最后意见。

5. 仲裁庭合议并裁决。庭审辩论结束后,仲裁庭应就案件审理的情况进行合议。仲裁庭合议案件实行少数服从多数的原则。如果仲裁庭没有形成多数人意见,依据仲裁法的规定,按首席仲裁员的意见进行裁决。

仲裁庭合议案件时,每位仲裁员都应发表自己的观点,包括对案件事实的观点和适用法律的观点,不偏不倚,认真履行仲裁员的职责。

仲裁庭合议之后,既可以当庭作出裁决,也可以择日作出裁决。裁决作出之日生效。

6. 开庭笔录。开庭笔录即仲裁庭开庭时,由仲裁庭记录员对庭审活动所做的如实记录。《仲裁法》第48条规定:“仲裁庭应当将开庭情况记入笔录。当事人和其他仲裁参与人认为对自己陈述的记录有遗漏或者差错的,有权申请补正。如果不予补正,应当记录该申请。笔录由仲裁员、记录人员、当事人和其他仲裁参与人签名或者盖章。”

仲裁庭在审理案件时应注意的问题:

第一,审理案件时,仲裁员应全神贯注地听取双方当事人的陈述和辩论,不要轻易打断和制止当事人的发言。

第二,提问时,语言不应有任何倾向性,也不能有任何的偏见和歧视;提问的问题应明确,语言应简练。

第三,如果当事人陈述的事实与本案无关,或者有过激言行时,应当正确引导并加以制止,避免与当事人发生争执和对峙的局面,设法保持开庭的气氛和缓与轻松。

二、仲裁和解与调解

(一)仲裁和解

仲裁和解,是指双方当事人在仲裁委员会受理案件后,仲裁庭作出裁决前,经过协商互谅,自愿达成和解协议,从而解决争议,终结仲裁程序的活动。《仲裁法》第 49 条规定:"当事人申请仲裁后,可以自行和解。达成和解协议的,可以请求仲裁庭根据和解协议作出裁决书,也可以撤回仲裁申请。"

通常情况下,当事人和解的原因有:申请人放弃了自己的仲裁请求;被申请人承认了申请人的仲裁请求;当事人通过协商后相互谅解,达成了解决争议的方案。

实践中,无论是哪种原因促成的和解,都是在仲裁之外,在没有仲裁庭或者仲裁员参加的情况下,自行协商的结果。它的意义在于:第一,充分体现了仲裁当事人的意思自治。在仲裁中,当事人可以依法自由处分自己的民事权利。第二,通过和解及时解决争议,有利于维护当事人之间和谐的经济关系和社会关系,也大大降低了解决争议的成本。第三,和解有利于保护当事人之间的商业秘密,也有利于以后的合作。第四,和解的方式灵活简便,和解协议的内容更容易实现。

仲裁和解可以在整个仲裁活动的任何阶段进行。和解协议达成后,当事人既可以请求仲裁庭根据和解协议制作裁决书,也可以撤回仲裁申请。如果当事人撤回仲裁申请后,当事人一方反悔或者没有履行和解协议的,可以按照原仲裁协议重新申请仲裁,即原仲裁协议依然有效。《仲裁法》第 50 条对此的规定是:"当事人达成和解协议,撤回仲裁申请后反悔的,可以根据仲裁协议申请仲裁。"

(二)仲裁调解

1. 仲裁调解的含义及方式

仲裁调解,是指在仲裁庭的主持下,双方当事人在自愿协商的基础上,互让互谅达成一致意见,从而解决争议,结束仲裁程序的一种活动。仲裁调解有两层含义:一是指仲裁调解是仲裁庭审理案件的一种程序;二是指仲裁调解是一种结案的方式。

根据《仲裁法》第 51 条第 1 款的规定:“仲裁庭在作出裁决前,可以先行调解。当事人自愿调解的,仲裁庭应当调解。调解不成的,应当及时作出裁决。”

仲裁调解,是仲裁活动重要的组成部分,可以在裁决作出前的任何阶段进行。仲裁调解既可以依当事人的申请进行,也可以由仲裁庭主动进行调解。仲裁庭主动调解的,应征得双方当事人的同意,如果一方或双方坚决不同意调解,即使仲裁庭劝说后仍不同意的,或者虽同意调解,但经过仲裁庭几经调解,当事人终不能达成调解协议的,仲裁庭应当及时作出裁决。

在仲裁实践中,仲裁调解可分为庭前调解、庭审调解和裁前调解等。所谓庭前调解,是指仲裁庭在开庭审理前对争议进行的调解,或称审前调解。庭审调解,是指仲裁庭在审理案件的过程中,对争议进行的调解。这种调解相对灵活,但要把握时机,不一定适合所有案件,需要仲裁员的睿智和经验。所谓裁前调解,是指仲裁庭按照法定程序将案件审理完毕,在作出裁决前对争议进行的调解。在实践中,裁前调解成为仲裁庭审理案件的必要程序,除非当事人明确表示不愿意调解,否则仲裁庭都将不遗余力地进行调解。

有的仲裁规则规定,仲裁机构可以邀请有关的单位或人员作为调解人对争议进行调解。[3]

在调解过程中,常见的做法是:一是“面对面调解”,即仲裁庭与双方当事人共同磋商,寻求共识。二是“背对背调解”,即仲裁庭分别与双方当事人磋商,了解当事人的真实意图和权利底线,促使双方达成协议。三是仲裁庭给双方一定的期限,由双方当事人自行协商。四是仲裁庭根据争议的实际情况,提出合理的调解方案供当事人参考。

仲裁实践中,无论采用何种方式调解,其目的都是彻底解决当事人之间的争议,维护和谐的经济关系和社会关系,促进当事人继续友好交往。

2. 仲裁调解书

《仲裁法》第 51 条第 2 款规定,调解达成协议的,仲裁庭应当制作调解书或者根据协议的结果制作裁决书。调解书与裁决书具有同等法律效力。

根据仲裁法的规定,对于仲裁调解达成协议的,既可以制作调解书,也可以

---

〔3〕《西安仲裁委员会仲裁规则》(2008 年 2 月 1 日起实施)第 37 条。

制作裁决书，仲裁调解书与仲裁裁决书具有同等的法律效力。

仲裁调解书，是指在仲裁过程中，双方当事人在仲裁庭的主持下，就争议自愿达成协议，仲裁庭根据该协议内容制作的具有法律效力的仲裁文书。根据《仲裁法》第52条的规定，仲裁调解书应当记载下列内容：仲裁请求和当事人协议的结果。此外，仲裁员应在调解书上签名，并加盖仲裁委员会印章，然后送达双方当事人。调解书经双方当事人签收后，即发生法律效力。在调解书签收前当事人反悔的，仲裁庭应当及时作出裁决。

仲裁调解书与仲裁裁决相比，能够最大限度地反映双方当事人的共同意志，而且一般情况下调解书能顺利履行，也有利于双方当事人继续合作。仲裁调解书的基本格式：

（1）首部。仲裁调解书的首部应依次写明文书制作机构的名称，即"××仲裁委员会"、文书名称（仲裁调解书：在仲裁委员会名称下一行）、文书编号（案号），即"（××）××字第×号"。如西安仲裁委员会2008年制作的第100个仲裁裁决书可编号为"（2008）西仲调字第100号"。

（2）当事人的基本情况。主要应当写明：当事人是自然人的，写明其姓名、性别、年龄、职业、通讯方式、工作单位和住所。当事人是法人的，写明法人的名称和住所，并另起一行写明其法定代表人或主要负责人的姓名和职务。当事人是不具备法人条件的组织或起字号的个人合伙的，写明其名称或字号和住所，并另起一行写明主要负责人姓名和职务。当事人是个体工商户的，写明业主的姓名、性别、年龄、民族、住所；起字号的，在其姓名后用括号注明"系……（字号）业主"。当事人有委托代理人的，应逐项写明其姓名、性别、职业或工作单位和职务、住所；若委托代理人是律师的，只写明其姓名、工作单位和职务。

（3）正文。一要写明仲裁委员会受案的依据、仲裁庭的产生和组成情况，以及仲裁庭对案件的审理情况。二要写明双方当事人之间的合同以及所发生的争议事项。三要写明仲裁请求和当事人协议的结果。仲裁请求的事项决定了仲裁审理的范围，而仲裁审理的范围又必须在当事人订立的仲裁协议所确定的范围内，而且仲裁请求又是双方当事人达成和解协议的基础。这项内容是法定内容，不能由仲裁庭决定不写，也不能由当事人约定不写。四要写明调解达成协议的经过。可写为："开庭后，在查清事实、分清责任的基础上，征得双方当事人的同意（或当事人自愿申请调解），仲裁庭主持了调解。双方自愿达成如下协议……。五要写明双方当事人达成的调解协议的具体内容，包括实体权利争执所达成的协议内容及有关仲裁费用的分担内容,履行的具体期限和方式等。有放弃仲裁请求的内容也应一并写明。六要写明仲裁庭对当事人达成的上述调解协议的态度。可写为:“仲裁庭认为上述调解协议的内容,是双方当事人真实意思的表示,符合有关法律规定,予以确认,并根据《中华人民共和国仲裁法》第51条、第52条的规定制作本调解书。”七要写明调解书的法律效力。可写为:“本调解书经双方当事人签收后,与裁决书具有同等法律效力。”

(4)尾部。仲裁调解书的尾部一要由仲裁庭成员或者独任仲裁员署名。由3名仲裁员组成仲裁庭的,署名顺序依次是:首席仲裁员及其他两名仲裁员的姓名。独任仲裁庭只写独任仲裁员姓名即可。二要明确制作调解书的日期。三要加盖制作仲裁调解书的仲裁委员会的印章,应端正盖在制作日期的年月日中间,俗称“掩年盖月”。

制作仲裁调解书应注意的问题包括:

其一,制作仲裁调解书一定要贯彻当事人自愿原则。是否通过达成调解协议的方式解决争议,在调解过程中是否坚持或者放弃某项仲裁请求,仲裁费用如何分担等,仲裁庭及仲裁员都应完全尊重当事人的意思表示,不得强迫。

其二,调解书的内容一定是当事人双方达成一致的内容,不能把双方当事人未达成协议的仲裁庭或仲裁员的意思作为仲裁调解书的内容。

其三,虽然调解书的内容由当事人决定,但不是当事人达成一致的所有内容都能作为仲裁书的内容,写入调解书的内容还必须是符合法律规定的。因此,仲裁庭或者独任仲裁员一定要对当事人达成的调解协议是否合法、是否予以确认明确表明态度。

其四,仲裁调解书经双方当事人签收后与裁决书具有同等法律效力的内容必不可少。因为按照法律规定,当事人在达成调解协议但签收调解书前还可以反悔。在调解书签收前当事人反悔的,仲裁庭应当及时作出裁决。

3. 仲裁和解与仲裁调解的区别

仲裁中的调解与和解,都是解决仲裁案件的方法,也都是仲裁程序的组成部分。二者的主要区别是:

(1)从性质上看,仲裁调解是在仲裁庭主持下进行的仲裁活动,而仲裁和解则是双方当事人自行处分权利的结果。

(2)从发生的时间来看,仲裁和解分为庭内和解和庭外和解;而仲裁调解只能发生在仲裁程序进行中的某一阶段,而且必须由仲裁庭主持。

(3)从二者产生的法律后果来看,仲裁和解协议达成后,当事人可以请求仲裁庭制作裁决书,也可以撤回仲裁申请。当事人请求制作裁决书的,裁决书具有终局法律效力。当事人不得就同一事实理由再申请仲裁,也不得另行起诉。当事人撤回仲裁申请的,和解协议仅具有一般合同的效力,不能申请法院强制执行。当事人撤回反悔的,可以重新申请仲裁。仲裁调解则不同,当事人达成调解协议后,仲裁庭应根据协议的内容制作调解书或裁决书,调解书和裁决书均具有最终的法律效力,当事人必须履行。若一方当事人不履行,另一方当事人有权申请法院强制执行。

三、仲裁中的和解与调解

仲裁是非诉讼解决争议的一种重要方式,更多体现了"契约自由"和"私法自治"原则。在仲裁活动中,当事人通过协商以和解或调解的方式自主地处分实体权利和程序权利,从而达到彻底解决争议的目的,这符合仲裁的理念和原则。

(一)仲裁和解

仲裁和解,是指在仲裁活动中,双方当事人自愿协商达成和解协议以解决彼此争议,从而结束仲裁程序的行为。它与民事和解、诉讼和解不同。民事和解,是"私法上的和解",是关于民事权利义务的和解,受民商法规范的调整。诉讼和解,是指当事人在诉讼过程中达成的旨在解决民事纠纷且终结诉讼程序的协议。

我国《仲裁法》第 49 条规定:"当事人申请仲裁后,可以自行和解。达成和解协议的,可以请求仲裁庭根据和解协议作出裁决书,也可以撤回仲裁申请。"根据法律规定,仲裁和解是当事人自由意志的表达,是当事人自愿协商的结果,没有仲裁庭的介入,仲裁和解行为可以发生在仲裁的任何阶段,而且以和解协议的形式彻底解决争议。当事人可以要求仲裁庭根据和解协议作出裁决书,也可以撤回仲裁申请。撤回仲裁的,视为当事人没有仲裁过。

关于仲裁和解的效力问题,法学界一直有争议。通常认为,当事人自愿达成的和解协议解决了彼此的争议,据此申请人撤回了仲裁申请且重新确定了双方的权利义务关系。但这种和解协议并没有获得确定的法律效力,也就是说,如果一方当事人不履行和解协议中确定的义务,权利人并不能依照和解协议申请法院强制执行。当然,根据《仲裁法》第 50 条的规定,当事人可以根据仲裁协议申请仲裁。

（二）仲裁调解

仲裁调解，是指在仲裁过程中，仲裁庭在双方当事人自愿的基础上，与双方当事人协商一致达成的解决争议的调解协议，从而结束仲裁程序的活动。

我国《仲裁法》对仲裁调解的相关内容作出了明确的规定，见下表：

名称	内　容
《仲裁法》第51条	仲裁庭在作出裁决前，可以先行调解。当事人自愿调解的，仲裁庭应当调解。调解不成的，应当及时作出裁决。 调解达成协议的，仲裁庭应当制作调解书或者根据协议的结果制作裁决书。调解书与裁决书具有同等法律效力。
《仲裁法》第52条	调解书应当写明仲裁请求和当事人协议的结果。调解书由仲裁员签名，加盖仲裁委员会印章，送达双方当事人。 调解书经双方当事人签收后，即发生法律效力。 在调解书签收前当事人反悔的，仲裁庭应当及时作出裁决。

仲裁调解在实践中也倍受重视，有关仲裁调解的原则、程序、效力等方面的具体规定，从各仲裁机构的仲裁规则中得以体现，如下表所示：

名称	内　容
《北京仲裁委员会仲裁规则》	第42条　仲裁庭调解 （1）仲裁庭可以根据当事人的请求或者在征得当事人同意的情况下按照其认为适当的方式进行调解。 （2）调解达成协议的，当事人可以撤回仲裁申请，也可以请求仲裁庭根据调解协议的内容制作调解书或者裁决书。 （3）调解书应当写明仲裁请求和当事人协议的结果。调解书由仲裁员签名，加盖本会印章，送达各方当事人。调解书经各方当事人签收即发生法律效力。 （4）对于调解书中的文字、计算错误或者类似错误，仲裁庭应当补正。当事人也有权在签收调解书后30日内要求补正。调解书的补正为调解书的组成部分，经送达当事人后生效。 （5）调解不成的，任何一方当事人均不得在之后的仲裁程序、司法程序和其他任何程序中援引对方当事人或仲裁庭在调解过程中的任何陈述、意见、观点或建议作为其请求、答辩或者反请求的依据。 第43条　独立调解 （1）案件审理过程中，当事人可以自行和解或者依据《北京仲裁委员会调解中心调解规则》的规定向本会调解中心申请由调解员进行调解。 （2）调解达成和解协议的，当事人可以共同要求组成仲裁庭依据该和解协议的内容制作调解书或者裁决书。由此产生的相关费用，由当事人承担。

续表

名称	内　容
《上海仲裁委员会仲裁规则》	第52条　调解原则 仲裁庭组织调解,应当遵循当事人自愿原则。 调解达成的协议内容超出仲裁请求范围的,应当允许。 调解达成的协议内容不得损害国家、集体或者第三人利益。 第53条　调解时点 仲裁庭可以在庭审过程中或庭审结束后组织当事人调解。 当事人自愿调解或事实清楚的案件,仲裁庭可以组织当事人在开庭前进行调解。 调解的时间和地点,由当事人约定并征得仲裁庭的同意;也可由仲裁庭确定。 第54条　案外人参加调解 一方当事人申请案外人参加调解,另一方当事人及案外人同意的,仲裁庭可以通知案外人参加调解。案外人同意承担民事责任的,应予准许。 第55条　调解内容不得援用 调解过程不做记录。 当事人或仲裁员在调解过程中发表的任何陈述、意见、观点或建议,任何一方当事人在其后的仲裁程序、司法程序或其他任何程序中均不得援引。 仲裁庭不能将当事人在调解中发表的意见作为裁决的依据。 第56条　调解的结果 调解达成协议的,仲裁庭应当制作调解书或者根据协议的结果制作裁决书。对能够即时履行的或当事人表示不需要制作调解书或者裁决书的调解协议应当记入笔录,由双方当事人、仲裁员和办案秘书在笔录上签名或者盖章后即具有法律效力。 调解不成的或者在调解书签收前当事人反悔的,仲裁庭应当及时作出裁决。 第57条　调解书 调解书应当写明当事人的情况、仲裁请求和当事人协议的结果。 调解书由仲裁员签名,加盖仲裁委员会印章,送达双方当事人。调解书经双方当事人签收后,即发生法律效力。 调解书与裁决书具有同等法律效力。 第58条　调解书的补正 对生效的调解书中的文字笔误仲裁庭应当补正;当事人自调解书送达之日起30日内可以请求仲裁庭补正。 仲裁庭作出的补正决定书,与调解书具有同等法律效力。

续表

名称	内　　容
《广州仲裁委员会仲裁规则》	第 64 条　调解 (1)根据当事人的请求或者征得当事人同意,仲裁庭可以适当的方式进行调解,当事人也可以自行和解。 (2)任何一方当事人在调解过程中提出终止调解,仲裁庭应当终止调解,继续进行仲裁程序。 (3)调解达成协议的,当事人可以撤回仲裁申请或者反请求,也可以请求仲裁庭根据调解协议的内容制作调解书或者裁决书。调解书与裁决书具有同等法律效力。 (4)调解书应当载明仲裁请求和当事人协议的结果。调解书由仲裁员签名,加盖公章,送达各方当事人。经各方当事人签收即发生法律效力。 (5)调解书存在文字、符号、图表、计算、打印错误或者类似错误的,参照本规则第 75 条第 1、3、4 款规定办理。 (6)调解不成的,任何一方当事人不得在其后的仲裁程序以及其他程序中援引对方当事人或者仲裁庭在调解过程中的陈述、意见、观点或者建议作为其申请、答辩或者反请求的依据。
《西安仲裁委员会仲裁规则》	第 36 条　调解的提起 仲裁庭在作出裁决之前的任何时间均可以在当事人自愿的前提下进行调解。 在仲裁庭作出裁决前,任何一方当事人均可向仲裁庭申请调解。 第 37 条　调解方式 调解可以由仲裁庭或者首席仲裁员(以下简称调解人)主持,经当事人同意,也可以邀请有关单位或人员协助调解,或者作为调解人主持调解。 调解可以同时在双方当事人之间进行,也可以分别进行;调解的时间和地点由调解人在征得当事人同意后确定。 调解人可以提出调解方案供当事人参考,当事人对调解人提出的方案可以接受、不接受或者提出修正意见。 调解的具体过程不做笔录,但具有调解协议内容的应当制作笔录。 第 38 条　调解协议 当事人经调解达成协议的应当签订调解协议书。当事人在具有调解协议内容的笔录上签字的,该笔录的内容视为调解协议。 调解人应当将调解协议提交仲裁庭,仲裁庭根据调解协议的内容制作调解书,或根据双方当事人的请求制作裁决书。 当事人就部分争议事项达成调解协议的,仲裁庭可以根据当事人的请求,就该部分争议事项制作调解书,或者根据双方当事人的请求就该部分争议事项先行裁决。 调解协议的内容超出仲裁请求的范围或者仲裁协议约定的范围,视为当事人对仲裁请求的范围或仲裁协议约定范围的变更、承认,但不得违反法律的强制性规定。

续表

名称	内　　容
《西安仲裁委员会仲裁规则》	第 39 条　调解书的效力 调解书经双方当事人签收后生效,与裁决书具有同等法律效力。 第 40 条　调解不成的处理 调解不成的,仲裁庭应当继续仲裁程序,及时作出裁决。 当事人不得在其后的仲裁程序中援引对方当事人或调解人在调解过程中的任何陈述、意见、观点或建议作为其请求、答辩或反请求的依据,仲裁庭亦不得以此作为裁决的依据。 第 41 条　仲裁庭组成前的调解 仲裁案件受理后,仲裁庭组成前,本会可以在当事人自愿的前提下先行组织调解。达成调解协议的,当事人可以撤回仲裁申请;当事人要求制作调解书或裁决书的,应当组成仲裁庭,由仲裁庭根据调解协议制作调解书或裁决书。

四、仲裁裁决

仲裁裁决是仲裁庭依据事实和法律,对当事人的仲裁请求及有关事项审理终结后,依法作出的终局决定。

(一)仲裁裁决的作出

《仲裁法》第 53 条规定,裁决应当按照多数仲裁员的意见作出,少数仲裁员的不同意见可以记入笔录。仲裁庭不能形成多数意见时,裁决应当按照首席仲裁员的意见作出。

具体做法是:独任仲裁庭仲裁案件的,裁决按照独任仲裁员的意思作出。合议仲裁庭仲裁案件时,3 名仲裁员意见一致的,裁决按照全体仲裁员的一致意见作出;3 名仲裁员意见不一致的,其中 2 名仲裁员意见相同的,裁决按照 2 名仲裁员的意见作出,另 1 名仲裁员的不同意见记入笔录;如果 3 名仲裁员各持己见,裁决则按照首席仲裁员的意见作出,另 2 名仲裁员的不同意见记入笔录。

(二)先行裁决

《仲裁法》第 55 条规定,仲裁庭仲裁纠纷时,其中一部分事实已经清楚,可以就该部分先行裁决。先行裁决需要具备的条件是:一是仲裁案件经过审理后部分事实已经清楚,双方当事人对该部分事实没有异议;二是实践中急需先行解决的部分事实。比如为了保护国家、集体、他人的利益,或者为了避免某种损失继续扩大。

根据仲裁法的规定以及仲裁的实践经验,出现下列情况的可以先行裁决:

1. 仲裁所涉及的事实本来就是分阶段进行的,当事人据此亦提出数个仲裁请求。例如,当事人对分批购进的货物的质量有异议的,因而分别提出了不同的仲裁请求,仲裁庭鉴于全部事实查清尚需时日,就可以对已经查清的部分事实,在不影响案件的后续审理的前提下先行裁决。

2. 在仲裁过程中,存在或出现紧急情况,不先行裁决或将造成当事人更大的损失。比如保存或出售的货物属于易变质、腐烂或者面临贬值,或损失已出现且逐日增加,为了防止损失进一步扩大,可以在部分事实清楚的情况下先行裁决。

3. 在仲裁过程中对于某些程序性事项可以先行裁决。如当事人提出管辖权异议,仲裁庭可以先行裁决。

(三)仲裁裁决书

仲裁裁决书,是仲裁庭审结案件后,以书面的形式将审理结果予以记载的仲裁法律文书。根据《仲裁法》第 54 条的规定,裁决书应当写明仲裁请求、争议事实、裁决理由、裁决结果、仲裁费用的负担和裁决日期。当事人协议不愿写明争议事实和裁决理由的,可以不写。裁决书有仲裁员签名,加盖仲裁委员会印章。对裁决持不同意见的仲裁员,可以签名也可以不签名,但其不同意见可以记入笔录。

除此之外,裁决书首部应写明仲裁机构的名称、裁决书编号、双方当事人的基本情况、代理人的情况、仲裁庭的组成及仲裁员的姓名、仲裁的依据、仲裁的地点和结案情况等。在裁决书的尾部,还应写明裁决履行的期限、裁决书的效力等。如《北京仲裁委员会仲裁规则》第 48 条规定:"(一)由三名仲裁员组成仲裁庭的,裁决应当按照多数仲裁员的意见作出,少数仲裁员的不同意见可以记入笔录。不能形成多数意见时,裁决应当按照首席仲裁员的意见作出。(二)裁决书应当写明仲裁请求、争议事实、裁决理由、裁决结果、仲裁费用的承担和裁决日期、仲裁地。当事人另有约定的,以及按照当事人的和解协议作出裁决的,可以不写明争议事实和裁决理由。(三)裁决书由仲裁员签名。对裁决持不同意见的仲裁员,可以签名;也可以不签名;不签名的仲裁员应当针对裁决出具个人意见。本会将其个人意见随裁决书送达当事人,但该意见不构成裁决书的一部分。(四)裁决书经仲裁员签名后,加盖本会印章。”

(四)仲裁裁决的补正

《仲裁法》56条规定,对裁决书中的文字、计算错误或者仲裁庭已经裁决但在裁决书中遗漏的事项,仲裁庭应当补正;当事人自收到裁决书之日起30日内,可以请求仲裁庭补正。

在仲裁实践中,有可能因为文字校对、数字计算或误写而导致裁决结果出现错误,比如将10000元误写为1000元。对待裁决书中出现上述错误时,仲裁庭发现后应及时予以补正;若当事人发现上述错误的,有权要求仲裁庭补正。补正的方式通常是:在原裁决的基础上,另行制作一份补充纠正原裁决错误的补正裁决,补正裁决是原裁决的组成部分。

(五)仲裁裁决的效力

仲裁裁决的效力,是指仲裁庭作出的裁决在法律上的约束力。即仲裁裁决何时生效,对哪些人哪些事有约束力。

我国《仲裁法》第57条规定,裁决书自作出之日起发生法律效力。据此规定,裁决书作出之日就是裁决书上打印的日期,该日期为裁决书生效的日期。

根据国际惯例和我国仲裁法的规定,仲裁实行“一裁终局”,即仲裁庭一旦对案件作出裁决,此裁决为最终裁决。仲裁没有上诉和复议程序。所以仲裁庭作出的裁决是具有法律效力的裁决,对仲裁机构、仲裁员、当事人均有法律上的约束力。具体而言,仲裁机构或仲裁庭不得随意改变裁决的内容,当事人则必须按照裁决书中确定内容各自享有权利和履行义务。对于一方当事人不履行义务的,另一方当事人可依据生效的仲裁裁决,向有管辖权的法院申请强制执行。

(六)裁决作出的期限

裁决作出的期限,即指仲裁委员会受理案件后,依法组成仲裁庭审理案件并作出裁决的期限。

根据国务院办公厅1995年7月28日发布实施的《仲裁委员会仲裁暂行规则示范文本》第41条的规定,仲裁庭应当在仲裁庭组成后4个月内作出仲裁裁决。有特殊情况需要延长的,由首席仲裁员或者独任仲裁员报经本仲裁委员会主任批准,可以适当延长。

据此,裁决作出的期限是仲裁庭组成后的4个月。具体参见各仲裁委员会的仲裁规则。如下表所示:

名称	内容
《北京仲裁委员会仲裁规则》	第47条 裁决作出期限 仲裁庭应当自组庭之日起4个月内作出裁决。有特殊情况需要延长的,由首席仲裁员提请秘书长批准,可以适当延长。
《上海仲裁委员会仲裁规则》	第62条 审理期限 仲裁庭应在组成之日起4个月内作出裁决。有特殊情况需要延长仲裁期限的,由仲裁庭报经仲裁委员会主任批准。 上述期间不包括仲裁程序中止期间以及对专门性问题进行审计、审价、审核、评估、鉴定、检验,以及当事人双方书面要求仲裁庭给予庭外自行和解的期间。
《广州仲裁委员会仲裁规则》	第70条 裁决作出期限 (1)仲裁庭应当自组成之日起4个月内作出裁决。 (2)有特殊情况需要延长的,由首席仲裁员在期满10日前书面申请,经本会主任批准可以适当延长。 (3)鉴定期间、中止期间、公告期间以及双方当事人共同申请庭外和解的时间不计算在内。
《西安仲裁委员会仲裁规则》	第56条 裁决作出的期限 仲裁庭审理案件的期限为4个月,因特殊情况需要延长的,经仲裁庭报本会仲裁委员会主任批准,可以适当延长。 前款所述审理期限是指从仲裁庭组成后的次日起到裁决书、调解书作出之日,但公告、鉴定、延期举证、延期开庭、回避或更换仲裁员、庭外和解及中止仲裁的期间不计算在内。

五、仲裁中的特殊情形

(一)延期开庭

延期开庭,是指仲裁庭开庭日期已经确定,根据当事人的申请,仲裁庭决定推延开庭审理日期的决定。我国《仲裁法》第41条规定,当事人有正当理由的,可以在仲裁规则规定的期限内请求延期开庭。是否延期,由仲裁庭决定。

根据法律的规定,当事人申请延期开庭的理由是否正当,是仲裁庭决定案件是否延期审理的关键所在。

当事人申请延期开庭的申请按照仲裁规则的规定提出。

(二)撤回仲裁申请

撤回仲裁申请,是指当事人或其代理人向仲裁机构提出撤回仲裁申请的请求,表示不再要求仲裁机构对案件作出裁决的行为。

当事人撤回仲裁申请的,既可以采取口头方式,也可以采取书面方式,但都必须是当事人自愿的、合法的、意思表示真实的行为。

在仲裁理论与实践中,撤回仲裁申请包括两种情形:一是当事人申请撤回仲裁申请;二是仲裁庭按撤回仲裁申请处理。实践中,当事人主动要求撤回仲裁申请的占多数,这也符合仲裁当事人意思自治的原则。按撤回仲裁申请处理属于例外规定。

根据《仲裁法》第 42 条第 1 款的规定,下列情况按撤回仲裁申请处理:(1)申请人或申请人的法定代理人经书面通知,无正当理由不到庭的。(2)申请人或申请人的法定代理人未经仲裁庭许可,中途退庭的。

(三)缺席裁决

缺席裁决,是指仲裁庭在一方当事人到庭,另一方当事人缺席的情况下,对案件依法审理并作出裁决的行为。缺席一方主要是指被申请人。

根据《仲裁法》第 42 条第 2 款的规定,下列情况,仲裁庭可以作出缺席裁决:(1)被申请人或被申请人的法定代理人收到开庭的书面通知,而无正当理由不到庭的。(2)被申请人或被申请人的法定代理人未经仲裁庭许可,中途退庭的。(3)被申请人提出反请求的,申请人无正当理由不到庭或未经仲裁庭许可中途退庭的,也可缺席裁决。

(四)仲裁的中止和终结

1. 仲裁的中止

仲裁的中止,即仲裁程序的中止,是指仲裁庭审理案件遇到特定原因时,须停止案件的审理,等到该原因消除后,再根据当事人的申请,恢复仲裁程序。

仲裁的中止,在仲裁法中没有明确的规定,但在仲裁实践中,的确存在影响仲裁程序进行的原因,由于出现这些原因,仲裁程序不得不暂时停止。对此,有些仲裁规则中有规定。如《北京仲裁委员会仲裁规则》第 44 条关于"仲裁程序中止和恢复"的规定:"(一)各方当事人共同申请或者一方当事人申请、其他当事人未表示反对的,仲裁程序可以中止。任何一方当事人申请恢复仲裁程序或者本会或仲裁庭认为有必要恢复的,仲裁程序恢复。(二)出现特殊情况需要中止仲裁程序的,仲裁程序可以中止。特殊情况消失后,仲裁程序恢复。(三)中止和恢复仲裁程序的决定,仲裁庭组成前由本会作出;仲裁庭组成后由仲裁庭作出。程序中止的期间不计算在本规则第四十七条、第五十八条及第六十八条规定的期限内。"

《西安仲裁委员会仲裁规则》第 54 条规定:"有下列情形之一的中止仲裁:(一)一方当事人因不可抗拒的事由,不能参加仲裁的;(二)本案必须以另一案的审理结果为依据,而另一案尚未审结的;(三)一方当事人死亡,需要等待继承人参加仲裁的;(四)一方当事人丧失参加仲裁的行为能力,尚未确定法定代理人的;(五)作为一方当事人的法人或者其他组织终止,尚未确定权利义务继受人的;(六)当事人向人民法院申请确认仲裁协议效力的;(七)当事人申请调解的;(八)其他应当中止仲裁的情形。仲裁庭组成前出现中止事由的,由本会决定;仲裁庭组成后出现中止事由的,由仲裁庭决定。中止仲裁的原因消除后,恢复仲裁。"

2. 仲裁的终结

仲裁的终结,是指在仲裁中,因出现特殊原因致使仲裁程序没有必要继续进行,从而结束仲裁程序。

与仲裁中止一样,仲裁法对仲裁终结的情形也没有作出规定。但在仲裁实践中,由于出现特殊原因,仲裁程序无须继续进行。如《西安仲裁委员会仲裁规则》第 55 条规定:"有下列情形之一的,终结仲裁:(一)申请人死亡或者终止,没有权利义务承受人的,或者权利义务承受人放弃仲裁权利的;(二)被申请人死亡或者终止,没有权利义务承受人的;(三)其他应当终结仲裁的情形。仲裁庭组成前出现终结事由的,由本会决定;仲裁庭组成后出现终结事由的,由仲裁庭决定。终结仲裁的决定,应当制作决定书,通知当事人。"

第六节　简易程序及其特点

一、简易程序的概念

通常认为,简易程序即普通程序的简化,是审理仲裁案件中简单案件所适用的一种简便易行的仲裁程序。

我国《仲裁法》和《仲裁委员会仲裁暂行规则示范文本》中,都没有简易程序的规定。但立法精神和仲裁法的有关规定,都涵盖了简易程序的理念。如仲裁的意思自治原则和高效、快捷的解纷特点,与简易程序的特点相吻合;仲裁法中关于独任仲裁制度和书面审理的规定,也体现了简易程序的规则。总之,在仲裁中设置简易程序,是仲裁制度的内在要求。

就仲裁案件本身而言,存在繁简和难易不同性质的案件,处理不同类型的案件也需要不同的程序。因此,设置简易程序也是处理简单类型案件的需要。

二、简易程序的特点

从上述规定来看,与普通程序相比,简易程序有下列特点:

1. 适用简易程序的案件范围明确。如《北京仲裁委员会仲裁规则》规定,除非当事人有约定,原则上争议标的额在人民币 100 万元以下的案件,适用简易程序;上海的规定是人民币 100 万元以下的案件,适用简易程序;广州规定争议金额不超过人民币 50 万元的仲裁案件,适用简易程序,当事人另有约定的除外。西安的规定是人民币 10 万元以下的案件,适用简易程序。由于各地经济社会发展水平不同,因此适用简易程序案件的标准也必然不同。虽然,各地适用标准不同,但都明确规定了简易程序的适用范围。

2. 适用简易程序的审理组织较为简单。即适用简易程序的案件,均由一名仲裁员组成独任仲裁庭审理案件并作出裁决。

3. 简易程序灵活。仲裁庭可以根据案件的实际情况,采用简便的方式进行审理,也可以根据当事人的申请进行书面审理。

4. 适用简易程序的案件,审理和裁决作出的期限较短。

适用简易程序审理的案件,审理期限或作出裁决的期限各仲裁机构的仲裁规则均有规定。北京仲裁规则的规定是:仲裁庭应当自组庭之日起 75 日内作出裁决。有特殊情况需要延长的,由独任仲裁员提请秘书长批准,可以适当延长。上海仲裁规则的规定是:适用简易程序审理的仲裁案件,应自仲裁庭组成之日起 2 个月内作出裁决。有特殊情况需要延长仲裁期限的,由仲裁庭报经仲裁委员会主任批准。广州仲裁规则的规定是:仲裁庭应当自组成之日起 2 个月内作出裁决。有特殊情况需要延长的,由独任仲裁员在期满 10 日前书面申请,经本会主任批准可以适当延长。西安仲裁规则的规定是:仲裁庭应当自组庭之日起45日内作出裁决。有特殊情况需要延长的,经仲裁庭报本会主任批准,可以适当延长。

司法考试试题

一、单项选择题

1. 根据《仲裁法》,仲裁庭作出的裁决书生效后,在下列哪一情形下仲裁庭不可进行补正?(2011年)

A. 裁决书认定的事实错误

B. 裁决书中的文字错误

C. 裁决书中的计算错误

D. 裁决书遗漏了仲裁评议中记录的仲裁庭已经裁决的事项

【答案】 A

【考点】 仲裁裁决。

【解析】 根据《仲裁法》第56条规定:"对裁决书中的文字、计算错误或者仲裁庭已经裁决但在裁决书中遗漏的事项,仲裁庭应当补正;当事人自收到裁决书之日起三十日内,可以请求仲裁庭补正。"因此,A项裁决书认定的事实错误不可进行补正,一般情况下,案件事实认定错误,导致裁判结果错误,应当通过审判监督程序予以解决。

2. 甲公司因与乙公司的合同纠纷向某仲裁委员会申请仲裁,甲公司的仲裁请求得到仲裁庭的支持。裁决作出后,乙公司向法院申请撤销仲裁裁决。法院在审查过程中,甲公司向法院申请强制执行仲裁裁决。关于本案,下列哪一说法是正确的?(2012年)

A. 法院对撤销仲裁裁决申请的审查,不影响法院对该裁决的强制执行

B. 法院不应当受理甲公司的执行申请

C. 法院应当受理甲公司的执行申请,同时应当告知乙公司向法院申请裁定不予执行仲裁裁决

D. 法院应当受理甲公司的执行申请,受理后应当裁定中止执行

【答案】 D

【考点】 仲裁裁决的中止执行。

【解析】 根据《仲裁法》第64条规定,一方当事人申请执行仲裁裁决,另一方当事人申请撤销仲裁裁决的,人民法院应当裁定中止执行。人民法院裁定撤销裁决的,应当裁定终结执行。撤销裁决的申请被裁定驳回的,人民法院应当裁定恢复执行。本题中,法院正在审查乙公司的仲裁裁决撤销申请,尚未正式裁定撤销,此时甲公司向法院申请执

行仲裁裁决,法院还是应当受理执行申请,并且在受理执行申请之后根据规定裁定中止执行,故 D 项正确。

二、多项选择题

关于法院与仲裁庭在审理案件有关权限的比较,下列哪些选项是正确的?(2012 年)

A. 在一定情况下,法院可以依职权收集证据,仲裁庭也可以自行收集证据

B. 对专门性问题需要鉴定的,法院可以指定鉴定部门鉴定,仲裁庭也可以指定鉴定部门鉴定

C. 当事人在诉讼中或仲裁中达成和解协议的,法院可以根据当事人的申请制作判决书,仲裁庭也可以根据当事人的申请制作裁决书

D. 当事人协议不愿写明争议事实和判(裁)决理由的,法院可以在判决书中不予写明,仲裁庭也可以在裁决书中不予写明

【答案】 AB

【考点】 审理前的准备、开庭审理、民事判决的内容、仲裁和解。

【解析】 根据《民事诉讼法》第 64 条规定:“当事人对自己提出的主张,有责任提供证据。当事人及其诉讼代理人因客观原因不能自行收集的证据,或者人民法院认为审理案件需要的证据,人民法院应当调查收集。人民法院应当按照法定程序,全面地、客观地审查核实证据。”《仲裁法》第 43 条规定:“当事人应当对自己的主张提供证据。仲裁庭认为有必要收集的证据,可以自行收集。”故 A 项正确。

根据《民事诉讼法》第 76 条第 2 款规定:“当事人未申请鉴定,人民法院对专门性问题认为需要鉴定的,应当委托具备资格的鉴定人进行鉴定。”《仲裁法》第 44 条第 1 款规定:“仲裁庭对专门性问题认为需要鉴定的,可以交由当事人约定的鉴定部门鉴定,也可以由仲裁庭指定的鉴定部门鉴定。”故 B 项正确。

三、不定项选择题

B 市的京发公司与 T 市的蓟门公司签订了一份海鲜买卖合同,约定交货地在 T 市,并同时约定“涉及本合同的争议,提交 S 仲裁委员会仲裁”。京发公司收货后,认为海鲜等级未达到合同约定,遂向 S 仲裁委员会提起解除合同的仲裁申请,仲裁委员会受理了该案。在仲裁规则确定的期限内,京发公司选定仲裁员李某作为本案仲裁庭的仲裁员,蓟门公司未选定仲裁员,双方当事人也未共同选定第三名仲裁员,S 仲裁委主任指定张某为本案仲裁庭仲裁员、刘某为本案首席仲裁员,李某、张某、刘某共同组成本案的仲裁庭,仲裁委向双方当事人送达了开庭通知。

开庭当日,蓟门公司未到庭,也未向仲裁庭说明未到庭的理由。仲裁庭对案件进行

了审理并作出缺席裁决。在评议裁决结果时，李某和张某均认为蓟门公司存在严重违约行为，合同应解除，而刘某认为合同不应解除，拒绝在裁决书上签名。最终，裁决书上只有李某和张某的签名。

S 仲裁委员会将裁决书向双方当事人进行送达时，蓟门公司拒绝签收，后蓟门公司向法院提出撤销仲裁裁决的申请。

请回答第 1—3 题。(2014 年)

1. 关于本案中仲裁庭组成，下列说法正确的是：

A. 京发公司有权选定李某为本案仲裁员

B. 仲裁委主任有权指定张某为本案仲裁员

C. 仲裁委主任有权指定刘某为首席仲裁员

D. 本案仲裁庭的组成合法

【答案】 ABCD

【考点】 仲裁庭的组成程序。

【解析】 根据《仲裁法》第 31 条第 1 款的规定，当事人约定由 3 名仲裁员组成仲裁庭的，应当各自选定或者各自委托仲裁委员会主任指定 1 名仲裁员，第 3 名仲裁员由当事人共同选定或者共同委托仲裁委员会主任指定。第 3 名仲裁员是首席仲裁员。本案中，京发公司有权选定李某为本案仲裁员；仲裁委主任有权指定刘某为首席仲裁员。所以，AC 项正确。

根据《仲裁法》第 32 条的规定，当事人没有在仲裁规则规定的期限内约定仲裁庭的组成方式或者选定仲裁员的，由仲裁委员会主任指定。本案中，仲裁委主任有权指定张某为本案仲裁员。所以，B 项正确。

根据《仲裁法》第 30 条的规定，仲裁庭可以由三名仲裁员或者 1 名仲裁员组成。由 3 名仲裁员组成的，设首席仲裁员。根据《仲裁法》第 31 条的规定，当事人约定由 3 名仲裁员组成仲裁庭的，应当各自选定或者各自委托仲裁委员会主任指定 1 名仲裁员，第 3 名仲裁员由当事人共同选定或者共同委托仲裁委员会主任指定。第 3 名仲裁员是首席仲裁员。当事人约定由 1 名仲裁员成立仲裁庭的，应当由当事人共同选定或者共同委托仲裁委员会主任指定仲裁员。根据《仲裁法》第 32 条的规定，当事人没有在仲裁规则规定的期限内约定仲裁庭的组成方式或者选定仲裁员的，由仲裁委员会主任指定。根据《仲裁法》第 33 条的规定，仲裁庭组成后，仲裁委员会应当将仲裁庭的组成情况书面通知当事人。本案仲裁庭的组成合法。所以，D 项正确。

2. 关于本案的裁决书，下列表述正确的是：

A. 裁决书应根据仲裁庭中的多数意见，支持京发公司的请求

B. 裁决书应根据首席仲裁员的意见，驳回京发公司的请求

C. 裁决书可支持京发公司的请求，但必须有首席仲裁员的签名

D. 无论蓟门公司是否签收，裁决书自作出之日起生效

【答案】 AD

【考点】 仲裁裁决。

【解析】 根据《仲裁法》第53条的规定，裁决应当按照多数仲裁员的意见作出，少数仲裁员的不同意见可以记入笔录。仲裁庭不能形成多数意见时，裁决应当按照首席仲裁员的意见作出。据此可知，只有在仲裁庭形成不了多数意见之时才应当根据首席仲裁员的意见确定裁决书，本案中，仲裁庭已经形成了多数意见，所以仲裁裁决书应根据仲裁庭中的多数意见，支持京发公司的请求。所以，A项正确。

根据《仲裁法》第57条的规定，裁决书自作出之日起发生法律效力。本案中，无论蓟门公司是否签收，裁决书自作出之日起生效。所以，D项正确。

3. 关于蓟门公司撤销仲裁裁决的申请，下列表述正确的是：

A. 蓟门公司应向S仲裁委所在地中院提出申请

B. 法院应适用普通程序审理该撤销申请

C. 法院可以适用法律错误为由撤销S仲裁委的裁决

D. 法院应以缺席裁决违反法定程序为由撤销S仲裁委的裁决

【答案】 A

【考点】 申请撤销仲裁裁决的条件，申请撤销仲裁裁决的理由，驳回撤销仲裁裁决的申请。

【解析】 根据《仲裁法》第58条第1款的规定，当事人提出证据证明裁决有下列情形之一的，可以向仲裁委员会所在地的中级人民法院申请撤销裁决：(1)没有仲裁协议的；(2)裁决的事项不属于仲裁协议的范围或者仲裁委员会无权仲裁的；(3)仲裁庭的组成或者仲裁的程序违反法定程序的；(4)裁决所根据的证据是伪造的；(5)对方当事人隐瞒了足以影响公正裁决的证据的；(6)仲裁员在仲裁该案时有索贿受贿，徇私舞弊，枉法裁决行为的。本案中，蓟门公司应向S仲裁委所在地中级法院提出申请。所以，A项正确。

第九章　申请撤销仲裁裁决

重点提示

本章应重点掌握申请撤销仲裁裁决的条件、理由以及申请撤销仲裁裁决的法律后果。了解设立申请撤销仲裁裁决程序的意义。

引导案例

申请人安姆科软包装(北京)有限公司(以下简称安姆科公司)申请撤销北京仲裁委员会(2001)京仲裁字第0189号裁决书。安姆科公司申请称:

1. 安姆科公司为外商独资企业,具有涉外因素。按照北京仲裁委员会仲裁规则,应由涉外仲裁员仲裁。北京仲裁委员会所指定的独任仲裁员只是一般仲裁员,违反了《北京仲裁委员会仲裁规则》第五十四条第三款的规定。

2. 北京仲裁委员会(2001)京仲裁字第0189号裁决书所依据的部分证据不可信,与事实有明显出入,违反了《北京仲裁委员会仲裁规则》第五十四条第四款的规定。

3. 在加装屋顶保温层施工前,安姆科公司要求中国第二十二冶金建设公司(以下简称冶建公司)更换500平方米彩色钢板。在整个施工过程中,冶建公司屡屡以买不到彩色钢板为由不更换新板,拖延直至施工完毕。由于彩色钢板费用占整个施工费用的10%,按照工程折价的原则,安姆科公司要求冶建公司退还未发生的彩色钢板费用是合理的。

4. 冶建公司提出自攻螺栓的费用应由安姆科公司支付亦无道理。因为工程承包造价是一次性包死,施工中的自攻螺栓费用应包含在施工费用当中。在屋面板上加装保温层,原来的螺丝不够长,需要使用新螺丝是一个常识问题,以自攻螺丝是一次性为理由增加费用不可接受。

5. 在工程造价一次性包死的约定下,安姆科公司既要对施工中发生的自攻螺栓费用付钱,又要对没有发生的彩色钢板费用付钱,这说明仲裁庭在仲裁当中确认合同时的角度是自相矛盾的。

6. 冶建公司索要利息没有道理,在解决未决问题的时间顺序上,我公司在先,冶建公司在后。双方在讨论解决问题的过程中,不应该计收利息。根据以上事实,安姆科公司申请法院撤销北京仲裁委员会(2001)京仲裁字第0189号裁决书。

此后,在案件审理阶段,安姆科公司又向本院补充提交《关于第11项证据的说明》。该说明中称,冶建公司向仲裁庭提供的自攻螺栓的购货发票是伪证。理由一是:在仲裁庭审当中,冶建公司声称原购货发票已丢失,但后来却提供一张注明"付款方收执"的购货发票。理由二是:经与国税局核对,冶建公司提供的是2000年版发票,而下款的开具时间是1998年12月7日。1998年不可能使用2000年才印制的发票。因此,该证据不足为信。仲裁庭据此作出的裁决结果有失公允,理应撤销。

冶建公司答辩称:北京仲裁委员会审理本案适用法律正确,符合法定程序。

1. 根据我国有关法律规定,所谓涉外法律关系,是指法律关系的主体、客体或内容具有涉外因素。本案申请人安姆科公司是在我国境内向中华人民共和国工商管理部门申请注册登记的企业,其性质是中国企业。双方签订的建设工程施工合同适用中国法律,在国内履行,并非涉外合同。因此,该仲裁案件不应依照涉外程序审理。

2. 该案仲裁过程中,冶建公司向仲裁委提交的证据材料,都是经双方签字认可的原始施工技术资料,既是双方施工管理、质量监理、竣工验收、财务结算的凭证,也是北京仲裁委员会据以认定事实的依据。

3. 安姆科公司申请撤销仲裁裁决的第三项至第六项理由不属于法院审查仲裁案件的范围。综上所述,请求法院查明事实,分清是非,依法驳回安姆科公司的撤销仲裁裁决的申请。

冶建公司对安姆科公司提交的《关于第11项证据的说明》答辩称,安姆科公司厂房修改工程完工后,我公司向安姆科公司移交竣工验收资料时,一并提交了自攻螺栓的原始发票作为财务结算凭证。仲裁过程中,安姆科公司拒不承认这一事实,拒不向仲裁庭出示已经收到的自攻螺栓原始发票。为举证自攻螺栓的费用标准,我公司向仲裁庭说明了这一情况,请原售货单位查实账目后,补开了一张同样数额的发票,因此,出现了发票上的时间误差。为避免重复纳税,销售单位有意将补开发票的"财务报销联"留下,只将购销双方用于对账的"付款方收执"发票联交给我公司。自攻螺栓项目是安姆科公司厂房修改工程中已经发生的客观事实，我公司没有必要对已经发生的客观事实伪造证据，该发票的作用只是对确认自攻螺栓费用数额的补证。

本案是否符合申请撤销仲裁裁决的条件？

第一节　申请撤销仲裁裁决概述

一、申请撤销仲裁裁决的概念和意义

申请撤销仲裁裁决，是指仲裁裁决作出后，当事人提出证据证明仲裁裁决有不符合法律规定的情形，向人民法院提出撤销该仲裁裁决，以纠正仲裁裁决错误的法律制度。仲裁裁决作出后，双方当事人无论胜诉方或败诉方因仲裁程序存在缺陷或裁决不公而对裁决不服或不满的，均可主动提出异议，申请撤销裁决，双方当事人因此不仅获得了平等的抗辩裁决的权利和机会，也获得了更充分的寻求司法救济的手段。

一裁终局是各国民商事仲裁中的普遍做法。中国《仲裁法》亦规定，仲裁实行一裁终局的制度，也就是说，仲裁裁决一经作出，即发生法律效力，当事人不能就同一纠纷再向仲裁委员会申请仲裁，也不能向人民法院起诉。一裁终局制度的确立，充分体现了尊重仲裁效益的原则。然而，仲裁实践中由于受到各种因素的影响，仲裁裁决不可能保证没有一点偏差和错误。因此，申请撤销仲裁裁决就成为当事人一种有利的救济手段，同时，这一仲裁的司法监督机制，对于确保仲裁裁决的合法性和公正性，具有非常重要的意义。

1. 有利于维护当事人的合法权益。当事人在协商一致的基础上，本着对仲裁制度的信任，将自己的争议提交仲裁庭解决，仲裁庭只有公正、及时、正确地作出仲裁裁决，才能顺利地解决当事人之间的纠纷，从而维护当事人的合法权益。一旦仲裁员不能保持中立，或者程序违法，甚至出现仲裁员滥用职权的行为，必然会侵害另一方当事人的合法权益。《仲裁法》规定当事人有权申请撤销仲裁裁决，一方面是确立了人民法院对仲裁的监督权，另一方面也为当事人提供了一条有效的主动寻求救济的途径，这种手段对于胜诉方而言尤为重要。因为一般而言，败诉方若是对仲裁裁决不服的话，可以被动地在对方当事人申请

强制执行时,请求人民法院不予执行仲裁裁决;但胜诉方如果不服仲裁裁决,则不能这么做,假如没有撤销程序,它无可救济。比如,申请人要求被申请人赔偿人民币100万元,而仲裁庭裁决只赔偿人民币50万元。申请人不服,并且能提出裁决不当的证据,只有通过申请撤销仲裁裁决才能获得救济。

2. 督促仲裁员公正仲裁。仲裁员在仲裁中如果不遵守有关法律和仲裁规则的规定,不公正行事,甚至枉法裁判,所作出的裁决就会因一方当事人提出申请而遭到人民法院的撤销。这样,该仲裁员在社会上的声誉和公正形象就会受到极大的影响。这必然减少其被再次选定为仲裁员的机会,情节严重的会被仲裁委员会除名,甚至受到法律追究。对于仲裁机构而言,如果该仲裁机构作出的裁决被人民法院撤销,人们对它的信赖程度将会降低,所以,设置申请撤销仲裁裁决的程序,有利于督促仲裁机构加强对仲裁员的管理,有利于督促仲裁员珍惜声誉,正确行使权力。

3. 有利于完善中国的仲裁监督机制。仲裁作为一种制度化的诉讼外执法方式,各国都不会对其放任自流。但《仲裁法》实施之前,中国并没有设置撤销仲裁裁决的程序,这不利于国家对仲裁活动给予必要的监督,不利于当事人就裁决寻求合理的救济,最终也不利于仲裁自身的发展。《仲裁法》设立撤销裁决的程序,完善了中国的仲裁监督机制。

4. 有利于我国市场经济的发展,加强同世界各国的经济贸易合作。申请撤销仲裁裁决能促进仲裁机构公正解决纠纷,迅速稳定社会经济关系,培养良好的法制环境,从而促进我国市场经济的发展。同时,良好的法制环境将吸引更多的纠纷当事人将纠纷提交我国仲裁机构解决,这也意味着形成了一种良好的投资环境,更能吸引外资,从而加强对外经济合作。

二、申请撤销仲裁裁决的条件

仲裁裁决一经作出,立即发生法律效力。当事人欲申请撤销仲裁裁决,必须符合法定条件:

1. 提出申请的主体必须是当事人。由于仲裁当事人与裁决的结果有直接的利害关系,最关心裁决的结果,因而也只有当事人最了解自己的合法权益是否受到了侵害,因此,法律规定提出申请撤销裁决的主体仅限于当事人,包括仲裁中的申请人和被申请人。

2. 必须在规定的期限内提出申请。为了迅速解决当事人之间的纠纷,稳定民商事交往关系，稳定社会经济秩序和其他秩序，防止仲裁庭所作裁决的效力可能长期处于不确定的状态，有必要督促当事人及时行使自己的权利。《仲裁法》规定，当事人申请撤销仲裁裁决的，应当自收到裁决书之日起6个月内提出。逾期未提出者，视为当事人放弃了申请撤销仲裁裁决的权利，人民法院则不再受理当事人撤销仲裁裁决的申请。国际上的仲裁立法中，通常可申请撤销仲裁裁决的期限都是较短的，如比利时、德国是3个月（在执行程序中被申请人要求法院撤销裁决不受此时限限制），美国、荷兰、希腊、瑞典也是3个月，英国是28天，法国、瑞士、葡萄牙、中国台湾地区和《国际商事仲裁示范法》均为1个月。

3. 必须向有管辖权的人民法院提出申请。根据最高人民法院2011年2月18日发布的《民事案件案由规定》，本书认为，人民法院审理申请撤销仲裁裁决之诉，适用的是特别程序，一审终审。但是有学者认为撤销仲裁裁决程序是法院运用司法权对仲裁裁决进行司法监督的一种形式，这种监督无论从制度上还是法理基础上看，都属于争讼程序的性质，因此，这种诉讼应按审判程序来对待。[1] 而且，撤销仲裁裁决，既涉及当事人的重大权益，也涉及具体的仲裁委员会，并可能影响中国仲裁界的声誉。因此，管辖法院不宜为基层法院。按照《仲裁法》的规定，当事人提出撤销仲裁裁决申请的，必须向仲裁委员会所在地的中级人民法院提出。可见，申请撤销仲裁裁决案件依法享有管辖权的是仲裁委员会所在地的人民法院。

4. 提出证据证明裁决有法律规定的情形。基于对仲裁裁决终局效力的尊重，以及防止当事人滥用此项权利阻止仲裁裁决的执行，我国仲裁法对可以申请撤销仲裁裁决的情形作了明确的规定和严格的限制。当事人申请撤销仲裁裁决时，对所声称的撤销事由，应当提供初步证据和说明。当然，这里所谓的证据和说明是从申请人提出申请的角度而言的，至于是否符合《仲裁法》规定的情形并得到认可，尚需人民法院审理后确定。

三、申请撤销仲裁裁决的法定理由

当事人申请撤销仲裁裁决，除程序上必须满足上述条件外，还需具有法定的理由。根据《仲裁法》的规定，在无涉外因素的国内仲裁中，有下列情形之一的，人民法院应当裁定撤销仲裁裁决：

---

[1] 江伟、肖建国主编：《仲裁法》（第三版），中国人民大学出版社2016年版，第269页。

1. 没有仲裁协议。“没有仲裁协议”是指当事人没有达成仲裁协议。仲裁协议被认定无效或者被撤销的，视为没有仲裁协议。仲裁协议是当事人申请仲裁和仲裁机构受理案件的前提和基础，是仲裁裁决得以承认和执行的重要依据。没有仲裁协议而申请仲裁的，仲裁委员会不予受理，当然更不能对案件作出裁决；如果仲裁委员会对案件予以受理并作出了裁决，则违反了当事人自愿的原则，因而所作裁决是违法裁决，当事人有权申请、法院也有权裁定撤销此项裁决。

值得注意的是，当事人在仲裁程序中未对仲裁协议的效力提出异议，在仲裁裁决作出后以仲裁协议无效为由主张撤销仲裁裁决的，法院不予支持。

2. 裁决的事项不属于仲裁协议的范围或者仲裁委员会无权仲裁的。仲裁权来源于法律的规定和当事人的约定，仲裁委员会对其无权仲裁的事项所发出的裁决书，当事人可以要求法院予以撤销。具体包括下列四种情况：

（1）仲裁庭所裁决的事项，超出了仲裁法规定的受案范围。比如，仲裁庭就应当由行政机关处理的争议或婚姻纠纷作出的裁决。

（2）仲裁庭所裁决的事项，虽然具有可仲裁性，却是仲裁协议范围之外的事项。仲裁庭进行仲裁只能以当事人订立的仲裁协议为依据，如果当事人请求裁决的事项超出仲裁协议的范围，而仲裁机构仍予受理并作出裁决，则该裁决就失去了正当性和合法性的基础，当事人有权请求法院撤销该裁决。

（3）仲裁庭所裁决的事项，虽然具有可仲裁性且在仲裁协议的范围之内，但超出了当事人请求的范围，则仲裁庭也构成越权。比如，当事人请求仲裁庭裁定系争货物的质量是否达到合同约定的标准，但仲裁庭却裁定一方当事人交货数量不够，对该项裁决，当事人有权请求法院予以撤销。

（4）仲裁庭所裁决的事项，虽然具有可仲裁性且在仲裁协议及当事人请求的范围之内，但超出了仲裁机构的受案范围。如一个仲裁委员会是专门的海事仲裁机构，其规则也规定只受理海事案件，但仲裁庭却审理了一个建筑工程承包合同争议，这显然会被法院认定为无权仲裁。

关于仲裁庭是否构成无权仲裁，实践中对某些问题存在争论，即仲裁庭据以裁决的理由可否超越当事人提出请求所依据的理由。如在中外合资经营合同纠纷中，申请人以欺诈为由要求被申请人赔偿投资损失若干，仲裁庭经审理认为，被申请人不构成欺诈，但有违约行为，故裁决被申请人向申请人赔偿违约金若干。仲裁庭的裁决是否越权，应作具体分析。通常说来，仲裁庭有自主认定案情的权利，作出裁决的理由不一定限于当事人申请仲裁的理由，但不应该在当事人请求事项之外作出裁决。

3. 仲裁庭的组成或者仲裁的程序违反法定程序的。仲裁中,仲裁委员会和仲裁庭在履行职责时,必须严守程序公正或正当程序原则,否则仲裁庭所作出的裁决,当事人有权申请法院予以撤销。也就是说,违反仲裁法规定的仲裁程序和当事人选择的仲裁规则可能影响案件正确裁决的,当事人有权申请法院撤销仲裁裁决。可见,违反法定程序并不必然导致撤销仲裁裁决,只有达到了可能影响正确裁决的程度,才会导致撤销仲裁裁决。

仲裁庭的组成应当符合法定程序,即符合当事人的约定,或无此约定时应符合仲裁法的相关规定。根据《仲裁法》规定,仲裁庭是由 3 名仲裁员组成,还是由 1 名仲裁员组成,由当事人约定;仲裁员也应当由当事人选定或委托仲裁委员会主任指定。当事人作出的约定或选定,仲裁委员会应当尊重。只有当事人没有在规定的期限内约定仲裁庭组成方式或者选定仲裁员,才由仲裁委员会主任指定。在组成仲裁庭或委任仲裁员方面,如果仲裁委员会任意违反当事人的意愿和法律规定,除非当事人追认,所作裁决应予撤销。

仲裁程序的进行应当符合法律规定。这主要是指当事人均应受到公正平等对待,进行仲裁的通知均适当地向当事人送达,当事人都获得充分的陈述案件的机会。因此,如果仲裁委员会没有在规定期限内将仲裁有关的全部文件或材料送达双方当事人,或者当事人非因自身的缘故未能在仲裁程序中获得充分的陈述或辩论的机会,或者证据未经质证就被采纳,或者有关仲裁员有法定回避情形的而未予回避等,均是违反法律的做法。在违背法定仲裁程序基础上所作出的裁决,应予撤销。

4. 裁决所依据的证据是伪造的。证据是仲裁庭查明案件真实情况、分清是非、确定双方当事人的责任界限,并作出裁决的根据。当事人必须向仲裁庭提供真实的证据。如果当事人提供了伪造的证据,必定会影响仲裁庭对案件事实作出正确判断,从而影响裁决的公正性。此种裁决当然应予撤销。

5. 对方当事人隐瞒了足以影响公正裁决的证据。所谓足以影响公正裁决的证据,是指直接影响到最终仲裁裁决之结论的证据。这些证据通常与仲裁案件所涉及的纠纷或争议的焦点或重要情节有着直接的关联,直接影响着仲裁庭对案件的判断。仲裁裁决与仲裁当事人有着直接的利害关系,因此,当事人双方在仲裁过程中都会竭力提交对自己有利的证据,而对对方有利时,很可能不愿将证据提交仲裁机构。如果一方当事人为了自身的利益,隐瞒了这些可能对自己不利的且不为他人所掌握的证据，那么仲裁庭对事实的判断、对法律的适用、对责任的划分，等等，就会与真实情况不相符，在此基础上所作的裁决必定对另一方当事人不公正、不合理，此种裁决应予撤销。

6. 仲裁员在仲裁该案时有索贿受贿、徇私舞弊、枉法裁决行为。索贿受贿是指仲裁员在仲裁案件的过程中非法索要或接受当事人的财物或其他不正当利益的行为。徇私舞弊是指仲裁员为了谋取私利或为了报答一方当事人已经给予或承诺给予自己的某种利益，在仲裁案件时弄虚作假的行为。枉法裁决是指仲裁员在仲裁案件时玩忽职守，无原则地迎合一方当事人，颠倒是非，曲解法律甚至故意错误适用法律的行为。仲裁员是负责审理案件并作出裁决的中立第三方，仲裁裁决的公正与仲裁员的独立、公正裁判有着密切联系。仲裁员在仲裁过程中如索贿受贿、徇私舞弊或枉法裁决，属严重违法行为，必然影响到案件的公正裁决，损害一方当事人的合法权益，甚至损害仲裁制度。具有这些行为的仲裁员，不仅应被追究仲裁责任，其作出的裁决也应予撤销。

除上述六项外，如果人民法院认定仲裁裁决违背社会公共利益，应裁定撤销该裁决。保护公共利益，是现代各国的通例，也是中国的司法准则之一。

在中国国内仲裁中，仲裁庭还可以根据当事人达成的调解协议作出仲裁调解书，调解书经当事人签收后，即具有与仲裁裁决书同等的法律效力。《仲裁法》“申请撤销裁决”一章中未提及仲裁调解书，由于仲裁调解书与仲裁裁决书具有同等的法律效力，从逻辑上推理，当事人也可以申请撤销仲裁调解书。但是，因调解协议是当事人自愿达成的，即使仲裁过程有所失误，也不足以对仲裁调解书的结果产生不公正的影响，也就是说，当事人通过其自愿行为接受了仲裁过程中的失误之处。所以，一般情况下，从尊重当事人意愿出发，法院不应撤销仲裁调解书，除非法院认定当事人之间争议没有可仲裁性或仲裁调解书违背了社会公共利益。

第二节　申请撤销仲裁裁决的程序

一、申请撤销仲裁裁决案件程序的启动

大多数国家法律和国际公约都规定撤销仲裁裁决必须由当事人提出申请，

法院才能依法启动审查程序,对仲裁裁决进行审查认定。根据我国《仲裁法》第58条的规定,撤销仲裁裁决程序的启动以当事人申请、法院被动审查为主,法院依职权启动为例外。只有在人民法院认定仲裁裁决违背社会公共利益时,法院才可以依职权主动撤销仲裁裁决。

二、撤销仲裁裁决案件的审理程序

1. 受理案件。人民法院在接到当事人撤销仲裁裁决的申请后,应当依法对申请主体、申请期间、本院是否有管辖权、是否符合撤销裁决理由进行审查。经审查认为符合法律规定条件的,即依法予以受理。

2. 依法组成合议庭。人民法院在受理当事人撤销仲裁裁决的申请后,应当依法组成合议庭,行使司法审查权。也就是说,对人民法院审查撤销仲裁裁决申请的审判组织形式应为合议制。此规定有两方面的原因:第一,依申请对仲裁裁决进行审查并裁定予以撤销,是法院对仲裁的司法监督方式,关系到仲裁裁决的效力和当事人合法权益的维护,而且是一审终审,是一项比较复杂的司法活动。因此,审查撤销仲裁裁决的申请必须适用合议制。第二,依仲裁法的规定,对撤销仲裁裁决申请具有管辖权的法院是中级人民法院,而独任制只适用于基层人民法院及其派出法庭。

3. 审理。《解释》规定,当事人申请撤销仲裁裁决的案件,人民法院应当询问当事人,根据审理案件的实际需要,可以要求仲裁机构作出说明或者向相关仲裁机构调阅仲裁案卷。可见,法律对人民法院审理撤销仲裁裁决申请案件的形式并没有作出明确的规定。合议庭对案件的审查主要集中在仲裁裁决是否具有应予撤销的法定情形,对此,当事人有提供证据加以证明的责任。

为了保证效率,尽快解决当事人之间的争议,稳定社会秩序,仲裁法规定,人民法院应当在受理撤销裁决申请之日起两个月内作出相应的裁定,这是对人民法院在审限方面的要求。

第三节　申请撤销仲裁裁决的后果

人民法院受理当事人提出的撤销裁决的申请后,必须组成合议庭对当事人

的申请及仲裁裁决进行审查。经审查,人民法院可能作出三种处理:

一、裁定驳回撤销仲裁裁决的申请

人民法院受理当事人撤销仲裁裁决的申请后,经合议庭审查,未发现仲裁裁决具有法定可被撤销的理由,应在受理申请撤销仲裁裁决之日起2个月内作出驳回申请的裁定,且当事人不得就该裁定上诉。

二、裁定撤销仲裁裁决

人民法院受理撤销仲裁裁决的申请后,经审查核实当事人提出申请所依据的理由成立的,或人民法院认为仲裁裁决违背社会公共利益的,应在2个月内裁定撤销该裁决。

当事人以仲裁裁决事项超出仲裁协议范围为由申请撤销仲裁裁决,如果仲裁事项是可分的,人民法院应撤销仲裁裁决中超出仲裁协议的部分。但超裁部分与其他裁决事项不可分的,人民法院应当撤销仲裁裁决。仲裁裁决被人民法院依法撤销后,法律效力溯及既往地消灭。当事人之间的纠纷并未解决,当事人可以重新寻求解决纠纷的方法。由于原来的仲裁协议或者本身并不存在,或者无效,或者因已作出了裁决完成了其应有的程序而失效,当事人要想再通过仲裁方式解决纠纷,必须重新签订仲裁协议,根据新的仲裁协议申请仲裁。若当事人未达成新的仲裁协议,或者根本就不想再采用仲裁方式,任何一方当事人均可向有管辖权的人民法院提起诉讼。

关于裁决被撤销后,原仲裁协议的效力,国际上的做法不尽相同,如中国大陆地区、荷兰、瑞典、奥地利及中国台湾地区等,仲裁裁决被撤销后,当事人如不能重新达成仲裁协议,可以直接向法院起诉。而比利时、德国、法国、英国、美国、瑞士等国要求当事人重新开始仲裁程序,即原仲裁协议继续有效。

三、通知仲裁庭重新仲裁

根据《仲裁法》第61条的规定,人民法院受理当事人撤销仲裁裁决的申请后,认为可以由仲裁庭重新仲裁的,通知仲裁庭在一定期限内重新仲裁,并裁定中止撤销程序。仲裁庭拒绝重新仲裁的,人民法院应当裁定恢复撤销程序。《解释》第22条规定,仲裁庭在人民法院指定的期限内开始重新仲裁的,人民法院应当裁定终结撤销程序;未开始重新仲裁的,人民法院应当裁定恢复撤销程序。

确立重新仲裁，旨在未减损法院对仲裁的监督力度的同时，为仲裁庭提供更正其自身错误和裁决瑕疵的机会，尽可能让仲裁庭弥补缺陷，减少裁决被撤销的可能，不轻易撤销一项裁决，体现了支持仲裁的政策，并保证了当事人以仲裁方式解决争议的初衷得以实现。该制度的确立既体现了司法机关对仲裁日益宽容和支持的普遍趋势，同时也反映了解决争议时注重效益和防止社会资源浪费的理念。

发回重新仲裁的标准，《仲裁法》规定的“认为可以由仲裁庭重新仲裁”虽然是一个主观标准，意味着法官需要行使自由裁量权，但也有其客观基础。一般来讲，仲裁协议不存在或无效、失效，仲裁庭组成违反正当程序，仲裁员有索贿受贿、徇私舞弊、枉法裁决行为以及裁决违反社会公共利益等情形，因缺乏当事人的仲裁合意，或者原仲裁庭没有适当进行仲裁的基础，法院不应将案件发回仲裁庭重新审理。按照最高人民法院的司法解释，如仲裁裁决所根据的证据是伪造的或对方当事人隐瞒了足以影响公正裁决的证据的，法院可以通知仲裁庭重新仲裁，并应在通知书中说明重新仲裁的具体理由。

在司法实践中，还应明确以下几点问题：

1. 人民法院最终决定撤销该裁决前，该裁决仍应有效。鉴于此，重新仲裁的范围，应仅限于法院通知的范围，而不是对原裁决进行全面审查。

2. 重新仲裁的仲裁庭。顾名思义，发回重审应指由原仲裁庭重新仲裁。重新仲裁之所以无须另组仲裁庭，因为仲裁庭的组成方式和仲裁员原本就是由当事人直接或间接地选定的，体现了当事人的自由意志，由原仲裁庭重新仲裁，既尊重了当事人的意愿，也给仲裁庭一个自我纠正错误的机会，从而有利于作出公正的裁决。如果需要更换仲裁庭，则不仅仅是重审的问题，整个仲裁程序必须全面展开。

3. 重新仲裁的费用。重新仲裁的目的在于弥补仲裁庭的失误，因此当事人无须重复缴纳仲裁费。但重新仲裁中，如果仲裁庭需要采取新的必要措施以查明案情，只要原仲裁程序没有进行此类行动，有关费用当事人应该承担。

4. 重新仲裁的期限。仲裁庭如同意重新仲裁，一般情况下应在多久完成重新仲裁，《仲裁法》规定为在“一定期限内”，较为含糊。法官在行使此项自由裁量权时，应充分考虑到案件的具体情形。

另外，就重新仲裁一事尚应注意的是，对法院重新仲裁的通知，是否采纳，由仲裁庭决定。仲裁庭既可决定重新仲裁，也可拒绝重新仲裁。不论出于何种考虑，仲裁庭拒绝重新仲裁的，人民法院应当裁定恢复撤销程序，依法作出其他处理。仲裁庭如决定进行重新仲裁，对于重新仲裁裁决不服的，当事人还可在重新仲裁裁决书送达之日起6个月内，依《仲裁法》第58条的规定向法院申请撤销。

司法考试试题

某仲裁委员会对甲公司与乙公司之间的买卖合同一案作出裁决后，发现该裁决存在超裁情形，甲公司与乙公司均对裁决持有异议。关于此仲裁裁决，下列哪一选项是正确的？（2008年）

A. 该仲裁委员会可以直接变更已生效的裁决，重新作出新的裁决

B. 甲公司或乙公司可以请求该仲裁委员会重新作出仲裁裁决

C. 该仲裁委员会申请法院撤销此仲裁裁决

D. 甲公司或乙公司可以请求法院撤销此仲裁裁决

【答案】 D

【考点】 仲裁裁决的补正和申请撤销仲裁裁决。

【解析】 根据《仲裁法》第58条的规定，当事人提出证据证明裁决有法定撤销情形的，可以向仲裁委员会所在地的中级人民法院申请撤销裁决。故D项正确。

第十章　仲裁裁决的执行

重点提示

本章应重点掌握申请仲裁裁决执行的条件；仲裁裁决不予执行的条件和事由；撤销仲裁裁决和不予执行仲裁裁决的关系。

引导案例

申请人某市国土资源局，被执行人某投资发展公司。2004 年 10 月，某市国土资源局向某市仲裁委员会提出申请，请求裁决：一是收回某投资发展公司闲置 2 年的土地 120 亩，二是某投资发展公司偿还土地出让金 1656 万元。

2005 年 2 月，某市仲裁委员会经审理查明，2001 年，某市国土资源局将 180 亩土地使用权出让给某投资发展公司建超市，使用期限 50 年，每亩土地出让金 10 万元。双方签订合同后，某投资发展公司缴纳土地出让金 8 千元后，某市国土资源局给办理了土地使用权证。某投资发展公司仅使用了 60 亩土地，建营业楼一座，其余 120 亩土地一直闲置。某市仲裁委遂裁决：某投资公司偿还某国土资源局土地出让金 1656 万元，国土资源局有权收回闲置的土地。

由于某投资公司在经营期间，因建营业楼及开业经营欠外债 1 亿元，营业楼和 180 亩的土地使用权因另案被法院查封。某投资公司早已处于歇业状态，法定代表人下落不明，无其他固定人员上班。某国土资源局请求人民法院强制执行该仲裁裁决。

问题：对该仲裁裁决是否应该执行，有两种不同的意见：一种意见认为，由于某投资公司没有在执行程序中行使申请不予执行的权利，法院则无须对该裁决进行审查，应当执行该仲裁裁决。另一种意见认为，该裁决在认定土地出让金数额上有明显错误，某国土资源局既然收回 120 亩土地，则不应再收取该土地的土地出让金，这是明显的“既打又罚”，况且，某国土资源局在没有收取全部的土地出让金的情况下，给某投资公司办理了土地使用权证，也是违反国家法律的。因此,对该裁决应不予执行。

你认为该案的仲裁裁决是否应该执行?

第一节　仲裁裁决执行概述

《仲裁法》规定,仲裁裁决书自作出之日起发生法律效力,当事人应当履行。通常情况下,当事人协商一致将纠纷提交仲裁,都会自觉履行仲裁裁决。同时,按照《仲裁法》,仲裁调解书与仲裁裁决书具有同等的法律效力,调解书一经各方当事人签收,当事人就应该自觉予以履行。但实际上,由于种种原因,义务人不自动履行仲裁裁决的情况并不鲜见。由于仲裁机构本质上属于民间性的机构,并不具有强制执行的权力,因此,享有权利的当事人只有向法院请求强制执行,才能最终实现其仲裁意愿。

一、执行的概念

所谓仲裁裁决的执行,也称为仲裁裁决的强制执行,是指经当事人申请,人民法院的执行组织,运用国家强制力,强制生效仲裁裁决中负有义务人的一方当事人履行其实体义务,以实现仲裁裁决的行为。根据当事人的申请,由法院执行仲裁裁决,是世界各国的通行做法。执行是国家强制力的表现,是当事人不自觉履行义务而引起的法律后果,具有强制性。因此,人民法院进行执行,必须具备以下条件:

1. 执行根据的有效性。执行根据是当事人据以申请执行、人民法院据以进行执行的生效法律文书。实施执行行为应当按照执行依据的内容进行,执行机关不能没有执行根据就采取执行措施,也不能脱离执行根据采取执行措施。也就是说,仲裁执行必须以生效的仲裁裁决或仲裁调解书为依据。执行程序因执行根据效力的丧失或执行根据内容的满足而结束。

2. 执行主体的特定性。在我国,民事执行权只能由人民法院的执行组织来行使,其他任何单位和个人包括仲裁机构都无权行使民事执行权强制执行仲裁裁决。

3. 执行手段的强制性。法律文书生效后,原则上都应由当事人自觉在规定的期间内履行,逾期未履行的,权利人才可申请强制执行。人民法院接受当事人的执行申请,以义务人逾期拒绝履行义务为前提。这就决定了作为强制执行的手段,必须借助国家的强制力量,采取强制措施,才能迫使义务人履行生效仲裁裁决所确定的义务。

4. 执行过程的程序性。为保证仲裁裁决执行的合法性,执行过程必须按照法律规定的程序进行。否则,民事执行活动就会因程序违法达不到应有的目的。

二、执行的意义

如同法院判决、裁定的执行在法律上的重要性一样,仲裁裁决的执行在仲裁制度上具有重要意义。

1. 执行裁决是当事人实现其权利的有效保证。仲裁裁决被赋予法律上的强制力,可以威慑义务人履行义务。但是,裁决的作出只是为权利人提供实现其权利的可能性,只有裁决真正得到执行,权利人才能借此实现自己的权利。显而易见,仲裁裁决付诸实施以后,当事人之间的纠纷才算最终解决,纠纷所涉及的社会经济关系才算稳定。

2. 执行裁决是仲裁制度得以存在和发展的最终保证。在义务人不主动履行仲裁裁决时,如果法律不赋予仲裁裁决以强制执行的效力,裁决书无疑是一纸空文。对当事人而言,不仅应有的权利不能得到实现,而且还要为仲裁花费大量的时间、精力和金钱,那谁还愿意选择仲裁作为解决纠纷的方法呢?一旦纠纷当事人都不愿意将其纠纷提交仲裁,仲裁制度必将失去继续存在和发展的基础。这说明,法院执行仲裁裁决的程序,既是实现当事人权利的保障,同时也是仲裁制度存在和发展的后盾。

3. 执行裁决既是司法支持仲裁的最终和最重要的表现,也是法院对仲裁进行监督的最后防线。执行程序作为仲裁制度的重要组成部分,是世界各国的普遍做法。但由于仲裁机构本身无强制执行力,通过法院对仲裁裁决的执行,是司法对仲裁的支持;同时在执行审查中,对不符合条件的仲裁裁决不予执行,是法院对仲裁一种重要的监督方式。

4. 执行有利于维护国家主权,保护国家和人民的利益。我国已经加入WTO,随着我国对外经济贸易往来的逐步发展,涉外民事案件日益增多,这必然会涉及执行问题。涉外民事案件往往牵涉国家主权,能否做好涉外仲裁裁决的执行工作,对于维护国家主权、保护国家和人民的利益是非常重要的。

三、仲裁裁决执行的条件

依照法律的规定,申请人民法院执行中国各仲裁委员会作出的无涉外因素的仲裁裁决,必须符合下列条件:

1. 必须由当事人提出申请。仲裁裁决作出后,应当履行义务的一方当事人不履行仲裁裁决时,作为权利方当事人或者其继承人、权利承继人及其法定代理人必须向人民法院提出执行申请,人民法院才会予以执行。仲裁是当事人意思自治的产物,对于仲裁裁决所确认或形成的当事人之间的权利义务关系,当事人有充分的自主权,没有当事人的申请,法院无权主动执行仲裁裁决。另外,执行是人民法院行使司法权的行为,一方当事人无权自行对他方当事人采取执行措施,执行活动只能由人民法院进行。

2. 当事人必须在一定期限内提出申请。对于生效的仲裁裁决,当事人必须在法定期限内向法院提出执行申请,逾期则视为放弃请求法院强制执行的权利。关于申请执行的期限,按照《仲裁法》规定,当事人应依《民事诉讼法》的有关规定办理:当事人申请执行的期限为2年。此期限从仲裁裁决书规定的履行期间的最后一日起计算。仲裁裁决书规定分期履行的,从规定的每次履行期间的最后一日之次日起算。法律规定申请执行的期限,旨在防止当事人长期或无限期拖延执行,造成民商事交往秩序的不稳定。

3. 当事人申请执行的仲裁裁决必须是具有法律效力的裁决。当事人申请法院执行的仲裁裁决必须是具有法律拘束力的裁决或调解书,而无论该裁决是部分裁决还是终局裁决。如果一项裁决已被法院撤销而失去效力,则当事人无权据以请求法院采取执行措施。在中国仲裁实践中,仲裁庭对于程序性事项作出的中间裁决,无须申请法院执行,因为当事人不履行中间裁决,不影响仲裁程序的进行,也不影响仲裁庭作出最终的裁决。

4. 仲裁裁决书须具有给付内容,且执行标的和被执行人明确。所谓给付内容,是指法律文书中确定一方当事人为另一方当事人履行一定的民事义务,如交付财产、退出土地等。给付内容是执行的客体,也是执行的基础。法律文书没有给付的内容,就没有执行的必要。执行标的和被执行人不明确,则无法采取具体的强制措施。

5. 必须是义务人逾期不履行生效仲裁裁决书所确定的内容。如果生效仲裁裁决书所确定的履行义务期限尚未届满,则不得申请强制执行。

6. 当事人必须向有管辖权的人民法院提出申请。当事人申请执行仲裁裁决,必须向有管辖权的人民法院提出。至于法院管辖权的确定,《仲裁法》准用《民事诉讼法》的有关规定。仲裁机构作出的国内仲裁裁决,由被执行人住所地或者被执行的财产所在地人民法院执行。换言之,当事人可向被执行人住所地或被执行的财产所在地的法院申请执行生效的仲裁裁决。

四、执行的程序

(一)申请执行

依照仲裁裁决享有权利的一方当事人,在符合申请执行条件的情况下,有权请求人民法院强制执行仲裁裁决。当事人申请执行时,应当向人民法院提交以下文件:

1. 申请执行书。申请执行书中应当写明申请执行的理由、事项、执行标的,以及申请执行人所了解的被执行人的财产状况。申请执行人书写申请执行书确有困难的,可以口头提出申请。人民法院接待人员对口头申请应当制作笔录,由申请执行人签字或盖章。

2. 生效法律文书副本。申请执行仲裁机构的仲裁裁决,应当向人民法院提交有仲裁条款的合同书或仲裁协议书。

3. 申请执行人的身份证明。公民个人申请的,应当出示居民身份证;法人申请的,应当提交法人营业执照副本和法定代表人身份证明;其他组织申请的,应当提交营业执照副本和主要负责人身份证明。

申请执行人可以委托代理人代为申请执行。委托代理的,应当向人民法院提交经委托人签字或盖章的授权委托书,写明委托事项和代理人的权限。

4. 继承人或权利承受人申请执行的,应当提交继承或承受权利的证明文件。

5. 其他应当提交的文件或证件。

在申请书中应说明对方当事人的基本情况以及申请执行的事项和理由,并向法院提交作为执行依据的生效的仲裁裁决书或仲裁调解书,必要时,还应提供执行人的有关经济状况或财产状况的资料。

(二)执行

当事人向有管辖权的人民法院提出执行仲裁裁决的申请,接受申请的人民法院经审查,符合条件的应当予以执行。人民法院的执行机构通常由执行员、书记员和司法警察组成,在法院院长的领导下,负责办理执行案件。

根据《民事诉讼法》的有关规定,执行工作由执行员进行,执行员接到申请执行书后,应当向被执行人发出执行通知,责令其在指定的期间履行,逾期不履行的,则采取强制执行的相应措施。这些措施包括但不限于:1.冻结、划拨被执行人的存款;2.扣押、冻结、变卖、拍卖被执行人应当履行义务部分的财产;3.有权搜查被执行人及其住所或者财产隐匿地;4.有权强制被执行人迁出房屋或者退出土地;5.有权强制被执行人交出指定的财物或票证;6.有权强制被执行人履行指定的行为。

另外,被执行人未按仲裁裁决书或调解书指定的期间履行给付金钱义务的,应当支付延期利息;未按指定期间履行其他义务的,应当支付迟延履行金。人民法院采取有关措施后被执行人仍不能偿还债务的,应当继续履行义务。申请人发现被执行人无力清偿到期债务时,可以要求人民法院宣告被执行人破产还债。

在执行中,双方当事人可以自行和解,达成和解协议。被执行人不履行和解协议的,人民法院可以根据申请执行人的申请,恢复执行程序。被执行人向人民法院提供担保,并经申请执行人同意,人民法院可以决定暂缓执行及暂缓执行的期限,有担保期限的,暂缓执行的期限应与担保期限一致。被执行人逾期仍不履行的,人民法院有权执行被执行人的担保财产或担保人的财产。在暂缓执行期间,被执行人或担保人对担保的财产有转移、灭失行为的,人民法院可以恢复强制执行。

执行中出现的其他问题,应按照民事诉讼法的有关规定予以处理。

第二节　仲裁裁决的不予执行

一、不予执行仲裁裁决的概念和特征

不予执行仲裁裁决是指仲裁的一方当事人向法院申请承认和执行仲裁裁决,另一方当事人认为仲裁裁决具备不予执行的法定理由,侵害了自己的合法权益,而向法院申请不予执行仲裁裁决,法院经过审查认为仲裁裁决应拒绝承

认和执行,使裁决不产生对当事人法律上的约束力。

申请执行是仲裁裁决胜诉方的权利,而申请不予执行仲裁裁决是被申请执行人享有的相对应的一项权利,是对申请执行人申请执行的抗辩。对于不予执行仲裁裁决的申请能否得到法院的支持,则要看申请不予执行仲裁裁决的事由是否满足法定的申请不予执行的事由以及其他条件。

1. 不予执行仲裁裁决是法院的司法行为。不予执行仲裁裁决与撤销仲裁裁决一样是法院的司法性行为,是有管辖权的法院对仲裁裁决的一种司法监督行为。

2. 申请不予执行仲裁裁决的为被申请执行人。申请执行人基于利益衡量主动申请仲裁裁决的执行,对仲裁裁决执行的期望值很大,一般不会主动申请对仲裁裁决不予执行。在实践中,申请不予执行仲裁裁决的往往是被申请执行人。

3. 不予执行仲裁裁决的申请向有管辖权的法院提出。现行法律没有明确规定对仲裁裁决不予执行的管辖法院。但在国内仲裁裁决的执行由被执行人住所地、财产所在地的法院管辖,因此,不予执行仲裁裁决的申请应向上述法院提出。如果向其他法院提出申请,很可能会因此而延误权利行使的期间从而使自己的民事实体权利得不到法律的有效保护,进而影响自己的合法权益。因此,向有管辖权的法院提起不予执行仲裁裁决的申请应是不予执行仲裁裁决制度定义的特征之一。

4. 不予执行仲裁裁决必须具备法定理由。根据《仲裁法》第 63 条和《民事诉讼法》第 237 条,不予执行的情形有两种:

(1)当事人申请并提供证据证明仲裁裁决具有法定理由:第一,当事人在合同中没有订有仲裁条款或者事后没有达成书面仲裁协议的;第二,裁决的事项不属于仲裁协议的范围或者仲裁机构无权仲裁的;第三,仲裁庭的组成或者仲裁的程序违反法定程序的;第四,裁决所根据的证据是伪造的;第五,对方当事人向仲裁机构隐瞒了足以影响公正裁决的证据的;第六,仲裁员在仲裁该案时有贪污受贿,徇私舞弊,枉法裁决行为的。对于被申请人提出的异议,人民法院应组成合议庭予以审查,确认符合上述情形之一的,裁定不予执行。

(2)人民法院依职权裁定。不需要当事人提供证据加以证明,而是人民法院依职权认定仲裁裁决的执行违背社会公共利益的,直接裁定不予执行。

5. 不予执行仲裁裁决的法律后果。被人民法院依法裁定不予执行的,不予执行的裁定书应送达各方当事人和仲裁委员会。当事人就该纠纷可以根据重新达成的仲裁协议申请仲裁,也可以向人民法院起诉。

《仲裁法解释》第28条规定,"当事人请求不予执行仲裁调解书或者根据当事人之间的和解协议作出的仲裁裁决书的,人民法院不予支持。"无论是调解还是和解,都是当事人双方意思自治的结果,仲裁庭根据双方当事人的申请制定的调解书或者和解书是具有法律效力的,但是某些情况下意思表示的不真实会影响协议的效力,根据《仲裁法》第52条第3款规定,在调解书签收前当事人反悔的,仲裁庭应当及时作出裁决;根据《仲裁法》第49条、第50条规定,当事人在达成和解协议后也可以撤回仲裁申请且允许其反悔,反悔后仍可以根据仲裁协议申请仲裁。由此可以看出,当事人没有撤回申请并且未反悔时的仲裁协议,仲裁庭才有权制定裁决书。也就是说,当事人在仲裁裁决执行后请求法院不予执行调解书或者根据和解协议制作的仲裁裁决书是缺乏依据的,理应给与其必要的限制。

此外,司法实践中,当事人如向法院申请撤销仲裁裁决被驳回后,又在执行程序中以相同理由提出不予执行抗辩,法院不予支持。当事人如在仲裁程序中未对仲裁协议的效力提出异议,在仲裁裁决作出后以仲裁协议无效为由提出不予执行抗辩,法院亦不予支持。但是,如当事人在仲裁程序中对仲裁协议的效力提出异议,在仲裁裁决作出后又以此为由提出不予执行抗辩,法院应按照《仲裁法》第58条或者《民事诉讼法》第237条的规定办理。

二、仲裁裁决不予执行和撤销仲裁裁决的关系

不予执行仲裁裁决和撤销仲裁裁决都是仲裁裁决作出后,当事人向法院寻求司法救济以及法院对仲裁实施司法监督的程序,都是在法律规定的特定情形下对仲裁裁决的否定。两者之间既有一定的相同之处,又存在诸多不同。

(一)不予执行仲裁裁决和撤销仲裁裁决的相同之处

1. 两者的性质相同。不予执行仲裁裁决和撤销仲裁裁决都是司法对仲裁的监督方式,都是在符合法定情形下对仲裁裁决的否定。

2. 两者的权力行使主体相同,都是具有管辖权的法院。

3. 对于当事人的后果相同,都承担仲裁裁决无效的后果。

4. 程序的启动方式相同。撤销仲裁裁决和不予执行仲裁裁决的申请,都必

须由当事人提出申请。没有仲裁当事人的申请,除仲裁裁决违背社会公共利益外,法院不能依职权对仲裁裁决进行审查。

5. 法定情形部分相同。法院对二者审查的法定情形有四项是相同的:第一,没有仲裁协议的;第二,裁决的事项不属于仲裁协议的范围或者仲裁机构无权仲裁的;第三,仲裁庭的组成或者仲裁的程序违反法定程序的;第四,仲裁员在仲裁该案时有贪污受贿,徇私舞弊,枉法裁决行为的。

(二)不予执行仲裁裁决和撤销仲裁裁决的区别

1. 申请的主体不同。有权提出撤销仲裁裁决申请的主体可以是仲裁案件中的任何一方当事人,无论是仲裁裁决确定的权利人还是义务人其侧重于对双方当事人的救济;而有权提出不予执行仲裁裁决的当事人只能是被申请执行仲裁裁决的一方当事人,申请不予执行是对申请执行权的一种抗辩权,具有很强的针对性,侧重于对被申请人权利救济的一种制度。

2. 申请的期限不同。当事人请求撤销仲裁裁决的,应当在收到仲裁裁决书之日起6个月内向人民法院提出;而对方当事人申请不予执行仲裁裁决则是在对方当事人申请执行仲裁裁决之后,法院对是否执行仲裁裁决作出裁定之前。

3. 申请的法院不同。当事人申请撤销仲裁裁决,应当向仲裁委员会所在地的中级人民法院提出;而当事人申请不予执行仲裁裁决只能向申请执行人所提出执行申请的法院提出。

4. 法定情形不同。人民法院在审查撤销仲裁裁决时,侧重对于仲裁裁决的事实认定进行审查;而在审查不予执行仲裁裁决时,既审查仲裁裁决所认定的事实,又审查仲裁裁决所适用的法律。

5. 是否可以通知仲裁庭重新仲裁不同。在撤销仲裁裁决的程序中,法院认为可以由仲裁庭重新仲裁的,应通知仲裁庭在一定期限内重新仲裁;而在不予执行仲裁裁决的程序中,法院不可以要求仲裁庭重新仲裁。

6. 法律后果不同。一项仲裁裁决被撤销后,该裁决自始至终不具备法律效力,如果该项裁决执行完毕后,存在执行回转的问题;而一项裁决被裁定不予执行,只是否认了该仲裁裁决的强制执行力。也就是说,撤销程序是法院对错误仲裁裁决的积极补救途径,不予执行程序是一种消极的补救途径。

7. 审查主体不同。仲裁裁决的撤销,由于还未进入执行程序,因此由民事审判庭来审查,但是不予执行由于已经进入执行程序,因此由法院执行局来审查。

第三节 仲裁裁决的中止执行、终结执行和恢复执行

一、仲裁裁决的中止执行

仲裁裁决的中止执行，是指在执行程序开始后，由于出现某种特定的原因，暂停执行程序，等到这种特定原因消除之后，再决定执行程序是否继续进行的制度。

仲裁裁决作出后，胜诉方申请执行仲裁裁决时，败诉方即可选择要求法院不予执行该裁决，也可另行申请撤销裁决。根据《仲裁法》第64条的规定，一方当事人申请执行仲裁裁决，另一方当事人申请撤销仲裁裁决，人民法院应当裁定中止执行。为防止败诉方当事人滥用撤销程序以拖延执行，人民法院在此种情况下应责令其提供执行担保。

除此以外，从仲裁裁决的司法实践来看，根据《民事诉讼法》的有关规定，在下列情形下也应当中止执行仲裁裁决：

1. 申请人表示可以延期执行的。向人民法院申请强制执行已生效的仲裁裁决，是申请人的一项重要权利。在执行过程中，申请人根据自己的意愿表示可以延期执行意味着申请人对自己权利的处分。如果该延期不损害社会公共利益和他人的合法权益，人民法院可以依法裁定中止执行该仲裁裁决。

2. 案外人对执行标的提出确有理由的异议的。人民法院对案外人的异议进行审查后，认为确有理由的，为了避免执行错误，应裁定中止执行程序。

3. 作为一方当事人的公民死亡，需要等待继承人继承权利或承担义务。在继承人继承权利或承担义务之前，执行工作无法正常开展，人民法院应裁定中止执行程序。

4. 作为一方当事人的法人或者其他组织终止，有应当承担权利义务的人，但尚未确定权利义务承受人的。

5. 人民法院认为应当中止执行的其他情况。这是为适应执行工作的复杂多变而作出的一种灵活性规定。根据执行实践和最高人民法院的司法解释，在下列情形下，人民法院也应该裁定中止执行：第一，据以执行的仲裁裁决书事项

不明,需要补正的;第二,据以执行的仲裁裁决书或执行标的与其他正在审理、仲裁或者执行的案件有关联,为保持法律的统一性和稳定性,应中止执行;第三,人民法院已经受理被申请执行人的破产案件的;第四,被申请执行人下落不明已满 1 年或因违法犯罪被劳改或劳动教养,且无财产可供执行的;第五,被执行人遭受自然灾害、意外事件等。

中止执行需要制作裁定书,并且应当在裁定书中写明中止执行的原因,由执行员、书记员署名,加盖人民法院的印章。裁定书送达当事人后即生效,执行程序中止。

二、仲裁裁决的终结执行

仲裁裁决的终结执行,是指在执行过程中,由于特殊情况的发生,执行工作无法继续进行或者没有必要继续进行时,停止执行程序,以后也不再恢复的一种结束执行方式。

根据《仲裁法》第 64 条和《民事诉讼法》第 257 条的规定,仲裁裁决在下列情形下应终结:

1. 人民法院裁定撤销裁决的。人民法院对仲裁裁决具有司法监督权,在符合法定情形时撤销仲裁裁决,那仲裁裁决的执行程序因该裁决被撤销而失去执行根据,因此,人民法院应裁定终结执行。

2. 申请人撤销申请的。申请人出于自愿申请撤销执行,是对自己实体权利的一种处分,只要在法律规定的范围内,人民法院就应准许,从而裁定终结执行,结束执行程序。

3. 作为被执行人的自然人因生活困难无力偿还借款,无收入来源,又丧失劳动能力的。在这种情况下,被执行人不仅无法自己独立生存,而且将来也因丧失劳动能力而致使偿还借款成为不可能,因此,人民法院只能裁定终结执行。

4. 作为被执行人的公民死亡,无遗产可供执行,也无义务承担人的。如果被执行人在执行程序中死亡有遗产,人民法院可以执行他的遗产,以偿还所欠债务;如有义务承担人的,可责令义务承担人完成法律文书所确定的义务。如果被执行人死亡,既无遗产可供执行,又无义务承担人的,执行工作就无法进行,因此,人民法院应裁定终结执行。

5. 人民法院认为应当终结执行的其他情形。根据执行实践和最高人民法院的司法解释,人民法院在下列情形下应当裁定终结执行:第一,企业法人终止,又确无偿付能力和连带义务人的;第二,被申请执行人的破产程序终结,未得到清偿的债权不再清偿的;第三,当事人自愿达成执行和解协议并依据和解协议未履行完毕的。

终结执行需要制作裁定书,并且应当在裁定书中写明终结执行的原因,由执行员、书记员署名,加盖人民法院的印章。裁定书送达当事人后即生效,执行程序终止。

人民法院终结执行仲裁裁决时,应由执行员写出书面报告,经庭长审查,报院长批准后,制作裁定书。

三、仲裁裁决的恢复执行

仲裁裁决的恢复执行,是指对已中止执行的裁决,由于中止原因消失而继续进行原来执行程序。

根据《仲裁法》和《民事诉讼法》的有关规定,应当恢复执行程序的情形主要有:

(1)当事人撤销仲裁裁决的申请被法院裁定驳回;

(2)申请执行人表示可以延期执行的期限已过,义务人仍未履行法律文书确定的义务的;

(3)案外人对执行标的提出的异议被驳回的;

(4)作为一方当事人的公民死亡后,确定了继承人继承权利或者承担义务的;

(5)作为一方当事人的法人或者其他组织终止后,确定了权利义务承受人的;

(6)据以执行的仲裁裁决书不明的部分已经得到仲裁庭补正的;

(7)人民法院已经受理的被申请执行人的破产案件,已经破产和解的;

(8)在执行程序中,被申请执行人无力履行义务,但以后又恢复履行能力的,经另一方当事人申请,可以裁定恢复执行。

人民法院裁定恢复仲裁裁决的执行的,应当制作裁定书,写明恢复执行的原因,由执行员与书记员署名,加盖人民法院的印章。裁决书送达当事人后即发生法律效力。

司法考试试题

单项选择题

1. 张某根据与刘某达成的仲裁协议，向某仲裁委员会申请仲裁。在仲裁审理中，双方达成和解协议并申请依和解协议作出裁决。裁决作出后，刘某拒不履行其义务，张某向法院申请强制执行，而刘某则向法院申请裁定不予执行该仲裁裁决。法院应当如何处理？(2007 年)

A. 裁定中止执行，审查是否具有不予执行仲裁裁决的情形

B. 终结执行，审查是否具有不予执行仲裁裁决的情形

C. 继续执行，不予审查是否具有不予执行仲裁裁决的情形

D. 先审查是否具有不予执行仲裁裁决的情形，然后决定后续执行程序是否进行

【答题】 C

【考点】 仲裁庭依据和解协议制作的裁决书的效力。

【解析】 根据《仲裁法解释》第 28 条的规定：当事人请求不予执行仲裁调解书或者根据当事人之间的和解协议作出的仲裁裁决书的，人民法院不予支持。故 C 项正确。

2. 某仲裁机构对甲公司与乙公司之间的合同纠纷进行裁决后，乙公司不履行仲裁裁决。甲公司向法院申请强制执行，乙公司申请法院裁定不予执行。经审查，法院认为乙公司的申请理由成立，裁定不予执行该仲裁裁决。对此，下列哪一种说法是正确的？(2005 年)

A. 甲公司可以就法院的裁定提请复议一次

B. 甲公司与乙公司可以重新达成仲裁协议申请仲裁

C. 甲公司与乙公司可以按原仲裁协议申请仲裁

D. 当事人不可以再就该纠纷重新达成仲裁协议，此案只能向法院起诉

【答案】 B

【考点】 仲裁裁决不予执行的后果。

【解析】 依据《民事诉讼法》第 237 条，人民法院裁定不予执行作出裁决后，当事人可以重新达成仲裁协议申请仲裁，也可以向人民法院起诉。故正确答案为 B。

3. 甲不履行仲裁裁决，乙向法院申请执行。甲拟提出不予执行的申请并提出下列证据证明仲裁裁决应不予执行。针对下列哪一选项，法院可裁定驳回甲的申请？(2011 年)

A. 甲、乙没有订立仲裁条款或达成仲裁协议

B. 仲裁庭组成违反法定程序

C. 裁决事项超出仲裁机构权限范围

D. 仲裁裁决没有根据经当事人质证的证据认定事实

【答案】 D

【考点】 仲裁裁决不予执行的理由。

【解析】 《仲裁法》第39条规定，仲裁应当开庭进行。当事人协议不开庭的，仲裁庭该可以根据仲裁申请书、答辩书以及其他材料作出裁决。因此，仲裁庭可以不根据经当事人质证的证据认定事实，故D项正确。

4. 甲公司因与乙公司的合同纠纷向某仲裁委员会申请仲裁，甲公司的仲裁请求得到仲裁庭的支持。裁决作出后，乙公司向法院申请撤销仲裁裁决。法院在审查过程中，甲公司向法院申请强制执行仲裁裁决。关于本案，下列哪一说法是正确的？（2012年）

A. 法院对撤销仲裁裁决申请的审查，不影响法院对该裁决的强制执行

B. 法院不应当受理甲公司的执行申请

C. 法院应当受理甲公司的执行申请，同时应当告知乙公司向法院申请裁定不予执行仲裁裁决

D. 法院应当受理甲公司的执行申请，受理后应当裁定中止执行

【答案】 D

【考点】 仲裁裁决的中止执行。

【解析】 根据《仲裁法》第64条规定，一方当事人申请执行裁决，另一方当事人申请撤销裁决的，人民法院应当裁定中止执行。人民法院裁定撤销裁决的，应当裁定终结执行。撤销裁决的申请被裁定驳回的，人民法院应当裁定恢复执行。本题中，法院正在审查乙公司的仲裁裁决撤销申请，尚未正式裁定撤销，此时甲公司向法院申请执行仲裁裁决，法院还是应当受理执行申请，并且在受理执行申请之后根据规定裁定中止执行，故D项正确。

第十一章　涉外仲裁

重点提示

本章应重点掌握涉外仲裁的范围；了解我国的涉外仲裁机构；重点掌握涉外仲裁程序的特殊问题；申请撤销涉外仲裁裁决和不予执行涉外仲裁裁决的情形；涉外仲裁裁决执行的执行程序。

引导案例

1994 年 2 月 24 日，申请人与粤海企业（巴黎）有限公司（香港注册）经柏康有限公司的马丹介绍，在香港签订了一份冷轧钢板的售货合同。合同约定：由粤海企业（巴黎）有限公司向申请人销售 4859.5 吨冷轧钢板，价格条件为 CNF FO COD 中国黄埔 297 美元/吨，总金额为 1443271.5 美元，付款条件为买方在卖方向买方提交装船单证日起 50 天内将货款汇到卖方指定账户，逾期计付利息。1994 年 3 月 24 日，申请人在粤海企业（巴黎）有限公司送来的要求确认收到合同项下的全套正本单据的确认书上签字盖章。此后，粤海企业（巴黎）有限公司先后收到三笔由他人支付的主合同项下货款。因余欠 988626.26 美元申请人一直未付，粤海企业（巴黎）有限公司依合同仲裁条款于 1995 年 11 月向中国国际经济贸易仲裁委员会申请仲裁，要求申请人向其付清尚欠的 988626.26 美元货款及利息（按年利率 7% 计算，自 1994 年 5 月 13 日计至还清之日止），负担仲裁费。

1995 年 11 月 15 日，中国国际经济贸易仲裁委员会深圳分会受理了粤海企业（巴黎）有限公司与申请人之间合同争议的仲裁案。1995 年 12 月 18 日组成仲裁庭，并于 1996 年 2 月 5 日、7 月 8 日两次开庭审理了本案。在本案审理过程中，申请人曾于 1996 年 5 月 1 日、8 月 1 日、9 月 12 日三次书面申请要求仲裁庭对本案进行调查取证，但均未被采纳。1996 年 9 月 13 日，申请人向仲裁庭提出延长审理期限的申请。同年 9 月 18 日，仲裁庭答复称：因贵公司提出的延期审理的日期远远超过了仲裁庭规定的提交补充材料的期限，仲裁庭已应此案做出裁决，裁决书稿正在制作打印之中，对于贵司关于延长审理期限的请求不予考虑。1996年9月18日，仲裁庭对该案作出了96深国仲结字第99号裁决：(1)申请人应自本裁决作出之日起30日内向粤海企业（巴黎）有限公司支付货款余额988626.26美元及该款项自1994年5月13日起至实际支付之日止按年利率7%计算的利息；(2)仲裁费人民币250948元由申请人负担。

申请人向深圳市中级人民法院提出申请，要求撤销中国国际经济贸易仲裁委员会96深国仲结字第99号裁决。申请人诉称：(1)仲裁庭在裁决前未给予其充分陈述案情及意见的机会。申请人既要证明自己与粤海企业（巴黎）有限公司有债务关系，又要证明柏康公司与粤海企业（巴黎）有限公司有权利关系，在取证方面是极为被动的。因此，申请人再三要求仲裁庭调查取证、充分质证、保全证据、延期审理等，均未被采纳，表现在仲裁庭对申请人于1996年5月1日、8月1日和9月12日的调查申请未予答复，并无理拒绝申请人延期审理的请求。仲裁庭以粤海企业（巴黎）有限公司的假证作为仲裁的依据，违反了《仲裁规则》和《民法通则》的基本原则，申请人遇到的情况符合《民事诉讼法》第260条第1款第2项的规定，应予撤销该仲裁裁决。(2)仲裁庭越权审理，其裁决超出了粤海企业（巴黎）有限公司据以提请仲裁的，是双方之间的仲裁协议，而实际发生的争议产生在粤海企业（巴黎）有限公司、申请人、柏康公司三方当事人之间，粤海企业（巴黎）有限公司与柏康公司另有就该批货物的真实的法律关系，而这一关系仲裁庭无权审理。仲裁庭越权审理，其裁决应予撤销。(3)仲裁庭对粤海企业（巴黎）有限公司隐瞒证据的行为未予追究。(4)仲裁庭的裁决书无法律依据。

该案件是否符合不予执行仲裁裁决的条件？

第一节 涉外仲裁概述

一、涉外仲裁的概念

涉外仲裁，是指具有涉外因素的仲裁。即在具有涉外因素的民商事活动中，当事人依据双方达成的仲裁协议，自愿将他们之间已经发生或者以后可能发生的民商事争议,提交给各方确定的仲裁机构进行审理,并作出终局性的裁决,对各方都具有约束力的制度。涉外仲裁这一概念是相对一国而言的,有时它被称为国际仲裁。

由于涉外仲裁大多发生在国际商事领域,通常又称为国际商事仲裁。1985年联合国国际贸易法委员会《国际商事仲裁示范法》(以下简称《示范法》)对国际仲裁作了明确的界定。该《示范法》第1条第3款规定:“仲裁如有下列情况即为国际仲裁:(A)仲裁协议的当事各方在缔结协议时,他们的营业地位于不同的国家;或(B)下列地点之一位于当事各方营业地点所在国以外:(a)仲裁协议中确定的或根据仲裁协议而确定的仲裁地点;(b)履行商事关系的大部分义务的任何地点或与争议标的关系最密切的地点;或(C)当事各方明确地同意,仲裁协议的标的与一个以上的国家有关。”这一规定将国际仲裁扩及:(1)其营业地在不同国家的当事人之间的争议的仲裁;(2)仲裁地和当事各方的营业地位于不同国家的仲裁;(3)主要义务履行地和当事各方的营业地位于不同国家的仲裁;(4)与争议事项关系最密切的地点和当事各方营业地位于不同国家的仲裁;(5)当事各方明确同意仲裁标的与一个以上国家有关的仲裁。而且,这一规定显示出按照当事人的合意来确定什么是国际仲裁的倾向,大大丰富了“涉外”或“国际”的内涵。可以说,该《示范法》的规定反映了涉外仲裁或国际商事仲裁实践对“涉外”或“国际”含义有扩大解释的趋势。

我国法律习惯将国际仲裁称为涉外仲裁。我国的涉外仲裁是指在对外经济贸易和海事活动中,当事人各方依据事先达成的仲裁条款或者事后所达成的仲裁协议,自愿将他们之间契约性和非契约性的纠纷提交仲裁机构进行审理和裁决的一项制度。主要涉及的案件包括:(1)中国的公司、企业或者其他经济组织与外国的公司、企业、其他经济组织或者个人之间的争议仲裁案件;(2)外国的公司、企业、其他经济组织或者个人之间的争议仲裁案件而不论这些外国的公司、企业、其他经济组织或者个人是否具有同一国籍;(3)中国的公司、企业或者其他经济组织之间具有涉外因素的仲裁案件;(4)港澳台之间及其与大陆和外国之间的民商事纠纷案件。

二、涉外仲裁的特点

涉外仲裁作为一种行之有效的解决涉外民商事争议的方法,已被广泛用于解决涉外民商事交往中的各种争议。涉外仲裁本身的特性主要体现在以下几方面：

1. 涉外性。涉外仲裁含有涉外因素，这是它同国内仲裁的主要区别所在。经常需要到域外进行送达、取证和执行。其涉外性决定了它比国内仲裁更加灵活，并受到国际协议规范。

2. 意思自治性。涉外仲裁是以当事人的自愿和协议为基础的。在涉外仲裁中，当事人可以自由选择仲裁事项、仲裁地点、仲裁的组织形式、仲裁员、仲裁程序和仲裁所适用的实体法。仲裁庭处理仲裁案件的权力也来自当事人的同意。这些由当事人可以控制或自治的因素，成为人们对涉外仲裁或国际商事仲裁感兴趣的重要原因。

3. 民间性。涉外仲裁的仲裁者，特别是仲裁机构，一般都是非国家机关或非官方机构，具有民间性。这种民间性对那些对官方机构不信任的当事人来说，非常具有吸引力。

4. 中立性。在涉外民商事交往中，不同国家的当事人都力图将其争议提交本国法院依照本国法律解决，因为他们互不信任对方国家法院的公正性。而在涉外仲裁中，尽管仲裁人或仲裁机构是当事人选定的，但并不代表当事人，而是居中评判是非，具有中立性。尤其是国际上有一些仲裁机构本身不隶属于任何国家，仲裁之进行可以中立于当事人所属国之间，不受任何一方当事人所属国司法制度和公共政策的影响。

5. 专业性。涉外仲裁经常涉及一些专门性或技术性的问题，需要具备专门知识的人去解决。在涉外仲裁中，当事人可以自主选择有关争议问题的专家充当仲裁员，从而有利于仲裁案件准确和迅速地解决。

6. 终局性。涉外仲裁虽然是以当事人之间的自愿和协议为基础的，但仲裁裁决是终局的，一旦仲裁机关作出仲裁裁决，就对当事人具有约束力，不像法院判决那样要经二审、再审程序，从而有利于迅速解决争议，节省时间和费用。

三、涉外仲裁和其他仲裁或争议解决方式的区别

（一）涉外仲裁与公法意义上的国际仲裁

公法意义上的国际仲裁，是指主权国家之间发生纠纷时，当事国根据协议，把争端提交给它们自行选择的仲裁人处理，并相互约定遵守其裁决的争端解决方式。依据1889年第一次海牙国际会议通过的《和平解决国际争端公约》，1900年在海牙成立了国际常设仲裁院，主要处理涉及对条约的解释和金钱支付

方面的问题。其裁决由当事国出于道义上的责任自觉执行，为和平解决国际争端的一种方法。而涉外仲裁，主要用于解决私权争议，其裁决在一定条件下可以得到有关国家法院的强制执行。

(二)涉外仲裁与涉外民事诉讼

虽然涉外仲裁和涉外民事诉讼均含有涉外因素，同为解决涉外民商事纠纷的法律机制，但二者有本质的区别：首先，法院具有法定的管辖权，仲裁机构都是当事人协议选择的；其次，涉外民事诉讼以公开审理为原则，涉外仲裁一般实行不公开审理；最后，涉外民事诉讼则完全具有强制性，是国家对涉外民事案件行使司法主权的形式，涉外仲裁实行一裁终局，但需要司法的支持。

(三)涉外仲裁与协商和调解

协商和调解也是解决涉外民商事争议的重要方式，以当事人的自愿为基础。但是协商和调解的进行，自始至终都需要双方当事人的同意，且达成的结果没有申请法院强制执行的效力。而在涉外仲裁中，仲裁人以裁判者的身份出现，可以独立自主地对争议的问题作出裁决，仲裁过程和结果无须征得双方当事人的同意，且仲裁裁决具有申请法院强制执行的效力。

四、涉外仲裁的发展趋势

随着国际民商事交往的发展，涉外仲裁也在不断发展。21 世纪以来，涉外仲裁表现出如下发展趋势：

1. 涉外仲裁由临时仲裁向常设机构仲裁发展。无固定组织、人员、地点和仲裁规则的临时仲裁曾经是仲裁的主要组织形式，现在仍不时被采用。但因这种仲裁在组织形式上变动过大，不能适应案情复杂、涉及面广、事务性强的仲裁案件的需要。于是，18 世纪末首先在英国的同业公会下创建了常设仲裁机构。20 世纪初，一些欧洲大陆国家也建立了自己的常设仲裁机构。1922 年，国际商会设立了常设性的“国际商会仲裁院”。现在，在世界上除隶属于国际组织的常设仲裁机构外，多数国家都设有本国的常设仲裁机构。这些常设仲裁机构一般是依国际条约或一国法律而设立的，有固定的名称、地址、人员、机构设置及仲裁规则。常设仲裁机构已成为现代涉外仲裁的主要组织形式。而且随着亚洲地区的经济迅速发展，世界上主要国际商事仲裁机构都在亚太地区设立办公室,亚太地区各国家也先后设立了自己的国际商事仲裁机构。

2. 提交仲裁解决的案件数量呈几何式增长且争议事项的范围逐渐扩大。随着国际民商事交往日益增多,提高仲裁解决的案件数量在逐年上升,国际民商事争议的范围逐渐扩大。在国际民商事领域,仲裁最初适用于海事争议,以后扩及货物买卖及其运输、保险、支付中所发生的各项争议。20 世纪 60 年代以后,由于在国际上兴起了各种引进外国资本的形式,仲裁又扩及合资经营、合作经营、合作开发等领域发生的各项争议。与此同时,国际性的服务贸易、商事代表或代理、租赁、咨询、工程许可、融资、银行、技术转让、知识产权的转让等民商事活动日益频繁,由此而发生的争议也逐渐采用仲裁方法加以解决。到目前为止,涉外仲裁或国际仲裁解决的争议事项的范围已十分广泛。

3. 涉外仲裁日趋国际化和统一化。涉外仲裁或国际商事仲裁日趋国际化和统一化表现在:第一,关于仲裁的国际公约逐渐增多。第二,带有国际性的仲裁规则逐渐增多。第三,各国关于涉外仲裁或国际商事仲裁的国内立法,特别是在联合国国际贸易法委员会《国际商事仲裁示范法》的推动和影响下,日益趋同,有的国家或地区甚至只对该示范法稍加修改而直接移植使用。第四,各国常设仲裁机构之间组织联合仲裁机构,并加强在仲裁业务方面的交流与合作。第五,一些国际组织设立了自己的仲裁机构,如世界知识产权组织建立的仲裁中心。

4. 涉外仲裁的立法由分散向统一转变。二战后,世界各国大多制定了本国的仲裁法,采取分散式立法方式确立了现代国际商事仲裁制度。为更好协调各国仲裁法,使国际商事争议得到有效解决,国际社会先后制定了多项区域性和全球性国际公约及文件,加强统一立法。

第二节 涉外仲裁机构

我国的涉外仲裁机构主要是通过中国国际经济贸易仲裁委员会和中国海事仲裁委员会来实施的。1994 年《仲裁法》生效后,在新组建的仲裁机构中,以北京仲裁委员会为代表,在涉外仲裁领域取得初步成功。

一、中国国际经济贸易仲裁委员会

中国历史最悠久的两个主要常设涉外仲裁机构,一是中国国际经济贸易仲裁委员会(CIETAC),二是中国海事仲裁委员会(CMAC),两者现都附属于中国国际贸易促进委员会(即中国国际商会)。1994 年《仲裁法》生效后,新组建的仲裁机构中,以北京仲裁委员会为代表,在涉外仲裁领域取得初步成功。

中国国际经济贸易仲裁委员会是中国国际贸易促进委员会根据中央人民政府政务院决定,于 1954 年 5 月 6 日正式成立的,当时名称为中国国际贸易促进委员会对外贸易仲裁委员会。为了适应中国对外经济贸易关系不断发展的需要,1980 年 2 月 26 日国务院决定将"对外贸易仲裁委员会"改名为"对外经济贸易仲裁委员会",扩大其受案范围。1988 年 6 月 21 日,国务院又批准将对外经济贸易仲裁委员会更名为"中国国际经济贸易仲裁委员会",其受案范围扩至国际经济贸易中发生的一切争议。1994 年 8 月 26 日,国务院证券委员会发布证委发〔1994〕20 号《关于指定中国国际经济贸易仲裁委员会为证券争议仲裁机构的通知》,中国国际经济贸易仲裁委员会也可以受理证券争议。随着互联网技术的成熟和电子商务的勃兴,2000 年 12 月,经中国国际贸易促进委员会/中国国际商会批准,中国国际经济贸易仲裁委员会域名争议解决中心成立,并从 2001 年 1 月 1 日起正式受理域名争议,负责解决中文域名争议。2005 年 7 月 5 日起,域名争议解决中心同时启用"中国国际经济贸易仲裁委员会网上争议解决中心"名称,以便进一步开展网上调解和网上仲裁等其他网上争议解决业务。

中国国际经济贸易仲裁委员会设在北京。根据业务发展需要,贸促会分别于 1984 年、1990 年和 2008 年设立了华南分会、上海分会和西南分会。贸促会北京总会及其华南分会、上海分会和西南分会是一个统一的整体,是一个仲裁委员会。总会和分会使用相同的仲裁规则和仲裁员名单,在整体上享有一个仲裁管辖权。双方当事人可以约定将其争议提交仲裁委员会在北京进行仲裁,或者约定将其争议提交仲裁委员会华南分会在深圳进行仲裁,或者约定将其争议提交仲裁委员会上海分会在上海进行仲裁;如无此约定,则由申请人选择,由仲裁委员会在北京进行仲裁,或者由其华南分会在深圳进行仲裁,或者由其上海分会在上海进行仲裁;作此选择时,以首先提出选择的为准;如有争议,应由仲裁委员会作出决定。

仲裁委员会设名誉主任 1 人、顾问若干人。仲裁委员会由主任 1 人、副主任若干人和委员若干人组成。主任履行仲裁委员会仲裁规则赋予的职责,副主任受主任的委托可以履行主任的职责。仲裁委员会设秘书局，在仲裁委员会秘书长的领导下负责处理仲裁委员会的日常事务。委员会设立仲裁员名册，仲裁员由仲裁委员会从对法律、经济贸易、科学技术等方面具有专门知识和实际经验的中外人士中聘任。自 2000 年 10 月 1 日起，中国国际经济贸易仲裁委员会同时启用中国国际商会仲裁院的名称。仲裁委员会分会设秘书处，在仲裁委员会分会秘书长的领导下负责处理仲裁委员会分会的日常事务。此外，仲裁委员会与中国粮食行业协会、贸促会粮食行业分会联合成立了粮食争议仲裁中心，以仲裁的方式解决粮食行业发生的一切争议。仲裁委员会在各地贸促会内及经济比较发达的城市设立了仲裁办事处，办事处是仲裁委员会仲裁专业联络和宣传机构，不能受理仲裁案件。

1994 年中国《仲裁法》第 73 条规定："涉外仲裁规则可以由中国国际商会依照本法和民事诉讼法的有关规定制定。"中国国际贸易促进委员会曾在 1956 年 3 月 31 日通过了一个《中国国际贸易促进委员会对外贸易仲裁委员会仲裁程序暂行规则》。1988 年 9 月 12 日经其修改，改为《中国国际经济贸易仲裁委员会仲裁规则》。以后，该规则又经过五次修订。现行的仲裁规则为 2005 年 1 月 11 日修订并于同年 5 月 1 日起施行。同时，仲裁委员会根据需要，还于 2003 年 5 月 8 日颁布实施了《金融争议仲裁规则》，该规则的现行版本自 2005 年 5 月 1 日起生效。

1990 年以来，作为机构仲裁，中国国际经济贸易仲裁委员会以平均每年 700 余件的受案数量在世界上各大国际商事仲裁机构中名列前茅，而且多次荣登世界首位，比世界上原受案最多的国际商会仲裁院多出一倍以上，比英国伦敦国际仲裁院多出三倍以上。可以说，中国国际经济贸易仲裁委员会已成为世界上主要的国际商事仲裁机构之一。

二、中国海事仲裁委员会

中国海事仲裁委员会是根据国务院 1958 年 11 月 21 日的决定，于 1959 年 1 月 22 日设立于中国国际贸易促进委员会内受理国内外海事争议案件的常设仲裁机构。设立时名为中国国际贸易促进委员会海事仲裁委员会。1988 年 6 月 21 日国务院决定将"海事仲裁委员会"改名为"中国海事仲裁委员会"。该仲裁委员会独立公正地解决产生于远洋、沿海和与海相通的水域的运输、生产和航行过程中的契约性或非契约性的海事争议，是我国唯一受理涉外海事纠纷的常设机构。

为适应业务发展的需要,海事仲裁委员会 1999 年先后在大连、上海和广州设立了三个办事处。办事处是海事仲裁委员会的仲裁专业联络和宣传机构,接受仲裁委员会的直接领导。上海办事处已于 2002 年升为分会,同时在上海分会内设立了中国海事仲裁委员会渔业争议解决中心,2004 年 2 月 1 日还设立了物流争议解决中心。分会可以独立受理和审理案件。2006 年 8 月 22 日,中国海事仲裁委员会又设立了上海海事调解中心。

1959 年 1 月 8 日,中国国际贸易促进委员会通过了《中国国际贸易促进委员会海事仲裁委员会仲裁程序暂行规则》。1988 年 9 月 12 日,经其修改,改称《中国海事仲裁委员会仲裁规则》。现行的仲裁规则是 2004 年 7 月 5 日修订并于 2004 年 10 月 1 日开始实施的仲裁规则。

由于英国作为老牌海运大国在海事仲裁中的传统影响既深且巨,长期垄断海事仲裁市场。海事仲裁委员会受理案件的数量较少,但从近几年来看,案件受理量逐年上升。与中国国际贸易仲裁委员会相比,海事仲裁委员会发展取得的成就很有限,主要有以下三方面的原因:一是海事纠纷的数量本身就比普通商事纠纷少得多;二是海事纠纷解决的专业性、技术性非常强,海事仲裁的权威性和公正性的建立需要更长时间的积累;三是海事仲裁委员会自身的制度存在一些不足。

除此以外,自从《仲裁法》颁布实施以来,依照仲裁法的规定在直辖市、省、自治区人民政府所在地的市和其他设区的市设立或重新组建了一批常设仲裁机构,也可以受理涉外仲裁案件。

第三节　涉外仲裁程序的特别规定

涉外仲裁程序是指涉外仲裁中自一方当事人提请仲裁到作出终局裁决这一过程中,有关仲裁机构、仲裁员、仲裁庭、申请人、被申请人和证人、鉴定人、代理人等其他仲裁参与人以及有关国家法院之间的相互关系和各自参与进行仲裁活动所必须遵循的程序。通常情况下,当事人选择某仲裁机构时,就表示选择适用该仲裁机构的仲裁程序,也可以在仲裁协议中对仲裁程序做出选择。

一、涉外仲裁的申请和受理

(一)涉外仲裁的申请

涉外仲裁的申请是指仲裁协议中所约定的争议事项发生以后,仲裁协议的一方当事人依据该项协议将有关争议提交他们所选定的仲裁机构,从而提起仲裁的行为。

提出仲裁申请是开始仲裁程序的最初的法律步骤。当事人申请涉外仲裁应当符合下列条件:(1)有仲裁协议;(2)有具体的仲裁请求和事实、理由;(3)属于仲裁委员会的受案范围。

申请人提出仲裁申请时应提交仲裁申请书,仲裁申请书应写明:(1)申请人和被申请人的名称和住所(如有邮政编码、电话、电传、传真和电报号码或其他电子通讯方式也应写明);(2)申请人所依据的仲裁协议;(3)仲裁请求事项、所依据的事实以及有关证据。(4)应指明仲裁机构的名称。如果选择的是临时仲裁机构,则应指明临时仲裁机构的组成方式。(5)仲裁申请书应由申请人或申请人授权的代理人签名或盖章。

申请人提交仲裁申请书时,应按照仲裁委员会适用的仲裁费用表的规定预缴仲裁费,仲裁申请书一经提交,索赔时效立即中止,同时标志着有关仲裁程序的开始。

(二)涉外仲裁的受理

涉外仲裁的受理,是指仲裁机构在收到仲裁申请书及有关材料后,经审查后符合法定条件即受理的行为。

仲裁机构接到有关材料后,主要审查以下事项:(1)仲裁协议是否有效,仲裁机构是否具有该案件的管辖权;(2)请求仲裁的事项是否属于可仲裁事项和仲裁协议的范围;(3)是否超过仲裁时效;(4)仲裁协议当事人和仲裁申请书中当事人是否一致。

经过仲裁委员会对申请人的仲裁申请书及其附件的审查,认为符合受理条件的,应当受理,并通知当事人;认为不符合受理条件的,应当书面通知当事人不予受理,并说明理由。经过审查,认为申请仲裁的手续不完备的,可以要求申请人予以完备。

仲裁委员会受理案件后,向申请人发出受理案件通知书,向被申请人发出仲裁通知,并将申请人的仲裁申请书及其附件,连同仲裁委员会的仲裁规则、仲裁员名册和仲裁费用表各一份,一并发送给被申请人。仲裁委员会向申请人和被申请人发出仲裁通知后,应指定一名秘书人员负责仲裁案件的程序管理工作。除非当事人另有约定,如各方当事人书面同意或者争议金额超过人民币100万元(中国国际经济贸易仲裁委员会为人民币50万元),否则适用简易程序。

被申请人应在收到仲裁通知之日起45天内向仲裁委员会提交答辩书和有关证明文件。仲裁机构收到答辩材料后,应当在仲裁规则规定的期限内送达给申请人。被申请人未提交书面答辩的,不影响仲裁程序的进行。在简易程序中,相应的答辩期限为10日。

被申请人可以承认或者反驳仲裁请求,有权提出反请求。被申请人如有反请求,最迟应在收到仲裁通知之日起45日内以书面形式提交仲裁委员会。仲裁庭认为有正当理由的,可以适当延长此期限。被申请人提出反请求时,应在其书面反请求中写明具体的反请求及其所依据的事实和理由,并附有关的证明文件。被申请人提出反请求,应当按照仲裁委员会的仲裁费用表预缴仲裁费。反请求和请求一般合并审理,但通常分别裁决。

对当事人提交的各种文书和证明材料,仲裁庭或者仲裁委员会秘书局认为必要时,可以要求当事人提供相应的中文译本或者其他语种的译本。

当事人可以委托仲裁代理人办理有关的仲裁事项,中国公民和外国公民均可以接受委托,担任仲裁代理人。

当事人申请证据保全的,仲裁委员会应当将当事人的申请提交证据所在地的中级人民法院。当事人申请财产保全的,仲裁机构应将当事人的申请,提交被申请人住所地或财产所在地的中级人民法院裁定。

二、仲裁庭的组成

在中国国际经济贸易仲裁委员会进行涉外仲裁时,依当事人的选择,仲裁庭可以由3名仲裁员或者1名仲裁员组成。适用简易程序时,仲裁庭只由1名仲裁员组成。仲裁庭组成后,仲裁委员会应当将仲裁庭的组成情况书面通知当事人。

由3名仲裁员组成的仲裁庭,应当由双方当事人各自在仲裁委员会的仲裁员名册中选定1名仲裁员或委托仲裁委员会主任指定。申请人或者被申请人未按照仲裁规则的规定选定或委托仲裁委员会主任指定仲裁员的,则由仲裁委员会主任指定。第3名仲裁员由双方当事人共同选定或共同委托仲裁委员会主任指定。如果双方当事人在被申请人收到仲裁通知之日起15日内未能共同选定或共同委托仲裁委员会主任指定第3名仲裁员,则由仲裁委员会主任指定。第3名仲裁员担任首席仲裁员。首席仲裁员与被选定或被指定的两名仲裁员组成仲裁庭,共同审理案件。

双方当事人可以在仲裁委员会仲裁员名册中共同选定或共同委托仲裁委员会主任指定1名仲裁员作为独任仲裁员,成立仲裁庭,审理案件。如果双方当事人约定由1名独任仲裁员审理案件,但在被申请人收到仲裁通知之日起15日内未能就独任仲裁员的人选达成一致意见,则由仲裁委员会主任指定。在适用简易程序时,当事人选定独任仲裁员的时限为15日。

仲裁案件有两个或者两个以上申请人或被申请人时,申请人之间或被申请人之间应当经过协商,各自共同选定或者各自共同委托仲裁委员会主任指定1名仲裁员。如果申请人之间或被申请人之间未能在收到仲裁通知之日起15日内各自共同选定或者共同委托仲裁委员会主任指定1名仲裁员,则由仲裁委员会主任指定。

被选定或者被指定的仲裁员,与案件有个人利害关系的,应当自行向仲裁委员会披露并请求回避。当事人对被选定或被指定的仲裁员的公正性和独立性具有正当理由的怀疑时,可以书面向仲裁委员会提出要求该仲裁员回避的请求,但应举证说明提出回避请求所依据的具体事实和理由。

仲裁员因回避或者由于死亡、除名等其他原因不能履行职责时,应按照原选定或指定该仲裁员的程序,选定或指定替代的仲裁员。替代的仲裁员选定或指定后,由新的仲裁庭决定以前进行过的全部或部分审理是否需要重新进行。

三、开庭

涉外仲裁案件,一般都会开庭进行。但经双方当事人申请或征得双方当事人同意,仲裁庭也认为不必开庭审理的,仲裁庭可以只依据书面文件进行审理并作出裁决。在简易程序中,仲裁庭可以按其认为适当的方式审理案件,可以决定只依据当事人提交的书面材料和证据进行书面审理,也可以决定开庭审理。

（一）开庭日期的确定和通知

仲裁案件第一次开庭审理的日期，经仲裁庭决定后，由仲裁委员会于开庭前30日（中国国际经济贸易仲裁委员会为20日）通知双方当事人。当事人经仲裁庭同意，可以要求提前开庭。另外，当事人有正当理由的，可以请求延期，但必须在开庭前12日（中国国际经济贸易仲裁委员会为10日）以书面形式提出。是否延期，则由仲裁庭决定。而第一次开庭审理以后的开庭审理的日期的通知，不受前述期限的限制。而在简易程序中，对于开庭审理的案件，仲裁庭确定开庭日期后，仲裁委员会应在开庭前10日（中国国际经济贸易仲裁委员会为15日）通知各当事人。一般情况下，简易程序中仲裁庭只开庭一次，确有必要的，仲裁庭可决定再次开庭。

（二）开庭地点

仲裁庭开庭的地点可由当事人约定。如当事人没有约定，一般是在仲裁委员会或其分会所在地开庭，但如当事人共同请求，且经仲裁委员会秘书长同意，仲裁庭也可以在其他地点开庭。开庭地点不必然是仲裁地。由中国国际经济贸易仲裁委员会受理的案件应当在北京进行审理；经仲裁委员会秘书同意，也可以在其他地点进行审理。由中国国际经济贸易仲裁委员会分会受理的案件应当在该分会所在地进行审理；经分会秘书长同意，也可以在其他地点进行审理。

（三）开庭形式

为了保护当事人的利益，仲裁庭开庭审理案件不公开进行，如果双方当事人要求公开，由仲裁庭作出是否公开审理的决定。不公开审理的案件，双方当事人及其仲裁代理人、证人、仲裁员、仲裁庭聘请的专家和指定的鉴定人、仲裁委员会秘书局的有关人员均不得对外界透露案件实体和程序进行的情况。

（四）开庭审理

根据“谁主张，谁举证”的原则，当事人应当对其申请、答辩和反请求所依据的事实提出证据。当事人提出的证据由仲裁庭审定。仲裁庭认为必要时，可以自行调查事实，收集证据。仲裁庭调查事实、收集证据时，认为有必要通知双方当事人到场的,应及时通知双方当事人到场,经通知而一方或双方当事人不到场的,仲裁庭自行调查事实和收集证据的行动不受其影响。证据应当在开庭时出示,当事人可以质证。

仲裁庭可以就案件中的专门问题向专家咨询或指定鉴定人进行鉴定。专家和鉴定人可以是中国或外国的机构或公民。仲裁庭有权要求当事人,而且当事人也有义务向专家或鉴定人提供或出示任何有关资料、文件或财产、货物,以供专家或鉴定人审阅、检验或鉴定。专家报告或鉴定报告的副本,应送达各方当事人,并给予当事人对专家报告或鉴定报告提出意见的机会。任何一方当事人要求专家或鉴定人参加开庭的,经仲裁庭同意后,专家或鉴定人可以参加开庭,并在仲裁庭认为必要和适宜的情况下就他们的报告作出解释。专家报告和鉴定报告,由仲裁庭决定是否采纳。

仲裁庭开庭审理时,一方当事人不出席,仲裁庭可以进行缺席审理和作出缺席裁决。在仲裁过程中,当事人有权进行辩论。辩论终结时,首席仲裁员或者独任仲裁员应当征询当事人的最后意见。开庭审理时,仲裁庭可以作庭审笔录、录音。仲裁庭认为必要时,可以作出庭审要点,并要求当事人及其代理人、证人或其他有关人员在庭审要点上签字或者盖章。庭审笔录或录音只供仲裁庭查用。

(五)仲裁结果

仲裁和解和调解仲裁案件,如果当事人在仲裁庭之外自行达成和解,可以请求仲裁庭根据其和解协议的内容作出裁决书结案,也可以申请撤销案件。在仲裁庭组成前申请撤销案件的,由仲裁委员会秘书长作出;在仲裁庭组成后申请撤销案件的,由仲裁庭作决定。当事人就已经撤销的案件再提出仲裁申请时,由仲裁委员会主任作出受理或者不予受理的决定。

如果双方当事人有调解愿望,或一方当事人有调解愿望并经仲裁庭征得另一方当事人同意的,仲裁庭可以在仲裁程序进行过程中对其审理的案件进行调解。仲裁庭可以按照其认为适当的方式进行调解。仲裁庭在进行调解的过程中,任何一方当事人提出终止调解或仲裁庭认为已无调解成功的可能时,应停止调解。在仲裁庭进行调解的过程中,双方当事人在仲裁庭之外达成和解的,应视为是在仲裁庭调解下达成的和解。经仲裁庭调解达成和解的,双方当事人应签订书面的和解协议;除非当事人另有约定,仲裁庭应当根据当事人书面和解协议的内容作出裁决书结案。如果调解不成功，任何一方当事人均不得在其后的仲裁程序、司法程序和其他任何程序中援引对方当事人或仲裁庭在调解过程中发表过的、提出过的、建议过的、承认过的以及愿意接受过的或否定过的任何陈述、意见、观点或建议作为其请求、答辩或反请求的依据。

一方当事人知道或者应当知道仲裁规则或者仲裁协议中规定的任何条款或者情事未被遵守，但仍参加仲裁程序或者继续进行仲裁程序而且不对此不遵守情况及时地明示地提出书面异议的，视为放弃该权利。

四、裁决

仲裁庭应当根据事实，依照法律和合同规定，参考国际惯例，并遵循公平合理原则，独立公正地作出裁决。

迅速解决争议是仲裁的优越性之一。按照《中国国际经济贸易仲裁委员会仲裁规则》的要求，仲裁庭应自组庭之日起9个月内作出裁决。适用简易程序的案件，仲裁庭应在组庭之日起3个月内作出裁决。无论是普通程序还是简易程序，在仲裁庭的要求下，仲裁委员会认为确有必要和确有正当理由的，可以延长仲裁庭作出裁决的期限。

由3名仲裁员组成仲裁庭审理案件时，仲裁裁决依全体仲裁员或多数仲裁员的意见决定，少数仲裁员的意见可以做成记录附卷。仲裁庭不能形成多数意见时，仲裁裁决依首席仲裁员的意见作出。仲裁庭在其作出的仲裁裁决中，应当写明仲裁请求、争议事实、裁决理由、裁决结果、仲裁费用的负担、裁决的日期和地点。当事人协议不愿写明争议事实和裁决理由的，以及按照双方当事人和解协议的内容作出裁决的，可以不写明争议事实和裁决理由。除非仲裁裁决依首席仲裁员意见或独任仲裁员意见作出，仲裁裁决应由多数仲裁员署名。持有不同意见的仲裁员可以在裁决书上署名，也可以不署名。但无论何种情况，仲裁庭未形成一致意见时，裁决书应说明是按多数仲裁员或首席仲裁员的意见作出。

仲裁庭应在签署裁决前将裁决书草案提交仲裁委员会。在不影响仲裁员独立裁决的情况下，仲裁委员会可以就裁决书的形式问题提请仲裁员注意。裁决书应加盖仲裁委员会印章。

仲裁庭认为有必要或当事人提出经仲裁庭同意时，可以在仲裁过程中在最终仲裁裁决作出之前的任何时候，就案件的任何问题作出中间裁决或部分裁决。任何一方当事人不履行中间裁决,不影响仲裁程序的继续进行,也不影响仲裁庭作出最终裁决。

仲裁庭有权在仲裁裁决书中裁定双方当事人最终向仲裁委员会支付的仲裁费和其他费用。仲裁庭有权在裁决书中裁定败诉方应当补偿胜诉方因办理案件所支出的部分合理费用,但补偿金额最多不得超过胜诉金额的10%。仲裁裁决是终局的,对双方当事人均有约束力。任何一方当事人不得向法院起诉,也不得向其他任何机构提出变更仲裁裁决的请求。作出仲裁裁决书的日期,即为仲裁裁决发生法律效力的日期。

任何一方当事人均可以在收到仲裁裁决书之日起30日内就仲裁裁决书中的书写、打印、计算上的错误或其他类似性质的错误,书面申请仲裁庭作出更正;如确有错误,仲裁庭应作出书面更正,仲裁庭也可以在发出仲裁裁决书之后30日内自行以书面形式更正。该书面更正构成裁决的一部分。如果仲裁裁决有漏裁事项,任何一方当事人均可以在收到仲裁裁决书之日起30日内以书面形式请求仲裁庭就仲裁裁决中漏裁的仲裁事项作出裁决。如果确有漏裁事项,仲裁庭应作出补充裁决,仲裁庭也可以自行作出补充裁决。补充裁决构成原裁决书的一部分。

当事人应当依照仲裁裁决书写明的期限自动履行裁决;仲裁裁决书未写明履行期限的,应当立即履行。一方当事人不履行的,另一方当事人可以根据中国法律的规定,向中国法院申请执行;或者根据1958年《纽约公约》,或者中国缔结或参加的其他国际条约,向外国有管辖权的法院申请执行。

第四节　对涉外仲裁裁决的撤销和不予执行

对涉外仲裁裁决的撤销和不予执行是司法对仲裁最主要的两种监督方式。同时,作为一裁终局的例外,也是当事人在仲裁之后寻求司法救济的方式。

一、对涉外仲裁裁决撤销和不予执行的法定事由

人民法院裁定撤销仲裁裁决和不予执行仲裁裁决,都必须要符合法定理由:(1)当事人没有在合同中订立仲裁条款或者事后没有达成书面仲裁协议的;

(2)当事人没有收到指定仲裁员或者进行仲裁程序的通知,或者由于其他不属于被申请人负责的原因未能陈述意见的;(3)仲裁庭的组成或者仲裁的程序与仲裁规则不符;(4)裁决的事项不属于仲裁协议的范围或者仲裁机构无权仲裁的;(5)人民法院认为涉外仲裁裁决违背社会公共利益的。

前四项理由涉及的都是程序事项,与撤销和不予执行非涉外的国内裁决的理由明显相同。可见,对国际商事仲裁的监督范围,中国的立法和国际上弱化法院干预仲裁的趋势是一致的。

二、对涉外仲裁裁决撤销和不予执行的程序性规定

涉外仲裁裁决撤销和不予执行的程序一般要经过五个基本的程序。

1. 当事人提出申请。撤销或者不予执行仲裁裁决的申请一般要由仲裁的当事人提起,这是大多数国家的法律以及国际公约规定的内容。也就是说,法院对仲裁裁决的审查以被动审查为原则,以维护仲裁活动的独立性和权威性。仲裁裁决作出后,仲裁当事人的任何一方都可以向法院提出申请撤销仲裁裁决,在执行过程中,被申请人可以向人民法院申请不予执行仲裁裁决。

2. 管辖法院受理申请。当事人申请撤销涉外仲裁裁决,应向仲裁机构所在地的中级人民法院提出;对于不予执行的申请,被申请人可以向执行法院提出。需要指出的是,对于外国仲裁裁决,人民法院无权予以撤销。法院接受当事人的申请后,应当组成合议庭审查,不能采用独任审理方式及适用简易程序。

3. 当事人提出证据证明。无论是当事人向法院申请撤销仲裁裁决还是不予执行仲裁裁决,都必须提供证据证明仲裁裁决具备相应的法定情形。

4. 人民法院组成合议庭审查核实。具有管辖权的人民法院必须依法组成合议庭进行审查核实,审查核实提出申请的当事人是否具有申请撤销或者不予执行仲裁裁决的资格,审查核实当事人是否有证据以及该证据能否证明仲裁裁决具有被撤销或者不予执行的法定事由。

5. 人民法院作出裁定。人民法院经过审查核实,认为不具备撤销或者不予执行仲裁裁决的条件或者法定事由,则应裁定驳回当事人的申请。如果认为仲裁裁决应当被撤销或者不予执行的,抑或是人民法院认定应该撤销,通知重新仲裁的,则必须遵守最高人民法院关于"预先报告"的制度。

根据最高人民法院《关于人民法院撤销涉外仲裁裁决有关事项的通知》第2项的规定,受理申请撤销裁决的人民法院如认为应予撤销裁决或者通知仲裁

庭重新仲裁的,应在受理申请后30日内报其所属的高级人民法院,该高级人民法院如同意撤销裁决或通知仲裁庭重新仲裁的,应在15日内报最高人民法院,以严格执行仲裁的规定。

三、对涉外和国内申请撤销仲裁裁决和不予执行仲裁裁决情形的比较

申请撤销和不予执行国内仲裁裁决与申请撤销和不予执行涉外仲裁裁决的相同之处,在于都规定了相应的仲裁程序的进行欠缺合理依据或者违反法定程序的事项。

申请撤销和不予执行国内仲裁裁决与申请撤销和不予执行涉外仲裁裁决的法定情形的区别主要体现在:

1. 申请撤销和不予执行国内仲裁裁决的法定情形涉及实体问题,及裁决所根据的是伪造的以及对方当事人隐瞒了足以影响公正裁决的证据的。而申请撤销和不予执行涉外仲裁裁决的法定情形不涉及任何实体事项。

2. 申请撤销和不予执行国内仲裁裁决的法定情形涉及仲裁员违背职业道德的事项,即仲裁员在仲裁该案时有索贿受贿、徇私舞弊、枉法裁决行为的。而申请撤销和不予执行涉外仲裁裁决的法定情形中不涉及该问题。

3. 在违反程序事项中,申请撤销和不予执行涉外仲裁裁决包括未充分保护被申请人特别被告知权利的情形,即被申请人没有得到指定仲裁员或者进行仲裁程序的通知,或者由于其他不属于被申请人负责的原因未能陈述意见的。而申请撤销和不予执行国内仲裁裁决的法定情形不包括该事项。

第五节　涉外仲裁裁决的承认和执行

仲裁裁决作出后应由当事人自觉履行。但在实际生活中,有时当事人并不自觉履行仲裁裁决。由于仲裁机构本身没有强制执行仲裁裁决的能力,一旦一方当事人不自觉履行仲裁裁决,另一方当事人就需要请求有关的国内法院强制执行。一般是在被执行人的住所或财产所在地国请求予以执行。国内法院执行涉外仲裁裁决有两种情况:一是执行本国的涉外仲裁裁决,二是执行外国的仲裁裁决。根据各国法律,通常说来,执行本国涉外仲裁裁决手续比较简单;而

执行外国仲裁裁决,往往有某些限制,其手续也比较复杂,各国规定不一。国际上承认和执行外国仲裁裁决的制度有国际法制度和国内法制度两种,前者是根据国际公约建立起来的制度,后者是各个国家法律规定的制度。

一、关于承认与执行外国仲裁裁决的国际公约

目前,1958 年 6 月 10 日在联合国主持下于纽约订立的《承认及执行外国仲裁裁决公约》(即 1958 年《纽约公约》)已经成为目前国际上关于承认和执行外国仲裁裁决的最主要的公约。中国于 1986 年 12 月 2 日由第六届全国人民代表大会常务委员会第十八次会议决定加入 1958 年《纽约公约》。该公约已于 1987 年 4 月 22 日对中国生效。中国在加入该公约时作了互惠保留和商事保留声明。也就是说,中国只承认和执行来自缔约国且所解决的争议依中国法律属于商事关系的仲裁裁决。

1958 年《纽约公约》的主要规定如下:

第一,缔约国相互承认仲裁裁决具有约束力,并应依照执行地的程序规则予以执行。在承认或执行其他缔约国的仲裁裁决时,不应在实质上比承认或执行本国的仲裁裁决规定更繁的条件或更高的费用。

第二,申请承认和执行仲裁裁决的一方当事人,应该提供原裁决的正本或经过适当证明的副本,以及仲裁协议的正本或经过适当证明的副本。必要时应附具译本。

第三,该公约第 5 条规定了拒绝承认和执行外国仲裁裁决的条件。按照该条第 1 款规定,凡外国仲裁裁决有下列情况之一者,被请求执行的国家的主管机关可依被执行人的请求,拒绝予以承认和执行:一是签订仲裁协议的当事人,根据对他们适用的法律,存在某种无行为能力的情况,或者根据仲裁协议所选定的准据法(或未选定准据法而依据裁决地法),证明该仲裁协议无效;二是被执行人未接到关于指派仲裁员或关于仲裁程序的适当通知,或者由于其他情况未能对案件进行申辩;三是裁决所处理的事项,非为交付仲裁事项,或者不包括在仲裁协议规定之内,或者超出仲裁协议范围以外;四是仲裁庭的组成或仲裁程序同当事人间的协议不符,或者当事人间没有这种协议时,同进行仲裁的国家的法律不符;五是裁决对当事人还没有拘束力,或者裁决已经由作出裁决的国家或据其法律作出裁决的国家的主管机关撤销或停止执行。

按照该条第 2 款规定,如果被请求承认和执行仲裁裁决地所在国家的主管

机关查明有下列情况之一者,也可以拒绝承认和执行:一是争执的事项,依照这个国家的法律,不可以仲裁方法解决者;二是承认和执行该项裁决将与这个国家的公共秩序抵触者。

二、中国法律关于执行涉外仲裁裁决的规定

(一)中国涉外仲裁裁决在中国的执行

按照《民事诉讼法》和《仲裁法》的有关规定,对中国的涉外仲裁裁决,一方当事人不履行的,对方当事人可以申请被申请人住所地或财产所在地的中级人民法院执行。申请人向人民法院申请执行中国涉外仲裁裁决,须提出书面申请,并附裁决书正本。如申请人为外国当事人,其申请书须用中文提出。申请执行的期限,为两年。

对中国涉外仲裁裁决,被申请人提出证据证明仲裁裁决有不予执行的情形之一的,经人民法院组成合议庭审查核实,在履行"报告制度"后,裁定不予执行。

此外,若一方当事人申请执行裁决,另一方当事人申请撤销裁决,人民法院应当裁定中止执行。在这种情况下,被执行人应该提供财产担保。人民法院裁定撤销裁决的,应当裁定终结执行;撤销裁决的申请被裁定驳回的,人民法院应当裁定恢复执行。仲裁裁决被人民法院裁定不予执行的,当事人可以根据双方达成的书面仲裁协议重新申请仲裁,也可以向人民法院起诉。

(二)中国涉外仲裁裁决在外国的承认和执行

中国涉外仲裁机构作出的发生法律效力的仲裁裁决,当事人请求执行的,如果被执行人或者其财产不在中国领域内,应当由当事人直接向有管辖权的外国法院申请承认和执行。由于中国已加入《纽约公约》,当事人可依照公约规定直接到其他有关缔约国申请承认和执行中国涉外仲裁机构作出的裁决。

(三)外国仲裁裁决在中国的承认和执行

外国仲裁机构的裁决需要中国法院承认和执行的,应当由当事人直接向被执行人住所地或者其财产所在地的中级人民法院申请,人民法院应当依照中国缔结或者参加的国际条约,或者按照互惠原则办理。中国加入《纽约公约》时,作了两项保留声明:第一,中国只在互惠的基础上对在另一缔约国领土内作出的仲裁裁

决承认和执行适用该公约;第二,中国只对根据中国法律认为属于契约性和非契约性商事法律关系所引起的争议适用该公约。符合上述两个条件的外国仲裁裁决,当事人可依照《纽约公约》规定直接向中国有管辖权的人民法院申请承认和执行。对于在非缔约国领土内作出的仲裁裁决,需要中国法院承认和执行的,只能按互惠原则办事。中国有管辖权的人民法院接到一方当事人的申请后应对申请承认及执行的仲裁裁决进行审查,如果认为不违反中国缔结或参加的条约的有关规定或《民事诉讼法》的有关规定,应当裁定承认其效力,并依照《民事诉讼法》规定的程序执行,否则,裁定驳回申请,拒绝承认及执行。如果当事人向中国有管辖权的人民法院申请承认和执行外国仲裁机构作出的发生法律效力的裁决,但该仲裁机构所在国与中国没有缔结或共同参加有关国际条约,也没有互惠关系的,当事人可以以仲裁裁决为依据向人民法院起诉,由有管辖权的人民法院作出判决,予以执行。

第十二章　仲裁时效和仲裁费用

本章提示

仲裁时效和仲裁费制度，属于仲裁保障制度的内容，对该部分内容的把握，有利于仲裁活动的有序和有效开展。学习时应重点掌握的内容：1. 仲裁时效及其规定；2. 仲裁费及其规定。

引导案例

申请人：某实业有限公司。

被申请人：某计算机网络有限公司。

2001 年 2 月 20 日，申请人与被申请人签订《一进一出停车系统设备购置合同书》，合同约定：申请人为被申请人购置一进一出停车场系统设备，价值 92000 元，并按照被申请人的要求，将该设备安装在某置业发展有限公司某温泉大酒店。合同签订后的 5 日内，被申请人向申请人支付合同总价的 30% 即 27600 元并同时开具增值税发票。设备到工地后，被申请人支付合同总价的 50% 即 46000 元。整个设备安装调试完毕 1 个月后的 5 日内，被申请人向申请人支付总价的 15% 即 13800 元。剩余的 5% 即 4600 元作为质量保证金，运营 1 年后 1 周内付清。

2001 年 3 月 7 日，申请人收到被申请人的首期合同款 27600 元，被申请人同时收到申请人开具的增值税发票。2001 年 5 月至 6 月，一进一出停车场设备已到达合同约定的工地即某某温泉大酒店。2001 年 7 月 9 日，申请人开具了剩余货款 64400 元的增值税发票，发票现仍在申请人处。2001 年 9 月 14 日，一进一出停车场设备安装调试完毕。但是，设备安装调试完毕后已经运营一年，被申请人仍未支付剩余的货款共计 64400 元及利息给申请人。申请人于 2003 年 12 月 15 日向某仲裁委员会申请仲裁，请求裁决被申请人支付拖欠的货款 64400 元及利息 7071.12 元。

合同债务是否已经超过仲裁时效？

第一节 仲裁时效

一、仲裁时效的概念

仲裁时效,顾名思义是一种时间效力,是指当事人向仲裁委员会请求仲裁的法定期限。当事人超过法定期限申请仲裁的,即丧失了通过仲裁方式保护其合法权益的权利。

由于仲裁时效期限的届满是一种法律事实,只要超过法律规定的期限,仲裁权利人就会丧失其仲裁权利的胜诉权,因此,整个仲裁时效制度的基础就是仲裁权利人在一定期限内有仲裁权利而不得行使这一事实。既然时间是一个法律事实,那么,仲裁时效从什么时间起算就显得特别重要。

就是说,权利人在法律规定的仲裁时效内提出仲裁请求的,仲裁庭可以裁决义务人承担义务。如果权利人在仲裁时效届满后提出仲裁请求的,仲裁庭应裁决驳回当事人的仲裁请求。

值得注意的是,仲裁时效届满后,义务人虽然可以拒绝履行其义务,但权利人的权利本身及请求权并没有消灭。当事人超过仲裁时效后请求仲裁的,仲裁委员会应当受理。受理后查明无中止、中断、延长等事由的,才能依法驳回当事人的仲裁请求。

二、仲裁时效的法律规定

《仲裁法》第74条规定,法律对仲裁时效有规定的,适用该规定;法律对仲裁时效没有规定的,适用对诉讼时效的规定。

我国仲裁法对当事人申请仲裁的时效没有明确的规定,所以应按诉讼时效的有关规定。

诉讼时效依据时间的长短和适用范围分为一般诉讼时效和特殊诉讼时效。

一般诉讼时效,是指在一般情况下普遍适用的时效,这类时效不是针对某一特殊情况规定的,而是普遍适用的,如我国《民法通则》第135条规定的:“向人民法院请求保护民事权利的诉讼时效期间为2年,法律另有规定的除外。”这表明,我国一般民事权利的诉讼时效为2年。

特别诉讼时效,是指针对某些特定的民事法律关系而制定的诉讼时效。特殊时效优于普通时效,也就是说,凡有特殊时效规定的,适用特殊时效,我国《民法通则》141 条规定:“法律对诉讼时效另有规定的,依照法律规定。”

特殊时效可分为以下三种:

1. 短期诉讼时效。短期时效指诉讼时效不满 2 年的时效。我国《民法通则》第 136 条规定,下列时效为 1 年:(1)身体受到伤害要求赔偿的;(2)出售质量不合规格的商品未声明的;(3)延付或拒付租金的;(4)寄存财物被丢失或被损坏的。

2. 长期诉讼时效。长期诉讼时效是指诉讼时效在 2 年以上 20 年以下的诉讼时效。

《环境保护法》第 66 条规定:“提起环境损害赔偿诉讼的时效期间为三年,从当事人知道或者应当知道其受到损害时起计算。”

《海商法》第 265 条规定:“有关船舶发生油污损害的请求权,时效期间为三年,自损害发生之日起计算;但是,在任何情况下时效期间不得超过从造成损害的事故发生之日起六年。”

《合同法》第 129 条规定:“因国际货物买卖合同和技术进出口合同争议提起诉讼或者申请仲裁的期限为四年,自当事人知道或者应当知道其权利受到侵害之日起计算。因其他合同争议提起诉讼或者申请仲裁的期限,依照有关法律的规定。”

3. 最长诉讼时效。最长诉讼时效为 20 年。

我国《民法通则》第 137 条规定:“诉讼时效期间从知道或者应当知道权利被侵害时起计算。但是,从权利被侵害之日起超过二十年的,人民法院不予保护。有特殊情况的,人民法院可以延长诉讼时效期间。”第 138 条规定:“超过诉讼时效期间,当事人自愿履行的,不受诉讼时效限制。”根据法律的规定,最长的诉讼时效的期间是 20 年,一般情况下超过 20 年的,人民法院不予保护。

参照上述诉讼时效的规定,我国仲裁时效的起算应有两个标准:一个标准是从知道或者应当知道权利被侵害时起算;另一个标准是从权利被侵害之日起算。由此,仲裁时效也应分为一般仲裁时效和特殊仲裁时效。一般仲裁时效,从知道或者应当知道权利被侵害时起计算为 2 年;从权利被侵害之日起超过 20 年的,则不予保护。

特殊仲裁时效是指一般仲裁时效以外的特定仲裁时效,参照诉讼时效的规定。

在仲裁实践中,所谓知道,是指权利人通过直接或间接途径已知自己权利被侵害的事实;所谓应当知道,则是指无论权利人实际上是否知道自己的权利被侵害,只要客观上存在知道的条件,就推定其知道的一种法律推定。

三、仲裁时效的开始、中断、中止和延长

时效具有强制性,任何时效都由法律、法规强制规定,任何单位或个人对时效的延长、缩短、放弃等约定都是无效的。

(一)仲裁时效的开始

仲裁时效开始,是指法律规定的仲裁时效期间开始日期的计算。即仲裁时效从什么时候起开始计算,权利人从什么时间开始可以向仲裁委员会申请仲裁,什么时间开始可以要求义务人履行义务。根据法律的规定,仲裁时效从权利人知道或应当知道权利被侵害之日起开始计算。

(二)仲裁时效的中断

仲裁时效的中断,也称仲裁时效的重新计算,是指在仲裁时效期间进行中,因一方当事人提出要求或因一方当事人同意履行义务而阻碍了时效的进行,致使已经进行的仲裁时效归于无效,即时效中断。从中断时起,仲裁时效重新开始计算。

实践中,权利人提出权利之主张或者请求,义务人同意履行义务或承诺,当事人申请仲裁或向法院起诉等,都是引起仲裁时效中断的原因。

(三)仲裁时效的中止

仲裁时效的中止,是指在仲裁时效进行过程中,因不可抗力或者其他障碍,致使当事人无法行使仲裁请求权时,暂时停止仲裁时效的计算期间。如:《民法通则》第 139 条规定:"在诉讼时效期间的最后六个月内,因不可抗拒力或者其他障碍不能行使请求权的,诉讼时效中止。"

仲裁时效中止的条件:

1. 仲裁时效的中止必须是因法定事由而发生。这些法定事由包括两大类:一是不可抗力,如自然灾害、军事行动等,都是当事人无法预见和克服的客观情况;二是其他阻碍权利人行使请求权的情况。

2. 法定事由发生在仲裁时效期间的最后6个月内,始产生中止仲裁时效的效力。

3. 仲裁时效中止之前已经经过的期间与中止时效的事由消失之后继续进行的期间合并计算。而中止的时间则不计入时效期间。

仲裁时效中止的效力,从中止时效的原因消除后,时效期间继续计算。中止前已经进行的时效仍然有效,中止时效的法定事由消除后,仲裁时效继续计算至届满为止。

(四)仲裁时效的延长

仲裁时效的延长,主要指当事人因特殊情况,在仲裁时效期间没有行使权利,可以请求仲裁委员会延长仲裁时效期间。是否延长,由仲裁委员会决定。

第二节 仲裁费用

一、仲裁费用的概念

仲裁费用,是指当事人依法向仲裁机构交纳的,办理仲裁案件所需要的各种费用的总和。

交纳仲裁费用的目的,一是为了维护仲裁机构的正常运转;二是为了防止当事人滥用仲裁权。

二、仲裁费用的种类

当事人向仲裁机构交纳的费用,根据其用途不同,大体可以分为两类,即案件的受理费和案件的处理费。

(一)案件的受理费

仲裁案件的受理费是仲裁机构受理当事人的仲裁申请时,依法向当事人收取的费用。它的主要用途是支付仲裁员报酬和维持仲裁机构的正常运转。

当事人申请仲裁应依法交纳仲裁费,这是每一个仲裁案件的当事人都必须缴纳的费用。它的计算方式是按照争议金额的不同,适用不同的比率得出当事人应缴的申请仲裁费。一般争议金额越大，收费比例越小。对于确认之诉或者没有具体金额的，仲裁机构一般都有一个替代的计算方式。这里所指的申请仲裁费用对于案件的反请求人同样适用。

（二）案件的处理费

案件的处理费，是指仲裁机构在审理案件过程中实际支付的，依法应当由当事人负担的各种费用。根据国务院《仲裁委员会收费办法》[1]的规定，这些费用主要包括：（1）仲裁员因办理仲裁案件出差、开庭而支出的食宿费、交通费及其他合理费用。如：当事人选定的仲裁员的居住地不在仲裁机构所在地，该仲裁员到仲裁机构开庭、合议等实际产生的费用。（2）证人、鉴定人、翻译人员因出庭而实际支出的费用，这些费用包括：交通费、食宿费、误工补贴等。（3）咨询、鉴定、勘验、翻译等费用。（4）复制、送达案件材料、文书的费用。（5）其他应当由当事人承担的合理费用。如专家费，仲裁员虽然都是专家，但并不是每一个领域都很精通。当案件涉及某些领域的专业问题时，仲裁庭聘请专家就该问题发表专门意见时支付的费用。

三、仲裁费的收费标准

国务院发布的《仲裁委员会收费办法》的规定，案件受理费按下列标准收取：

仲裁委员会仲裁案件受理费表

争议金额（人民币）	仲裁案件受理费（人民币）
1000 元以下的部分	40～100 元
1001 元至 50000 元的部分	按 4%～5% 交纳
50001 元至 100000 元的部分	按 3%～4% 交纳
100001 元至 200000 元的部分	按 2%～3% 交纳
200001 元至 500000 元的部分	按 1%～2% 交纳
500001 元至 1000000 元的部分	按 0.5%～1% 交纳
1000001 元以上的部分	按 0.25%～0.5% 交纳

〔1〕《仲裁委员会仲裁收费办法》1995 年 7 月 28 日国务院批准发布，1995 年 9 月 1 日起施行。

根据国务院发布的《仲裁委员会收费办法》第4条第2款的规定，在仲裁实践中，仲裁案件受理费的具体标准由仲裁委员会在仲裁案件受理费表规定的幅度内确定，并报仲裁委员会所在地的省、自治区、直辖市人民政府物价管理部门核准。由此可见，仲裁委员会的收费标准并非完全相同。

如《北京仲裁委员会案件受理费收费办法》，自2004年3月1日起施行。[2]根据国务院办公厅国办发（1995）44号《仲裁委员会仲裁收费办法》的通知，经北京市物价局核准，北京仲裁委员会仲裁案件受理费收费标准如下：

争议金额（人民币）	收费标准	案件受理费
1000元以下部分（含1000元）		100元
1000元至5万元（含5万元）	5%	100元加争议金额1000元以上部分的5%
5万元至10万元（含10万元）	4%	2550元加争议金额5万元以上部分的4%
10万元至20万元（含20万元）	3%	4550元加争议金额10万元以上部分的3%
20万元至50万元（含50万元）	2%	7550元加争议金额20万元加上部分的2%
50万元至100万元（含100万元）	1%	13550元加争议金额50万元以上部分的1%
100万元以上	0.3%	18550元加争议金额100万元以上部分的0.3%

争议金额以申请人请求的金额为准，请求的金额与争议金额不一致的，以实际争议金额为准。

争议金额未确定的，受理费收费标准由北京仲裁委员会办公室制定。

《北京仲裁委员会案件处理费收费办法》自2004年3月1日起施行。根据国务院办公厅国办发（1995）44号《仲裁委员会仲裁收费办法》的通知，经北京市物价局核准，北京仲裁委员会仲裁案件处理费收费标准如下：

争议金额（人民币）	收费标准	案件处理费
20万元以下（含20万元）		5000元
20万元至50万元（含50万元）	2%	5000元加争议金额20万元以上部分的2%

〔2〕 北京仲裁委员会官网：仲裁费用。

续表

争议金额(人民币)	收费标准	案件处理费
50万元至100万元(含100万元)	1%	11000元加争议金额50万元以上部分的1%
100万元至500万元(含500万元)	0.4%	16000元加争议金额100万元以上部分的0.4%
500万元至1000万元(含1000万元)	0.3%	32000元加争议金额500万元以上部分的0.3%
1000万元至2000万元(含2000万元)	0.25%	47000元加争议金额1000万元以上部分的0.25%
2000万元至4000万元(含4000万元)	0.2%	72000元加争议金额2000万元以上部分的0.2%
4000万元以上	0.1%	112000元加争议金额4000万元以上部分的0.1%

争议金额以申请人请求的金额为准,请求的金额与争议金额不一致的,以实际争议金额为准。

争议金额未确定的,处理费收费标准由北京仲裁委员会办公室制定。

另外,北京仲裁委员会办公室《仲裁费退费标准》明确规定:(1)组庭前撤案:全部退回受理费,收取处理费的1/2。(2)组庭后至开庭前撤案:受理费10000元以下,收取受理费的1/2。受理费10000元以上,收取受理费的1/3,但不低于5000元,收取处理费的1/2。(3)开庭后撤案:受理费不退。处理费视具体情况酌退,但所退费用不高于处理费的1/3。

四、仲裁费用的分担原则

根据《仲裁法》和《仲裁委员会仲裁收费办法》的有关规定,仲裁费用按照下列原则承担:

1. 由败诉方承担。这是普遍适用的一项原则。在仲裁中,仲裁费用通常由败诉的当事人承担。

2. 按比例承担。根据法律规定,仲裁当事人部分胜诉、部分败诉的,由仲裁庭根据当事人各方责任大小确定其各自应当承担的仲裁费用的比例。

3. 当事人协商承担。在仲裁中,当事人自行和解或者经仲裁庭调解结案的,当事人可以协商确定各自承担的仲裁费用的比例。

4. 由申请人承担。由申请人承担仲裁费用的情况,通常是仲裁庭组成后,申请人撤回仲裁申请或者当事人达成和解协议并撤回仲裁申请的。此时，仲裁机构应当根据实际情况酌情退回部分案件受理费，未退回部分由申请人承担。

五、仲裁费用的缓交和免交

（一）仲裁费的缓交

根据《仲裁委员会仲裁收费办法》的规定，当事人可以缓交仲裁案件的受理费，但应具备下列条件：(1)当事人预交仲裁费确有困难的；(2)当事人应向仲裁委员会提出书面申请；(3)须经仲裁委员会批准。

按照规定，当事人在收到仲裁委员会受理案件的通知书后，在仲裁规则规定的期限内，不预交案件受理费，又不提出缓交仲裁费的申请的，视为撤回仲裁申请。

（二）仲裁费的免交

根据《仲裁委员会仲裁收费办法》的规定，免交仲裁费用的情况主要有以下两种：

1. 对于法院发回重新仲裁的案件，仲裁庭同意重新仲裁的，仲裁委员会不得再行收取案件受理费。

2. 仲裁庭依法对裁决书中的文字、计算错误或者仲裁庭已经裁决但在裁决书中遗漏的事项作出补正，不得收费。

上述两种情况均属于仲裁庭的错误所致，因而不得向当事人收取费用。

图书在版编目(CIP)数据

仲裁法实训教程 / 李政，徐秋菊，韩红俊编著. —
北京:法律出版社，2017
ISBN 978 - 7 - 5197 - 0973 - 0

Ⅰ. ①仲…　Ⅱ. ①李…②徐…③韩…　Ⅲ. ①仲裁法
—中国—高等学校—教材　Ⅳ. ①D925.7

中国版本图书馆 CIP 数据核字(2017)第 135506 号

仲裁法实训教程
ZHONGCAIFA SHIXUN JIAOCHENG

李　政　徐秋菊　韩红俊 编著

责任编辑 陈　慧
装帧设计 凌点工作室

出版 法律出版社
总发行 中国法律图书有限公司
经销 新华书店
印刷 三河市龙大印装有限公司
责任校对 杨昆玲
责任印制 沙　磊

编辑统筹 法律教育出版分社
开本 710 毫米×1000 毫米　1/16
印张 16.75
字数 268 千
版本 2017 年 7 月第 1 版
印次 2017 年 7 月第 1 次印刷

法律出版社/北京市丰台区莲花池西里 7 号(100073)
网址/www.lawpress.com.cn
投稿邮箱/info@lawpress.com.cn
举报维权邮箱/jbwq@lawpress.com.cn
销售热线/010 - 63939792
咨询电话/010 - 63939796

中国法律图书有限公司/北京市丰台区莲花池西里 7 号(100073)
全国各地中法图分、子公司销售电话:
统一销售客服/400 - 660 - 6393
第一法律书店/010 - 63939781/9782　西安分公司/029 - 85330678　重庆分公司/023 - 67453036
上海分公司/021 - 62071639/1636　深圳分公司/0755 - 83072995

书号:ISBN 978 - 7 - 5197 - 0973 - 0　**定价:**30.00 元
(如有缺页或倒装,中国法律图书有限公司负责退换)